« Dictatures » et consultations électorales en Europe et aux Amériques

Droit comparé

Collection dirigée par Arnaud Martin

Parce que le droit ne peut plus être considéré dans sa seule dimension nationale et que son étude doit s'ouvrir aux droits étrangers, que l'analyse comparative permet de s'échapper des déterminismes qui faussent l'étude des systèmes juridiques et que l'étude des systèmes normatifs étrangers peut faciliter la recherche de réponses aux questions juridiques, la collection « Droit comparé » met à la disposition des chercheurs et des praticiens du droit un ensemble de travaux destinés à alimenter leur réflexion tout en donnant aux objectifs, aux méthodes et à l'utilité de l'analyse comparative une plus grande visibilité.
Elle publie des recherches en droit comparé ou accordant une place importante au comparatisme juridique, que ce soit en droit public ou en droit privé, en droit français ou en droit étranger, que celles-ci prennent la forme d'essais, d'actes de colloques ou de séminaires ou de thèses.
Elle est naturellement ouverte à toutes les écoles de pensée juridique, ainsi qu'aux recherches pluridisciplinaires dès lors qu'elles présentent une dominante juridique.

Sous la direction de

Florian Savonitto

« Dictatures » et consultations électorales en Europe et aux Amériques

L'Harmattan

5-7, rue de l'École-Polytechnique – 75005 Paris
www.editions-harmattan.fr
ISBN : 978-2-343-24589-8
EAN : 9782343245898

Sommaire

LISTE DES CONTRIBUTEURS

Pierre Barillé, doctorant contractuel en droit public à l'Université de Bordeaux, Centre d'études et de recherches comparatives sur les constitutions, les libertés et l'État (CERCCLE - EA7436).

Carolina Cerda-Guzman, maître de conférences en droit public à l'université de Bordeaux, Centre d'études et de recherches comparatives sur les constitutions, les libertés et l'État (CERCCLE - EA7436).

Jean du Bois de Gaudusson, professeur émérite de droit public à l'université de Bordeaux, Centre d'études et de recherches comparatives sur les constitutions, les libertés et l'État (CERCCLE - EA7436).

Philippe Claret, maître de conférences HDR en droit public à l'université de Bordeaux, Centre Montesquieu de Recherches Politiques (CMRP - IRM 7434).

Éric Dubesset, professeur à l'université de Bordeaux, directeur du Centre Montesquieu de recherches politiques, directeur adjoint de l'Institut de recherche Montesquieu (CMRP - IRM 7434).

Olga Gille-Belova, maître de conférences en civilisation russe à l'université Bordeaux Montaigne, Centre d'études des mondes moderne et contemporain (CEMMC - EA 2958).

Alexis Le Quinio, professeur à l'université de Limoges, Observatoire des mutations institutionnelles et juridiques (ILM - EA 3177).

Dimitri Löhrer, maître de conférences en droit public, Université de Pau et des pays de l'Adour, Aix-Marseille Université, Université de Toulon, CNRS, DICE, IE2IA, Pau.

Arnaud Martin, maître de conférences HDR en droit public à l'université de Bordeaux, Centre d'études et de recherches comparatives sur les constitutions, les libertés et l'État (CERCCLE - EA7436).

Florian Savonitto, maître de conférences en droit public à l'université Paul-Valéry Montpellier 3, Centre d'études et de recherches comparatives sur les constitutions, les libertés et l'État (université de Bordeaux, CERCCLE - EA7436).

PROPOS INTRODUCTIFS

Jean DU BOIS DE GAUDUSSON

Dans ce qui n'est pas une introduction mais un simple propos introductif, nous utiliserons les deux permissions que Florian Savonitto nous a octroyées.

D'abord l'effet de miroir qu'il exposait mais en l'inversant ; ce qui nous dispensera, comme lui-même au demeurant, de définir la ou plutôt « les dictatures » (le pluriel est bienvenu) et de ne pas se perdre dans la forêt des concepts façonnés depuis quelque temps allant de la démocratie illibérale à la dictature libérale, qu'évoquait Thomas Hochmann quand il s'efforçait de rendre compte des cinquante nuances de régimes caractérisés par la démocratie[1]. Ce que l'on retiendra, c'est que ces dictatures se situent aux antipodes de la démocratie, que l'on ne définira pas non plus, sauf par référence à l'élection et au pluralisme politique, avec ce que cela implique, comme l'avait annoncé Robert Alan Dahl[2], de place et de rôle de l'opposition consacrée en tant que telle… ce que n'est pas la dictature.

L'autre permission est celle de prendre en tant que de besoin des exemples sur un continent non retenu par le programme : l'Afrique ; celle-ci offre de nombreuses opportunités de réflexion sur cette dialectique entre d'une part dictature, qui sous les formes notamment des régimes autoritaires, autocratiques, sultaniques, fût sans conteste, une caractéristique de nombre de pays en Afrique et d'autre part consultations électorales, ici non définies ni caractérisées, ce qui, convenons-en, rend particulièrement intéressant le sujet par les perspectives et les remises en cause qu'il offre.

L'Afrique donc, mais pas elle seule, évidemment, celle-ci ne pouvant être considérée, ainsi que certains le pensent, comme un cas à part d'autant que ce continent échappe à toute approche uniformisante ne pouvant rendre compte d'une diversité tant du point de vue temporel que spatial.

Quatre propositions qui s'entrecroisent, sous forme de rapides énoncés de réflexions tentant d'apporter quelques éléments de réponse aux trois questions posées par Florian Savonitto, à savoir : Ces dictatures sont-elles nées de l'organisation de consultations électorales ? Des consultations électorales ont-elles été organisées durant l'exercice de ces régimes dictatoriaux ? La cause de leur chute réside-t-elle ou résidera-t-elle dans l'organisation de consultations électorales ?

---

[1] Th. Hochmann, « Cinquante nuances de démocratures », *Pouvoirs*, 2019, n° 169, p. 19.

[2] R. A. Dahl, *Democracy and Its critics*, Yale University Press, 1989.

L'élection contre la dictature

C'est la proposition la plus facile, la plus classique : quand on intègre la temporalité, l'élection est considérée comme le moyen de remise en cause des dictatures et surtout de leur disparition. Elle apparaît comme de nature à casser la mécanique et l'engrenage autoritaires. Pour prendre l'exemple de l'Afrique, organisées sur le modèle pluraliste, souvent sous la pression de la communauté internationale et de forces internes marginalisées mais dynamiques, les élections sont l'arme fatale qui a été utilisée notamment à partir des années quatre-vingt-dix ; elles sont considérées comme un facteur fondamental de l'entrée en transition démocratique de nombre d'États.

Quelles qu'en soient les limites qui ne sont pas propres aux États africains, il convient de ne pas sous-estimer, comme on le fait parfois, les évolutions et les transformations réalisées dans les processus de transition politique et démocratique amorcés dans les années quatre-vingt et quatre-vingt-dix. On observe en Afrique, à des degrés très variables selon les époques et les pays, une vitalité démocratique, un pluralisme politique et un exercice des libertés ainsi que par un effet de routinisation des processus électoraux et des institutions qui fonctionnent. C'est dans ce sens, que l'élection occupe une place prioritaire dans les actions des organisations internationales ; un exemple, qui nous est familier, nous en est donné par l'Organisation internationale de la Francophonie. Pour mettre en œuvre sa conviction que « Francophonie et démocratie (…) sont indissociables[1] » (Boutros Boutros-Ghali), et que la démocratie exige, en particulier la tenue d'élections libres, fiables et transparentes comme elle l'a rappelée avec force en 2000 dans la Déclaration de Bamako, elle s'est attachée à apporter dès le début des années quatre-vingt-dix une intense assistance électorale : de 1992 à 2004, 137 missions ont ainsi été réalisées[2].

En un mot, l'élection a joué un rôle non contestable et selon l'appréciation souvent reprise, « l'Afrique a été saisie par le droit[3] », un droit démocratique et libéral, un droit dont les constitutions montrent qu'il s'est perfectionné. Sans insister sur la signification démocratique de ce recours à l'élection, on s'apercevra des limites de la « démocratie électorale », l'élection ne suffisant pas à elle seule à assurer l'instauration et la consolidation des régimes démocratiques ; pire, les élections n'apparaissent pas à l'usage antinomiques de la dictature.

---

[1] Boutros Boutros-Ghali, Secrétaire général de la Francophonie, *Déclaration de Bamabo*, 2000.

[2] Ch. Desouches, J. du Bois de Gaudusson, J. Frémont, J. Maïla (dir.), *De Dakar à Dakar. 25 ans d'engagement de la Francophonie au service des droits de l'Homme, de la démocratie et de la paix*, Bruxelles, Bruylant, 2015, 505 p.

[3] J. Du Bois de Gaudusson, « Défense et illustration du constitutionnalisme en Afrique après quinze ans de pratique du pouvoir », *in Renouveau du droit constitutionnel. Mélanges en l'honneur de Louis Favoreu*, Paris, Dalloz, 2007, p. 609.

L'élection n'est pas toujours antinomique ni incompatible avec la dictature

Mieux la dictature s'en accommode et… en tire bénéfice. Les consultations électorales assurent sa perduration. Il convient de ne pas généraliser, mais il n'en reste pas moins qu'il existe un autoritarisme électoral qu'illustre l'histoire avec la hantise, connue des Français, des « référendums » plébiscitaires et des recours au peuple. On connaît aussi la succession de ces consultations organisées dans les régimes à parti unique sur le mode de ce que l'on appelle les « élections-communions » ou participations qui ont scandé la vie politique des démocraties populaires européennes et celles de nombreux États africains ; cette modalité n'exclut pas une compétition entre plusieurs candidats mais limitée à ceux qui appartiennent à la même obédience partisane ; elle est une variante de l'autoritarisme, « l'autoritarisme compétitif ».

Plus récemment, des élections sont convoquées au service de ces régimes hybrides qui se développent comme les démocraties illibérales ou encore ces démocratures qui, comme le dit Antoine Glaser, s'incrustent au pouvoir, entourés de nombreux cercles factieux et claniques ; formellement régulières, les élections s'y jouent de leur apparent respect de la légalité sémantique et formelle pour autoriser des révisions constitutionnelles entraînant par exemple la pérennisation au pouvoir de chefs d'État et un exercice du pouvoir à orientation autoritaire. Nombre d'États dans le monde qui ont connu de telles situations pourraient être cités. On retourne ainsi à la dictature ou à l'autoritarisme par la voie constitutionnelle et électorale qui était pourtant celle dont on avait espéré que son utilisation parviendrait à les éliminer.

Une remise en cause des vertus démocratiques de l'élection

Cette formulation signifie, par *a contrario* ou effet miroir, que l'on peut y voir un facteur favorable à la dictature dans une mesure qui reste à déterminer et elle invite à une démonstration du sujet par la négative.

Il reste que l'on observe, les expériences de leur organisation et de leur déroulement aidant, une perte de confiance dans des élections.

Les critiques des élections africaines, mais le propos ne concerne pas que celles-ci, se multiplient et, souvent exprimées en termes vifs sinon virulents, instruisent des procès sans appel. N'a-t-on pu voir dans les consultations électorales de véritables « impostures » ou « illusions » se réduisant à des « mascarades », à de « simples formalités administratives » dominées par des acteurs politiques se livrant « à un banditisme électoral plutôt qu'à une compétition loyale »[1].

Tout se passe comme si en même temps que l'on attendait toujours plus des élections et que les régimes et les opinions s'accoutumaient aux élections

[1] K. Tapo, « Les élections à l'épreuve de l'Afrique », *CCC*, 2002, n° 13, p. 139.

et au constitutionnalisme qui les encadre, leurs dirigeants — certains d'entre eux — avaient appris à en maîtriser les mécanismes, à les exploiter, à les instrumentaliser.

Pour une large part, l'importance et la récurrence des critiques tiennent parfois à un certain « fétichisme électoral » mais surtout au rôle survalorisé que l'on attribue traditionnellement à l'élection dans la définition des régimes démocratiques ; cette présentation est d'ailleurs remise en cause par de nombreux observateurs et tenants du mouvement néoconstitutionnaliste estimant que l'essentiel démocratique n'est pas tant l'élection, sans pour autant l'exclure, mais d'autres éléments : la constitution, le juge et, de plus en plus, le juge constitutionnel.

Contrairement à une opinion plus perceptible depuis quelques années, condamnant le processus électoral dans son principe même, les élections n'en sont pas moins nécessaires et remplissent leur fonction démocratique… à condition que soient prises les mesures de leur insertion dans un dispositif juridique et institutionnel assurant que soient garantis le pluralisme politique et la protection des droits des citoyens. Sont à l'épreuve les conditions d'exercice et les modalités d'organisation, de gestion et de contrôle du processus électoral, et leur articulation avec les autres responsables de l'action politique. Les ressources de l'ingénierie institutionnelle et politique et de la sensibilisation des populations sont utilisées dans ce sens pour parvenir ou tendre à un déroulement des élections libres, honnêtes et fidèles[1].

Le propos liant démocratie et élection mérite d'être nuancé. On remarquera, qu'inversement, y compris dans des régimes dictatoriaux, l'organisation d'élections n'est pas sans conséquence sur le jeu des acteurs politiques et les comportements des citoyens : il y a une sorte de « contagion » électorale ; certes, comme on l'a dit, les moyens illibéraux et la violence électorale gouvernementale sont incompatibles avec les fins libérales et démocratiques ; mais il apparaît que les consultations entraînent, plus ou moins, même dans les régimes autoritaires et dictatoriaux, des effets collatéraux positifs, des effets en quelque sorte modérateurs de l'exercice du pouvoir et de sensibilisation à des institutions de participation politique des populations.

Une démocratie sans élections… et sans dictature ?

Le propos peut surprendre mais il se comprend à une époque où se développent des mouvements de revendications et d'insurrections de défense de la Constitution ou d'aspiration à la démocratie qui se sont enclenchés au Burkina Faso avec les « insurgés constitutionnels », au Sénégal avec les « dégagistes » ou avec les acteurs des printemps arabes. On observe aussi la mise à l'ordre du jour de nouvelles approches du constitutionnalisme, des

[1] Pour des exemples, se reporter J.-P. Vettovaglia (dir.), *Démocratie et élections dans l'espace francophone*, Bruxelles, Bruylant, 2010, 935 p.

dispositifs institutionnels et de la démocratie elle-même tendant, d'une part, à minimiser les élections et leur légitimité et, d'autre part, à favoriser de nouveaux modes de représentation et de consultation populaire. Sans exhaustivité, on relèvera la création de conseils de fonctionnement démocratique, de vigilance citoyenne, de conventions ou de conférences de citoyens impliquant des représentants, tirés au sort, de la « société civile », intervenant, comme c'est le cas ailleurs par exemple en Europe, dans les domaines de l'environnement ou de la santé ; l'extension de l'utilisation du « *recall* » des représentants élus de la nation ; la reconnaissance des réseaux sociaux dans la prise de décision…

Contrairement aux méfiances historiques qu'inspirait la démocratie directe, ces ouvertures populaires sont de plus en plus considérées comme une condition de la revitalisation de la démocratie. On voit dans la multiplication de ces pouvoirs reconnus aux citoyens l'amorce d'un « populisme constitutionnel » dont on espère qu'il puisse être lui-même un antidote démocratique aux mouvements populistes qui travaillent les sociétés contemporaines et qu'il leur enlève leur venin mortifère.

Dans un autre sens et pour certains, ces nouvelles possibilités reconnues aux citoyens s'analysent comme des voies de contournement et de concurrence des institutions représentatives : n'érigent-elles pas le peuple — sans que celui-ci soit défini et qui peut n'être qu'une collection de minorités — en titulaire du pouvoir et ne substituent-elles pas à la démocratie un système de gouvernement que certains ont, par exemple, qualifié de « peuplecratie[1] » ? N'y a-t-il pas là le risque d'une autre forme de dictature, du peuple ou de tel ou tel segment du peuple, bien éloignée de ce qui permet l'essentiel en démocratie : le compromis politique. Autant de questions qui seront examinées aujourd'hui.

Il ne faut pas se tromper de cible. Leur utilisation par des dictatures et à des fins autoritaires ne saurait occulter la place réservée par la théorie démocratique à l'élection ; mode efficace de régulation de l'altérité et des pluralismes, elle est aussi un moyen de prévenir crises et conflits politiques au moment crucial de la dévolution du pouvoir et, en définitive, de conjurer le « syndrome de la dictature » si bien analysé par Alaa El-Aswany[2].

Les présentations, interprétations et controverses dont font l'objet les élections justifient que l'on se penche à nouveau sur elles. En définitive, quoique l'on fasse, en dictature ou en démocratie, quel que soit le sens qu'on leur donne, les élections sont critiquées, condamnées mais… on ne peut s'en passer.

---

[1] I. Diamanti et M. Lazar, *Peuplecratie. La métamorphose de nos démocraties*, trad. Ch. Mileschi, Paris, Gallimard, 2019, 187 p.

[2] A. El Aswany, *Le Syndrome de la dictature*, trad. G. Gauthier, Paris, Actes Sud, 2020, 208 p.

Dictatures occidentales et consultations électorales : Portugal (1926-1968/1974)

Dimitri Löhrer

« Terre de paix, d'ordre, de prospérité et de bonheur, d'où toute politique est exclue[1]. » Voilà une vision bien complaisante de ce que fut le salazarisme. Loin de l'image idyllique que certains ont voulu lui prêter, l'*Estado Novo* fut bel et bien une dictature[2]. Une dictature au sens le plus strict du terme. Une dictature pourtant négligée dans l'étude des régimes non démocratiques. Cette journée est donc l'occasion de rendre compte de ce qu'a été le salazarisme. À plus forte raison que l'examen du régime sous l'angle des consultations électorales est un puissant révélateur de sa nature dictatoriale. L'analyse des rapports de l'*Estado Novo* aux élections offre en effet un terreau fertile au dévoilement des soubassements dictatoriaux à l'œuvre au Portugal durant près de cinquante ans.

Afin de prendre la mesure du propos, autorisons-nous un rapide détour sur la mise en place du régime et ses principales caractéristiques.

Pour mémoire, la dictature portugaise est née du coup d'État organisé le 28 mai 1926 par un mouvement militaire nationaliste et antiparlementaire. Ce coup d'État marque la chute de la Première République en même temps qu'il y puise ses racines. En proie à une instabilité politique chronique (23 gouvernements se succèdent entre 1920 et 1926), incapable de résoudre la crise économique et financière qui touche le pays, la Première République donne en effet rapidement des signes de faiblesses. Ajoutez encore à cela l'assassinat, le 19 octobre 1921, de trois de ses fondateurs, une multiplication des attentats à la bombe et un mouvement anarchosyndicaliste qui ne cesse de croître, il n'en faut pas plus sceller le destin du régime républicain. La jeune démocratie cède ainsi la place à une dictature qui compte parmi les plus

---

[1] Claude Farrère, cité par J. Georgel, *Les eurodictatures : fascisme 1922-1945, salazarisme 1926-1968, nazisme 1933-1945, franquisme 1936-1975 : étude comparative*, Pairs, Editions Apogée, 1999, p. 463.

[2] Sur la dictature portugaise, v. entre autres : P. Frier, P. Mcgowan Pinheiro, *Le Portugal de Salazar*, Ruedo Ibérico, 1963 ; J. Georgel, *Le Salazarisme. Histoire et bilan 1926-1974*, Pairs, Editions Cujas, 1981 ; *Les eurodictatures, op. cit.* ; C. Rudel, *Salazar*, Paris, Mercure de France, 1969 ; M. Soares, *Le Portugal bâillonné. Un témoignage*, Paris, Calmann-Levy, 1972.

longues d'Europe[1]. Elle prend successivement le nom de Dictature militaire (1926-1928), de Dictature nationale (1928-1933) et d'*Estado Novo* (1933-1974). Le principal artisan en est António de Oliveira Salazar, professeur de finances publiques et d'économie politique de l'Université de Coimbra, qui, jusqu'à son décès en 1968, gouverne sans partage le pays à la tête du conseil des ministres. Durant les six années qui suivent, Marcelo Caetano se charge de prendre sa succession et de poursuivre la politique autoritaire mise en œuvre jusqu'alors.

Entendons-nous bien, la dictature portugaise ne fut pas pour autant un régime totalitaire. Salazar lui-même rejette toute dérive totalitaire[2]. L'État n'est pas la valeur suprême du régime. On lui préfère les valeurs éthiques et juridiques de la civilisation chrétienne[3]. La répression, bien que violente, est sélective. Elle ne s'applique qu'à l'encontre des adversaires actifs déclarés du régime. Par ailleurs, et contrairement aux systèmes totalitaires, le régime ne développe pas de véritable idéologie, si ce n'est le respect des traditions religieuses et le refus de la modernité[4], pas plus qu'il n'opère de fusion entre la société civile et l'État[5]. « Ni doctrinaire ni idéologue, Salazar ne fut même pas l'homme d'un système[6] ».

Autoritaire, en revanche, le régime l'était sans hésitation possible. Il en porte les germes dès son premier jour, lesquels ne cessent de se développer sous l'impulsion de Salazar. « De l'autorité, toujours et encore de l'autorité. Au bord de l'Atlantique, le dos tourné à l'Espagne, un État autoritaire est en train de se former », écrit Friedrich Sieburg[7]. Le *Doutor*, ainsi que les

---

[1] Il s'agit de la plus longue dictature de droite qu'a connu l'Europe au XXe siècle.

[2] Dans un discours du 25 mai 1934, le dictateur affirme : « Il faut éloigner de nous la tendance à la formation de ce qu'on pourrait appeler l'État totalitariste, l'État qui subordonnerait tout sans exception à l'idée de nation ou de race par lui représentée, en morale, en droit, en politique et en économie, se présenterait comme un être omnipotent, principe et fin de lui-même, auquel devraient être assujetties toutes les manifestations individuelles ou collectives. », cité par J. Georgel, *op. cit.*, p. 218.

[3] En ce sens, O. Ferreira, « La doctrine constitutionnelle éclectique des cathédocrates sous l'*Estado Novo* portugais », *in Colloque international « Doctrines autoritaires et totalitaires du droit constitutionnel »,* Institut Michel Villey, Université Panthéon-Assas, Paris, 10 mai 2019. Version audio accessible en ligne sur : http://institutvilley.com/Colloque-international-Doctrines.

[4] Il est une anecdote assez symptomatique de ce refus de la modernité : l'attitude de Salazar lorsqu'il apprend la découverte du pétrole en Angola. Lui qui s'acharne à maintenir son pays dans le monde d'avant 1914, lui que toute idée nouvelle irrite ou accable, lui qui conçoit son pays comme une propriété rurale qu'il faut préserver des contagions de la civilisation extérieure, a pour première réaction : « Oh, mon Dieu ! Il ne manquait plus que cela ! », rapporté par J. Georgel, *op. cit.*, p. 217.

[5] Raymond Aron parle d'« absorption de la société civile dans l'Etat », *Mémoires. 50 ans de réflexion politique*, Paris, Julliard, 1983, p. 211. Or, rien de tel sous la dictature portugaise où l'on peut tout au plus observer un corporatisme exacerbé, G. Burdeau, *Traité de science politique*, tome V : « Les Régimes politiques », Paris, LGDJ, 3e éd., 1985, p. 487.

[6] M. Soares, *Le Portugal bâillonné, op. cit.*, p. 27.

[7] F. Sieburg, *Le nouveau Portugal*, Paris, Ed. de France, 1938, p. 24.

Portugais ont coutume de l'appeler, assume ouvertement l'autoritarisme dont fait preuve le régime. « Nous ne discutons pas l'autorité », affirme-t-il en 1936, car, « par suite du déséquilibre de l'esprit humain, l'ordre n'est pas spontané : il faut que quelqu'un commande au profit de tous, et que l'on cherche pour commander celui qui peut commander le mieux[1] ». Jusqu'à la Seconde Guerre mondiale, il emploie même le mot dictature sans hésitation. Une « dictature de la raison et de l'intelligence[2] », au service de la morale et de la religion. Ce que recherche avant tout Salazar ? Le pouvoir ; un pouvoir hypertrophié concentré entre ses mains. Aussi affiche-t-il « un refus viscéral de la démocratie et de son héritage idéologique[3] ». Le dictateur n'a de cesse d'instruire le procès du libéralisme, du communisme, du parlementarisme et du régime des partis. L'anomie politique de la population est recherchée. L'exercice des droits et libertés est, sinon aboli, restreint de telle sorte que le résultat en est le même. La répression de l'opposition est permanente. La Constitution de 1933 ? Un faux-semblant de libéralisme dans laquelle il est « vain de chercher [...] des articulations qui n'y figurent pas. Le but à atteindre commande les mécanismes : il s'agit de permettre, à l'abri d'une façade démocratique constituée par une assemblée, le gouvernement du pays par un exécutif tout-puissant[4] ».

Et pourtant, ce régime ouvertement antilibéral, antidémocratique, fit tout pour conserver un système électoral. Plus encore, il organisa des élections d'envergure nationale avec une régularité qui n'a d'égale que celle des échéances électorales au sein des démocraties libérales. Des élections certes viciées, dont les résultats étaient courus d'avance. Mais des élections qui occupèrent une place centrale dans la vie du régime. Voilà de quoi attiser la curiosité : de quelle façon se déroulaient ces élections ? Pourquoi un régime fondé sur la concentration des pouvoirs ressentit le besoin de préserver un semblant de compétition électorale ? Quels pouvaient en être les enjeux ? En nous efforçant d'apporter des éléments de réponse à ces questions, il se peut que l'on parvienne à une meilleure compréhension du système de gouvernance salazariste.

L'ambition de notre étude ainsi identifiée, efforçons-nous d'en définir le cadre d'analyse. Allons à l'essentiel pour observer que l'objet qui nous occupe ne saurait faire l'économie d'éclairages en histoire et en science politique. Le strict positivisme juridique, dont le propre est de parvenir à la connaissance du droit par la seule analyse de la signification des normes, s'avère ici insuffisant pour lever le voile sur le déroulement et les enjeux des consultations électorales au sein du régime autoritaire portugais. Dissipons

---

[1] Cité par C. Polin, *Le totalitarisme*, Paris, PUF, coll. « Que sais-je ? », 1e éd., 1982, p. 39.

[2] J. Georgel, *Le Salazarisme, op. cit.*, p. 49

[3] A. Costa Pinto, « Le salazarisme et le fascisme européen », *Vingtième Siècle, revue d'histoire*, n° 62, avril-juin 1999, p. 17.

[4] J. Georgel, *Le Salazarisme, op. cit.*, p. 93.

néanmoins tout malentendu. Il ne s'agit pas d'exclure de notre champ d'études le droit électoral en vigueur sous l'*Estado Novo*, mais, au contraire, de le confronter à la pratique. Cette exigence s'impose avec d'autant plus de force que, sans entrer d'ores et déjà dans les détails, la dictature portugaise s'est distinguée en raison d'un important décalage entre la règle de droit et la réalité du régime, en particulier dans le domaine électoral. C'est pourquoi la mobilisation des sciences auxiliaires du droit se révèle un outil tout à fait précieux. Étant entendu que l'on ne saurait prétendre faire œuvre de politiste ou d'historien. Notre prétention se veut plus modeste. Elle se limitera à exploiter les résultats déjà produits par la science politique et l'histoire pour en dégager des éléments éclairants au sujet des processus électoraux sous la dictature portugaise.

Sous couvert de ces précisions, on défendra la thèse selon laquelle l'étude de la dictature portugaise par le prisme des processus électoraux qui s'y déroulèrent est susceptible d'offrir, par une sorte de retour réflexif, une meilleure connaissance de la nature du régime et, plus largement, des systèmes dictatoriaux. Au soutien de cette thèse, nous souhaiterions démontrer que l'organisation à échéances régulières d'un simulacre d'élections, loin d'être purement artificielle, répondait au contraire à des enjeux bien précis qui jouèrent un rôle déterminant dans la vie du régime ; de sa mise en place jusqu'au retour de la démocratie.

Le recours constant aux consultations électorales

Le régime autoritaire portugais est rythmé par l'organisation, à échéances régulières, de deux consultations nationales : l'élection présidentielle et l'élection législative. À cela s'ajoute, que l'on aurait tort d'omettre tant cet événement a contribué à l'enracinement du régime[1], la consultation des Portugais par référendum au sujet de l'adoption de la Constitution de 1933. Ce faisant, la dictature portugaise ne semble guère éloignée d'un régime démocratique. Plus encore, elle présente ceci de remarquable que le recours aux élections, aussi bien sur le plan quantitatif que celui de la périodicité, y est plus important qu'au sein des démocraties européennes de la même époque.

Sur le plan quantitatif

C'est un fait, d'un point de vue quantitatif, le Portugal est le pays d'Europe qui a connu le plus d'échéances électorales entre 1926 et 1974. Pour s'en tenir à la seule période s'échelonnant de 1933 à 1970, le Portugal, selon l'étude de Philippe C. Schmitter[2], comptabilise 17 élections d'envergure nationale

[1] V. *infra* p. 36.
[2] Ph. C. Schmitter, « Portée et signification des élections dans le Portugal autoritaire (1933-1974) », *RFSP*, 1977, p. 93.

contre 11 pour l'Irlande, 9 pour la France, ou encore 8 pour l'Italie et pour la Grande-Bretagne ; autant d'États dont le régime fut, sur cette même période, en tout ou partie démocratique. Certes, la « neutralité [du Portugal] pendant la Deuxième Guerre mondiale et le fait que les mandats présidentiels (7 ans) et les mandats législatifs (4 ans) ne coïncident pas, expliquent en grande partie cette fréquence particulièrement exceptionnelle[1] ».

Il n'empêche que, d'un point de vue strictement numérique, le Portugal devance très clairement les démocraties européennes. L'attachement du régime aux consultations électorales se manifeste d'ailleurs très tôt. Dès mars 1928, soit deux années après le coup d'État du 28 mai 1926 et l'instauration de la dictature militaire, sont organisées des élections présidentielles au suffrage universel direct. Elles consacrent la victoire du général Carmona, candidat unique qui, jusqu'à son décès dans l'exercice de ses fonctions en 1951, sera réélu sans difficulté. Le 19 mars 1933, les Portugais sont à nouveau consultés au sujet de l'adoption du projet de Constitution de l'*Estado novo*. Seul référendum organisé au Portugal jusqu'en 1998[2], cette consultation aboutit à l'approbation du texte constitutionnel qui prévoit la mobilisation du corps électoral dans le cadre de deux élections nationales d'envergure. Son article 72 précise en effet que le président de la République est élu par la nation au suffrage direct des citoyens électeurs[3], tandis que son article 85 dispose que l'Assemblée nationale est composée de quatre-vingt-dix députés élus au suffrage direct par les citoyens électeurs. Sur le plan constitutionnel, le droit de suffrage, tant actif (droit de vote) que passif (droit d'être élu)[4], est ainsi consacré. Il conduira à l'organisation de 11 élections législatives et, outre l'élection de 1928, de 7 élections présidentielles. La régularité de ces scrutins est également caractéristique du régime.

Sur le plan de la régularité

Prévue par la Constitution, l'organisation d'élections à échéances régulières rapproche, ici également, la dictature portugaise des systèmes électoraux en vigueur au sein des régimes démocratiques. Le chef de l'État est élu pour sept ans le dimanche le plus rapproché du soixantième jour précédant la fin de chaque période présidentielle (article 72). La durée du mandat des quatre-vingt-dix députés élus à l'Assemblée nationale, pour sa part, est fixée à quatre ans (article 85). Le renouvellement de l'Assemblée est intégral.

---

[1] *Ibid.*

[2] Il faut en effet attendre le 28 juin 1998 pour que les Portugais soient à nouveau consultés dans le cadre d'un référendum relatif à la légalisation de l'IVG.

[3] Puis par un collège électoral réduit à la suite de la révision constitutionnelle de 1959, v. *infra*, p. 25.

[4] Sur cette distinction, v. L. Favoreu et *alii*, *Droit constitutionnel*, Paris Dalloz, coll. « Précis », 12e éd., 2009, p. 950.

Or, aussi surprenante soit-elle pour un régime autoritaire, la pratique n'a jamais dérogé à ces règles. « Sauf à l'occasion de la mort prématurée d'un président en exercice (1951) et d'un mandat de l'Assemblée nationale écourté pour des raisons tactiques (1945), les électeurs portugais furent appelés aux urnes aux dates prévues avec une régularité qui n'a d'égale que celle de la Suisse ou de la Suède[1]. » Les huit élections présidentielles ont ainsi eu lieu en 1928, 1935, 1942, 1949, 1951, 1958, 1965 et 1972. Les onze élections législatives sont intervenues en 1934, 1938, 1942, 1945, 1949, 1953, 1957, 1961, 1965, 1969 et 1973.

Mais nul besoin d'insister davantage. Les élections, on le voit, sont partie intégrante du rituel du gouvernement sous la dictature portugaise. Leur statut constitutionnel, leur fréquence et leur régularité le traduisent[2]. D'une constance égale à celle d'un métronome, l'*Estado Novo* a systématiquement organisé des consultations électorales pour désigner les dirigeants politiques du régime. Une constance à tel point remarquable qu'elle tendrait à confondre le régime autoritaire avec une démocratie libérale. La similitude s'arrête toutefois ici. En dépit de leur périodicité régulière et de leur importance numérique, les consultations électorales sous la dictature portugaise ne satisfont à aucune des exigences en vigueur dans les régimes démocratiques pluralistes.

La dimension viciée des consultations électorales

On ne saurait ignorer que la régularité des processus électoraux, y compris au suffrage universel direct, n'est pas un élément suffisant pour conclure à la nature démocratique d'un régime. L'expression démocratique n'est possible qu'à la condition que les échéances électorales obéissent de surcroît à des exigences de liberté et d'égalité. Liberté de candidature, d'abord, dont le corollaire n'est autre que le pluralisme, c'est-à-dire la formation et le fonctionnement libres des partis politiques. Liberté de scrutin, ensuite, à travers la double exigence de secret du vote et d'égalité des conditions d'information et de propagande au cours de la campagne électorale. Liberté de suffrage, enfin, qui se décline en égalité : « un homme, une voix ».

Disons-le d'emblée, la dictature portugaise ne répond à aucune de ces exigences. « Nous sommes antiparlementaires, antidémocrates, antilibéraux », proclame Salazar[3]. Lui qui est élu député du centre catholique pendant la période républicaine « assiste à la première séance de l'assemblée dont il est membre, puis s'en retourne à Coïmbre, dégoûté par le désordre auquel il a assisté, renforcé dans son antiparlementarisme[4] ». Cette expérience lui fera prononcer cette phrase terrifiante de par sa dimension prophétique : « Nous

---

[1] Ph. C. Schmitter, *op. cit.*, p. 93.
[2] *Ibid*, p. 121.
[3] « Préface », *in* A. O. Salazar, *Une révolution dans la paix*, Paris, Flammarion, 1937.
[4] J. Georgel, *Le Salazarisme*, *op. cit.*, p. 30.

approchons de cette phase de l'évolution politique et sociale, où des partis politiques fondés sur l'individu, le citoyen ou l'électeur, n'auront plus de raison d'être[1]. »

Dès son accession au pouvoir, Salazar n'a en effet de cesse de jeter à bas toute forme de suffrage démocratique. Le jeu électoral, profondément vicié, accouche ainsi de consultations « non concurrentielles et non libres » qui évoluent, après la Seconde Guerre mondiale et sous la pression des démocraties européennes, vers des élections « asymétriquement concurrentielles et épisodiquement libres[2] », sans qu'il n'en résulte quelques conséquences réelles que ce soit. Sous l'effet conjugué d'un droit et d'une politique foncièrement liberticides, l'*Estado Novo* demeure tout au long de son existence un régime dans lequel « être électeur c'est difficile, être éligible c'est rarissime, être élu, c'est impensable[3] ».

D'un point de vue juridique

La dimension viciée des consultations électorales ne se laisse pas immédiatement saisir tant le constituant portugais de 1933 semble avoir entendu garantir, non seulement le droit de suffrage, mais encore les corollaires nécessaires à son exercice de manière libre et concurrentielle. Outre l'élection du président de la République et de l'Assemblée nationale au suffrage direct des citoyens électeurs, la Constitution de l'*Estado Novo* consacre ainsi à son article 8 les libertés d'expression de la pensée, de réunion et d'association. Autant de prérequis conditionnant l'effectivité du pluralisme des courants d'idées et d'opinions politiques et, par là même, la tenue d'élections démocratiques.

Cela étant dit, on ne sache pas que la seule consécration constitutionnelle de droits et libertés suffise à en garantir l'effectivité, *a fortiori* lorsqu'il est question d'un régime autoritaire. À cet endroit, il n'est pas inconnu que la force de la Constitution de 1933 fut d'être une vitrine démocratique. Une « vitrine démocratique destinée à masquer la réalité du pouvoir personnel et dictatorial de Salazar[4] ». Le seul examen un tant soit peu poussé des énoncés constitutionnels relatifs aux libertés politiques offre à constater leur portée purement déclaratoire. Toute l'habileté du constituant fut de consacrer un libéralisme politique de façade, reposant sur des notions vagues et abstraites telles que celle de « citoyens électeurs », dont la définition des contours et la réglementation de l'exercice furent abandonnées à des « lois spéciales »[5].

---

[1] H. Kay, *Salazar and modern Portugal*, Londres, Eyre and Spottiswood, 1970, p. 32.

[2] Nous empruntons ici la terminologie de Guy Hermet et de Philippe C. Schmitter, *in* Ph. C. Schmitter, « Portée et signification des élections dans le Portugal autoritaire (1933-1974), *op. cit.*, pp. 92 et 120.

[3] J. Georgel, *Le Salazarisme*, *op. cit.*, p. 103.

[4] R. Garnier, *Un modèle européen de démocratie : le cas portugais*, Paris, LGDJ, 2005, p. 18.

[5] Selon les termes même de l'article 8 de la Constitution de 1933.

Dans ces conditions, il importait peu que la Constitution paraisse consacrer certains aspects libéraux. Car « une liberté consacrée abstraitement par la Constitution, mais organisée par la loi de manière extrêmement stricte n'existe pas en pratique[1] ». Salazar, en juriste de formation qu'il était, en avait conscience et prit scrupuleusement soin de réglementer l'exercice des libertés politiques constitutionnelles de telle sorte que celui-ci n'entrave pas la longévité du régime.

La promesse constitutionnelle d'une liberté d'expression, de réunion et d'association vole ainsi en éclat dès les premières années de fonctionnement régime. Une série de décrets soumet leur exercice à autorisation préalable ce qui a pour effet de les rendre inexistantes. Rien de bien surprenant à cela toutefois. Le propre des régimes autoritaires est en effet d'ériger la restriction de police en principe là où la liberté est reléguée au rang d'exception. Le *Doutor* lui-même ne s'en cache pas. Il affirme ouvertement qu'« autorité et liberté sont deux idées incompatibles. Où l'une existe, l'autre ne peut exister… Remettons donc la liberté à l'autorité, car elle seule sait l'administrer et la défendre[2] ».

Sans réelle surprise, la censure est l'instrument privilégié pour cadenasser la liberté d'expression et, par là même, la liberté de s'informer. Si l'ensemble des moyens d'expression sont concernés[3], la presse fait l'objet d'une attention singulière. Instrument exceptionnel de diffusion des idées, le journal est en effet particulièrement redouté des dictateurs[4]. Il est, nous dit Salazar, « l'aliment intellectuel du peuple et doit être contrôlé comme tous les aliments[5] ». Ce contrôle est organisé par deux décrets en date du 30 avril 1933 et du 23 mai 1936. Le premier soumet toute publication à la censure du ministère de l'Intérieur. Le second subordonne la création d'un journal et l'exercice de la profession de journaliste à l'autorisation préalable de l'administration[6]. Un tel régime fera dire à Mário Soares que « la presse portugaise, pendant les quatre décennies [du règne de Salazar], fut probablement la plus monotone du monde, louant quotidiennement, uniformément, les mérites sans faille de l'homme providentiel[7] ».

La liberté de réunion ? Formellement interdite dès lors qu'il s'agit de débattre de problématiques relatives aux affaires étatiques. Pour le reste, le décret-loi du 13 juin 1949 la réglemente de telle sorte que les autorités doivent être averties au moins deux jours à l'avance de la date, de l'heure, du lieu et du but de la réunion. Lorsque la réunion présente « un caractère politique ou

---

[1] J. Georgel, *Le Salazarisme*, *op. cit.*, p. 93.
[2] Cité *in ibid.*, p. 49.
[3] Sur la censure des autres moyens d'expression que sont les livres, le théâtre, la télévision, v. J. Georgel, *Le Salazarisme*, *op. cit.*, pp. 273 et s.
[4] *Ibid*, p. 273.
[5] A. Ferro, *Salazar, Le Portugal et son chef*, Paris, Grasset, 1934.
[6] Cité par J. Georgel, *Les eurodictatures, op. cit.*, p. 464.
[7] M. Soares, *Le Portugal bâillonné, op. cit.*, p. 28.

social », il faut au surplus obtenir une autorisation du gouverneur civil. Et, quand bien même cette autorisation est accordée, le Conseil de sécurité publique est habilité à mettre un terme à la réunion, à fermer les locaux où elle a lieu et à fouiller le domicile des suspects d'activités subversives[1].

La liberté d'association ? Soumise au même traitement. Aux termes de la loi du 21 mai 1935, toute création de groupement associatif est subordonnée à autorisation du gouvernement. Dans la mesure où Salazar tient les partis politiques en aversion, ce sont au premier chef les associations politiques qui sont visées. Pour le Président du conseil, « l'esprit de parti corrompt ou avilit le pouvoir, déforme la vision des problèmes, sacrifie l'ordre naturel des solutions, se superpose à l'intérêt national[2] ». L'*Estado Novo* aura d'ailleurs tôt fait de résoudre ce problème. Dans un discours en date du 23 novembre 1932, Salazar annonce une décision qui scellera l'avenir du régime : la disparition des partis politiques. À compter de cette date, la place libérée par les partis est attribuée à l'Union nationale. Créée le 30 juillet 1930, elle devient l'unique organisme politique légalement reconnu sans qu'elle puisse pour autant être assimilée à un parti politique. L'hostilité du dictateur à l'égard des partis politiques est telle qu'il lui est inconcevable que l'Union nationale puisse œuvrer pour des intérêts propres. Ses statuts la définissent comme une « organisation civique », appelée selon Salazar à rassembler ceux qui ont assez d'esprit de sacrifice pour servir l'État avec abnégation, car elle a une inspiration plus haute que celle des partis : organiser et servir la nation[3]. Et pour faire taire toute forme de contestation, « le tristement célèbre "État sans partis"[4] » interdit la formation de tendances au sein même de l'Union nationale[5].

Mais il y a encore autre chose. L'ensemble de ces mesures liberticides est assorti d'un arsenal répressif de nature à en garantir l'effectivité. Prenez pour seul exemple le décret du 12 mars 1956. Celui-ci prévoit des peines d'emprisonnement de six mois à trois ans, renouvelables par périodes successives de trois années, pour

> tous ceux qui ont une activité subversive ou orientée vers la perpétuation de délits contre la sûreté de l'État ; ceux qui adhèrent à certaines associations, mouvements ou groupements, qui collaborent avec eux ou qui, avec ou sans l'accord préalable, suivront leurs instructions ; ou ceux qui, consciemment, favoriseront les activités subversives, soit en fournissant un local pour les réunions, soit en procurant des fonds ou en aidant à leur propagande.

---

[1] Sur ces questions, v. J. Georgel, *Le Salazarisme*, *op. cit.*, p. 286.

[2] Cité par C. Polin, *Le totalitarisme*, *op. cit.*, p. 39.

[3] En ce sens, v. A. Ferro A., *Salazar, Le Portugal et son chef*, *op. cit.*

[4] O. Ferreira, « L'élection au suffrage direct du Président au Portugal : renforcer et contenir le pouvoir modérateur en République (1911-2011) », *in* A.-M. Le Pourhiet (dir.), *La désignation du chef de l'Etat. Regards croisés dans le temps et dans l'espace*, Paris, Fondation Varenne, collection Colloques et Essais, n° 3, 2012.

[5] En ce sens, v. J. Georgel, *Le Salazarisme*, *op. cit.*, p. 110.

Là encore l'objectif est clair : réduire à néant toute forme de pluralisme et d'opposition au régime.

Salazar y parvient d'autant plus efficacement que le régime juridique des élections est conçu de façon telle qu'il garantit « la stabilité permanente des votes pour le parti du gouvernement[1] ». Ainsi le droit de suffrage, aussi bien actif que passif, est aménagé de manière extrêmement restrictive par le code électoral.

S'agissant du premier, le ton est donné par Salazar lui-même : « Je ne crois pas au suffrage universel, car le vote individuel ne tient pas compte des différences humaines. Je ne crois pas à l'égalité, mais à la hiérarchie. Les hommes, selon moi, doivent être égaux devant la loi, mais il est dangereux d'attribuer à tous les mêmes pouvoirs politiques[2]. » Dans ces conditions, la notion de « citoyens électeurs » à laquelle se réfère la Constitution est interprétée on ne peut plus strictement par le code électoral. Nul suffrage universel sous la dictature portugaise. Celui-ci demeure censitaire jusqu'en 1968. Sont électeurs les Portugais majeurs sachant lire et écrire ou, à défaut, qui payent un impôt équivalent à 100 escudos. Seules sont électrices les Portugaises diplômées de l'enseignement supérieur et les chefs de famille si, en ce cas, elles savent lire ou écrire et versent à l'État une somme supérieure à 100 escudos. Appartiennent également au corps électoral les femmes mariées sachant lire et écrire et payant au moins 200 escudos d'impôts immobiliers[3]. Il s'ensuit que durant la première décennie de fonctionnement du régime, l'électorat inscrit n'atteint que 7 à 8 % de la population totale[4]. À compter de 1968, le suffrage reste restreint. La loi du 26 décembre 1968 confère certes la qualité d'électeur aux majeurs des deux sexes, mais elle exclut du bénéfice de ce droit les illettrés (38 % de la population), les militaires et les personnes privées de leurs droits civiques par décision de justice[5]. Ainsi élargi, le corps électoral ne comprend que 20 % de la population métropolitaine (1 800 000 d'électeurs) et 3,8 % de la population d'outre-mer (500 000 électeurs pour 13 millions d'habitants)[6].

Ajoutez encore à cela la modification des modalités d'élection du chef de l'État par la révision constitutionnelle de 1959. L'élection au suffrage direct des citoyens électeurs dans le cadre d'un scrutin majoritaire à un tour, initialement consacrée par le texte constitutionnel de 1933, ne survit pas au

---

1 Ph. C. Schmitter, « Portée et signification des élections dans le Portugal autoritaire (1933-1974) », *op. cit.*, p. 114.
2 Rapporté par J. Georgel, *Le Salazarisme*, *op. cit.*, p. 47.
3 *Ibid*, p. 102.
4 En ce sens, v. Ph. C. Schmitter, « Portée et signification des élections dans le Portugal autoritaire (1933-1974) », *op. cit.*, p. 93.
5 J. Georgel, *Le Salazarisme*, *op. cit.*, p 102.
6 Chiffres extraits de l'ouvrage de G. Burdeau, *Traité de science politique*, tome V : « Les Régimes politiques », *op. cit.*, p. 486.

« tremblement de terre[1] » causé par les élections présidentielles de 1958[2]. On se souviendra en effet que le Général Delgado, alors candidat de l'opposition lors de ces élections, assure, non sans imprudence, qu'il démettra Salazar s'il est élu[3]. Un important engouement populaire s'en suit[4] et, pour la première fois depuis trente ans, l'opposition est en passe de remporter la victoire. Ce n'est qu'au moyen d'un vaste recours à la fraude que le gouvernement parvient à faire élire son candidat — l'amiral Tomaz — et à sauver sa tête. Salazar n'en a pas moins « senti passer le vent du boulet[5] ». Aussi l'affaire est entendue : à l'avenir le peuple ne saurait être associé à l'élection du président de la République. Il y va de la longévité d'un régime, dont la singularité réside dans l'absolue nécessité pour le Président du conseil de choisir un chef de l'État dont il peut s'assurer le soutien sans faille[6]. La solution ? Faire élire le président de la République par un collège électoral réduit aux députés, aux membres de la Chambre corporative, aux représentants municipaux des districts et province d'outre-mer, enfin aux représentants des conseils législatifs et des conseils de gouvernement, soit un total de 602 personnes étroitement contrôlées, puisque soumises plus ou moins directement au Président du conseil. À n'en pas douter, « cette réforme est de la part de Salazar très ingénieuse : le chef de l'État nomme le gouvernement, qui à son tour nomme ou fait élire les électeurs présidentiels, et dans un troisième temps ces électeurs choisissent le chef de l'État[7] ». En un mot, « le circuit est verrouillé[8] ».

Les choses ne sont guère plus réjouissantes s'agissant du suffrage passif. Là encore le soin est confié à une loi spéciale de déterminer les conditions d'éligibilité des députés (art. 85 de la Constitution). Sont ainsi éligibles à l'Assemblée nationale les Portugais de naissance inscrits sur les listes électorales, sachant lire et écrire, possédant leurs droits civiques et ayant résidé sur territoire national au cours des cinq années précédant la consultation[9]. Mais le diable se niche avant tout dans les clauses d'inéligibilité prévues par le code électoral. Elles visent tous ceux qui affichent des idées contraires à l'existence du Portugal comme État indépendant ou aux principes fondamentaux de l'ordre établi. Éminemment subjectives, ces clauses

---

[1] I. Delgado, *Humberto Delgado: as eleições de 58*, Vega, 1998.

[2] Sur ces élections, lire le témoignage de Mario Soares : « Le phénomène Humberto Delgado », *in Le Portugal bâillonné*, *op. cit.*, p. 91.

[3] J. Georgel, *La République portugaise, 1974-1995*, Rennes, Editions Apogée, 1998, p. 11.

[4] Ce ne sont pas moins de 200 000 personnes à Porto et 300 000 à Lisbonne qui descendent dans la rue pour acclamer le candidat de l'opposition, J. Georgel, *Le Salazarisme*, *op. cit.*, p. 96.

[5] *Ibid*, p. 94.

[6] Le texte constitutionnel autorise en effet le chef de l'Etat à démettre le Président du conseil de ses fonctions, v. *infra*, p. 29.

[7] *Ibid.*

[8] J. Georgel, *Les Eurodictatures*, *op. cit.*, p. 467.

[9] Sur ce point, v. J. Georgel, *Le Salazarisme*, *op. cit.*, p. 103.

d'exclusions sont utilisées de manière extensive et sélective par les gouverneurs civils en charge de la vérification des conditions d'éligibilité[1].

Certes, l'évolution du régime a conduit à des assouplissements. Jusqu'en 1945, aucune opposition n'est tolérée et il n'existe aucune campagne électorale. Les quatre-vingt-dix députés sont élus selon un scrutin de liste majoritaire à un seul tour dans le cadre d'une circonscription unique. Inspiré de la liste de confiance nationale de Napoléon Bonaparte, ce mode de scrutin repose sur une liste unique estampillée Union nationale. Celle-ci est composée par les organismes de l'État, c'est-à-dire les dirigeants du régime, ce qui bien entendu ne laisse la place à aucune surprise. Les choses évoluent à la sortie de la Seconde Guerre mondiale. Salazar, sujet à une relative pression des démocraties, promet « des élections aussi libres que dans la libre Angleterre[2] ». Dans cette perspective est adoptée la loi du 25 mai 1946. Elle porte le nombre de députés élus à 120, autorise l'opposition non « subversive » — c'est-à-dire non communiste — à présenter des listes concurrentes de celle de l'Union nationale et consacre le scrutin de liste majoritaire à un seul tour dans un pays divisé en trente districts électoraux. Surtout, elle offre un mois de liberté quadriennale à l'opposition : le mois qui précède les élections, à l'occasion duquel les républicains sont autorisés à faire campagne. À l'issue du suffrage sont élus tous les candidats de la liste qui a recueilli la majorité simple, quel que soit le total des voix obtenues par les autres listes. De nouvelles garanties sont également données en 1969 lors du décès de Salazar. L'assouplissement du code électoral consacre la liberté de vote, l'égalité des différentes tendances politiques ainsi que la possibilité pour l'opposition de contrôler la régularité du déroulement et du dépouillement du scrutin[3].

Mais, disons-le d'emblée, ces changements juridiques sont vides de conséquences. Ils traduisent le passage de consultations électorales « non concurrentielles et non libres » à des élections « asymétriquement concurrentielles et épisodiquement libres » sans occasionner pour le régime nulle peine même légère. Inlassablement, les résultats des échéances électorales sont en tous points identiques à ceux des premières années de fonctionnement du régime : les rangs de l'Assemblée nationale sont peuplés par l'Union nationale et les présidents de la République élus sont ceux choisis par le régime. Pour cause ! Le peu de libéralisme dont fait preuve l'*Estado Novo* sur le plan juridique est immédiatement contenu par la politique liberticide du régime.

---

[1] Sur cette question, v. not. : J. Georgel, *Le Salazarisme*, *op. cit.*, p. 103 ; J. Magalhães Godinho, *A legislação electoral e sua crítica*, Prêlo, 1969 ; Ph. C. Schmitter, « Portée et signification des élections dans le Portugal autoritaire (1933-1974) », *op. cit.*, p. 95.

[2] En ce sens, v. J. Georgel, *Le Salazarisme*, *op. cit.*, p. 102.

[3] R. Garnier, *Un modèle européen de démocratie : le cas portugais*, *op. cit.*, p. 61.

D'un point de vue politique

À n'en pas douter, la Constitution de 1933 et, plus encore, les lois spéciales qui la mettent en œuvre comportent des éléments classiques de l'autoritarisme[1]. Le cadre juridique de l'*Estado Novo « est toutefois bien loin de ce que sera la réalité du régime*[2] », et ce pour la simple raison que ses dirigeants rejettent toute idée d'autolimitation de l'État par le droit. Dans ses conditions, il ne leur coûte guère de s'affranchir du droit positif. Pire, cela est même encouragé par la philosophie du régime[3]. La doctrine constitutionnelle des cathédocrates est à cet endroit on ne peut plus clair : « L'État souverain ne peut être contraint par le droit positif, seuls les préceptes éthiques et le droit naturel le limitent[4]. »

Le droit de suffrage n'échappe pas à la règle. Peu importent les promesses faites aux nations étrangères à la sortie de la Seconde Guerre mondiale. Peu importe le mouvement de libéralisation entrepris en ce sens. Peu importe parce que l'essentiel est ailleurs. Dans les faits, « Salazar n'a pas renié les idées qu'il chérissait en 1925, il ne veut ni d'une démocratie libérale ni de partis politiques[5] ». Par voie de conséquence, tous les moyens sont mis en œuvre « pour gagner chaque élection pour chaque siège disputé[6] ». Et Salazar y parvient. Il y parvient au moyen d'une politique liberticide dont les principaux leviers sont la répression des opposants, le recours à la fraude électorale et la dépolitisation de la population.

Ce n'est certes point l'ouvrage d'un jour que d'épuiser cette question. Rien n'empêche en revanche d'en restituer les principaux aspects.

La répression des opposants politiques, en premier lieu, est permanente[7]. Il faut dire que recourir à la violence est chose aisée pour Salazar. Habité par l'obsession d'isoler son pays du reste du monde, le dictateur est discret. « Presque oublié sur son rectangle péninsulaire[8] », il ne demande rien à personne. Et puis les démocraties ont dans un premier temps plus urgent à régler. Le *Doutor* n'est tout compte fait qu'un « simple diablotin par rapport à Hitler et Mussolini[9] ». Tout le loisir lui est par conséquent donné de recourir

---

[1] *Ibid*, p. 55.
[2] *Ibid.*
[3] Aussi l'observateur ne sera guère surpris de constater que le contrôle de constitutionnalité des lois est remis aux mains de l'Assemblée nationale qui ne prononce qu'une seule censure durant les cinquante années de dictature, sur ce point, v. J. Georgel, *Le Salazarisme*, *op. cit.*, p. 114.
[4] Sur ce point, O. Ferreira, « La doctrine constitutionnelle éclectique des cathédocrates sous l'Estado Novo portugais », *op. cit.*, p.
[5] J. Georgel,, *Le Salazarisme*, *op. cit.*, p. 103.
[6] Ph. C. Schmitter, « Portée et signification des élections dans le Portugal autoritaire (1933-1974) », *op. cit.*, p. 92.
[7] Sur la réalité de la violence lire en particulier le témoignage poignant de Mário Soares : « La réalité du salazarisme », *in Le Portugal bâillonné*, *op. cit.*, p. 27 ; v. également J. Georgel, *Le Salazarisme*, *op. cit.*, pp. 164-188.
[8] J. Georgel, *Les Eurodictatures*, *op. cit.*, p. 242.
[9] *Ibid*, p. 211.

à la violence sans être inquiété. « Les démocraties ferment les yeux et le laissent arbitrairement arrêter, interner, exiler, torturer… » « À peine si, au lendemain de la guerre, il a rencontré une opposition de la part des démocraties. Les Droits de l'homme n'ont jamais pesé bien lourd[1]. » *Para Inglès ver…* L'expression portugaise prend ici tout son sens[2].

Bilan ? Dès son arrivée au pouvoir, Salazar s'empresse de se doter d'une police politique composée de 12 000 agents. Si son appellation change à quatre reprises[3], les atrocités commises sont toujours du même ordre. On arrête, on interroge, on défenestre s'il le faut. Son rôle ? Surveiller et contrôler la société portugaise dans ses moindres détails. 3 millions de fiches pour 7 millions de Portugais sont ainsi établies. Ses locaux sont le théâtre de scènes de tortures des plus variées[4]. La déportation des opposants au régime est également d'usage. Mário Soares peut en témoigner. Sans autre forme de procès que ce soit, l'opposant socialiste est exilé en 1968 dans la colonie portugaise de São Tomé. Ces mêmes colonies où se multiplient les camps de concentration destinés à accueillir des militants anarchistes et communistes ainsi que des intellectuels en désaccord avec le régime. Si toutes ces mesures ne suffisent pas pour faire taire l'opposition, alors Salazar recourt à la manière forte : la disparition au sens propre des opposants. Preuve en est l'assassinat du Général Delgado[5] le 13 février 1965 à *Villanueva del Fresno*. Jugé trop dérangeant par le régime à la suite de sa candidature aux élections présidentielles de 1958 et sa tentative de coup d'État en 1962, Salazar orchestre son assassinat avec l'aide de la PIDE[6]. Décidément, l'*Estado Novo* n'usurpe pas son titre de dictature.

Il en fait d'ailleurs une démonstration éclatante lors des périodes de consultations électorales où la répression tend, en toute logique, à s'intensifier. À cette occasion, tout est mis en œuvre pour décourager les candidatures d'opposition. L'éteignoir policier se fait particulièrement sentir lors des élections présidentielles. L'enjeu est de taille pour Salazar. Il y va de

---

[1] *Ibid*, p. 530.

[2] Cette expression laisse entendre qu'il suffit de soigner la façade pour contenter l'observateur étranger, *Ibid*, p. 530.

[3] Initialement, la police politique prend le nom de police d'information. Elle emprunte par la suite et ce jusqu'en 1945 celui de police de vigilance et de défense de l'Etat (PVDE), puis celui de police internationale de défense de l'Etat (PIDE) jusqu'en 1969, enfin celui de direction générale de sécurité (DGS) lors de l'arrivée au pouvoir de Marcello Caetano.

[4] Il est possible de citer, à titre d'exemple, le supplice de la « statue », qui consiste à maintenir des suspects debout durant des jours, le supplice du « sommeil », destiné à empêcher le prisonnier de dormir pendant plusieurs jours, ou encore le recours à des menottes électriques et à des projecteurs éblouissants, sur ce point v. not. : J. Georgel, *Les eurodictatures, op. cit.*, p. 528 ; M. Soares, *Le Portugal bâillonné, op. cit.*, pp. 35 et 38.

[5] Pour une approche approfondie voir le témoignage de Mário Soares : « Histoire d'un crime », *in Le Portugal bâillonné. op. cit.*, p. 131.

[6] La culpabilité de Salazar a été établie par le Tribunal militaire de Lisbonne à l'occasion du procès, achevé le 27 juillet 1981, de sept membres de la PIDE inculpés dans cette affaire.

sa permanence au poste de Président du conseil lequel peut être démis par le président de la République. Par voie de conséquence, « la neutralisation du chef de l'État[1] » est une nécessité absolue. Et le meilleur moyen pour se faire est de s'assurer que la personnalité élue sera suffisamment malléable et docile. Ainsi, sept des huit élections présidentielles ont lieu à candidat unique. L'opposition, accablée de pressions et de poursuites, retire ses candidatures la veille du scrutin ou renonce à présenter un candidat, laissant celui de l'Union nationale se présenter seul. Le mois de liberté quadriennale offert à l'opposition à partir de 1946 n'y change pas grand-chose. Ces rares instants où respirer devient possible n'ont, à la vérité, aucun rapport avec les campagnes électorales qui se pratiquent dans les démocraties libérales de l'occident[2]. Sous couvert d'une libéralisation du régime, la répression policière perdure.

> Quoi d'étonnant par conséquent si l'opposition a du mal à obtenir des locaux pour ses réunions — en plein air, elles sont interdites ; si la PIDE assiste aux meetings après avoir ostensiblement montré dans la rue son intimidante présence près du lieu de la manifestation ; si elle convoque les candidats pour les interroger sur leurs déclarations ; si, interprétant abusivement les textes, elle soumet la tenue des réunions électorales à l'autorisation préalable du gouverneur civil ou du commissaire de police[3].

La méthode est efficace. Puisqu'il lui est impossible de faire campagne, l'opposition renonce régulièrement au jeu électoral[4]. Un exemple, parmi d'autres, est donné par le retrait de candidature de l'amiral Quintão Meyrelles, candidat de l'opposition du centre aux élections de 1951. Mario Soares écrit à ce sujet :

> À Lisbonne, il organisa une seule réunion de propagande. À Porto, pas une : à la suite de pressions officielles, il lui fut impossible de trouver un homme assez courageux pour lui céder une salle publique. Dans tout le pays, le mécanisme habituel de la répression fonctionna pour empêcher la libre circulation de la propagande et des idées. Lui-même fut en butte à toutes les difficultés possibles et imaginables. Il ne lui restait donc qu'à se retirer[5].

Il s'ensuit qu'en quarante années de pratique du pouvoir, « Salazar n'a jamais eu à rendre compte, et c'est lui qui a choisi les chefs de l'État[6] ».

La fraude électorale, en deuxième lieu, est d'une banalité stupéfiante. Omniprésente, elle s'exerce bien au-delà du jour du scrutin. Afin d'éviter toute mauvaise surprise, le régime développe un savoir-faire rare dans la manipulation des listes électorales. Dans un cadre juridique déjà restreint

---

[1] R. Garnier, *Un modèle européen de démocratie : le cas portugais*, *op. cit.*, p. 57.
[2] J. Georgel, *Le Salazarisme, op. cit.*, p. 103.
[3] *Ibid*, p. 104.
[4] J. Georgel, *Les eurodictatures, op. cit.*, pp. 467 et 527.
[5] M. Soares, *Le Portugal bâillonné, op. cit.*, pp. 84-85.
[6] J. Georgel, *Les eurodictatures*, *op. cit.*, p. 466.

d'électeurs — on l'a vu — les fonctionnaires électoraux manipulent les listes officielles de façon éhontée afin de corriger les éventuels déséquilibres. En résulte un système assez perfectionné dans lequel « l'inclusion de certaines classes sociales dans le régime fourn[it] le vote "gouvernemental" ; l'exclusion d'autres classes about[it] à la non-inscription ; des volontés individuelles, dispersées et non conjuguées [sont] à la base du vote d'opposition ; enfin, des inerties individuelles [sont] à la base de l'abstention[1] ». Des « records d'incestes politiques » sont ainsi enregistrés, comme ce fut le cas au sein des 4 *freguesias* urbaines de Covilha où la moitié des personnes habilitées à voter était composée d'employés des autorités à élire[2]. Et c'est assurément cette nature restrictive et sélective de l'électorat, sur laquelle l'*Estado Novo* put s'appuyer avec « assiduité, régularité et confiance »[3], qui participa de la viabilité des consultations électorales.

Triés sur le volet, les candidats éligibles le sont également. Les méthodes employées sont des plus grotesques. En 1969, par exemple, le gouverneur du Mozambique déclare inéligibles tous les candidats de la liste d'opposition au motif qu'ils n'ont pas prouvé, conformément aux exigences du code électoral, être citoyens portugais d'origine. Or, tout le monde sait dans le pays qu'ils le sont tant leur résidence est ancienne. Mieux, ils ont déjà été candidats lors de précédentes élections législatives[4]. De même, on rappellera que Salazar, au moyen d'une politique de découragement des candidats de l'opposition, est toujours parvenu à faire élire les chefs de l'État qu'il avait choisi.

C'est peu de chose de le dire, l'une des forces du régime est d'avoir su en permanence sélectionner les électeurs et les candidats éligibles et, par ce biais, se prémunir de toute menace ou presque. Ou presque, car les seules opérations de filtrage ne suffisent pas toujours pour garantir à l'*Estado Novo* la victoire, *a fortiori* à compter de 1946 et l'assouplissement du code électoral. Certes, la plupart du temps l'opposition, victime de la répression ou résignée à l'idée de jouer le jeu d'une compétition qu'elle sait perdue d'avance, renonce à toute candidature ou se retire la veille du scrutin[5]. De temps en temps toutefois, elle tient bon. Qu'importe, il suffit de multiplier les opérations frauduleuses le jour du scrutin. La fraude se veut d'ailleurs décomplexée. À tel point qu'elle en prend une tournure folklorique. Les élections présidentielles de 1958 en offrent une illustration topique. Face à l'opiniâtreté du Général Delgado, le régime, au pied du mur, doit réagir. Un bourrage des urnes à grande échelle, la disparition mystérieuse de stocks de bulletins et la publication d'un décret interdisant la présence de l'opposition lors du dépouillement assurent la victoire du Président sortant. L'efficacité du procédé est redoutable : l'amiral

[1] Ph. C. Schmitter, « Portée et signification des élections dans le Portugal autoritaire (1933-1974) », *op. cit.*, p. 120.
[2] *Ibid*, p. 96.
[3] *Ibid.*
[4] Rapporté par J. Georgel, *Le Salazarisme, op. cit.*, p. 103.
[5] J. Georgel, *Les eurodictatures, op. cit.*, p. 527.

Amerigo Tomaz recueille 758 998 voix contre seulement 236 528 pour le général Humberto Delgado. À Porto, le dépouillement lui accorde moins de 9 000 voix. Curieuse répartition des suffrages pour un candidat acclamait par 200 000 portuans quelques mois auparavant[1]. La mascarade se poursuit sous Marcelo Caetano. Le successeur de Salazar dévoile à son tour un talent certain dans l'art de la fraude. Pour prendre la mesure du propos, arrêtons-nous un instant sur les élections législatives de 1969. À leur sujet, Jacques Georgel écrit :

> À l'instant du scrutin, ce qui frappe c'est d'une part l'absence d'isoloirs et d'autre part la présence d'inscriptions multiples. À Benfica, un garde forestier demande s'il ne pourrait pas voter quatre fois dans le bureau où il se trouve, car il est inscrit dans quatre localités différentes et il souhaite éviter ces multiples déplacements. Le bulletin à glisser dans l'urne n'est pas placé dans une enveloppe, et parfois l'opposition s'aperçoit qu'elle s'est "laissé avoir", le papier qu'elle utilise pour ses bulletins étant si translucide que, même après pliage en quatre, on peut identifier la liste que l'électeur dépose, donc repérer les opposants[2].

Que dire enfin des procédures de décompte des bulletins dont le déroulement défie l'entendement. Un avant-goût est donné par le référendum d'approbation de la Constitution de 1933. Sa vocation plébiscitaire conduit Salazar à faire savoir que le vote est obligatoire et que toute abstention sera considérée comme un vote favorable. Le résultat ? Sans appel. On compte à peine 6 000 « non » sur un total de 1 212 498 électeurs[3]. Rarement dans l'histoire l'approbation d'une Constitution a suscité autant l'adhésion[4]. Par la suite, le régime conservera la mainmise sur le décompte des bulletins. Il faut attendre 1969 pour que les groupes de l'opposition puissent contrôler le déroulement et le dépouillement du scrutin. Jusqu'alors aucun contrôle ne peut être exercé. D'ailleurs les résultats du scrutin ne sont pas rendus publics. On ne sait rien de plus que l'Union nationale a gagné[5].

La dépolitisation de la population, en troisième lieu, vise à s'assurer que le peuple ne s'immisce pas dans les affaires du régime. Quel meilleur moyen en effet que d'entretenir l'apathie politique de la société portugaise pour garantir la pérennité de l'*Estado Novo.* Salazar en est conscient et c'est pourquoi, dès

---

[1] Sur cette question, F. Delgado Rosa, *Humberto Delgado. Biografia do general sem medo*, Lisbonne, Esfera dos livros, 2015 ; R. Garnier, *Un modèle européen de démocratie : le cas portugais*, *op. cit.*, p. 57 ; J. Georgel, *Le Salazarisme*, *op. cit.*, pp. 95-96 ; « Le phénomène Humberto Delgado », *in* M. Soares, *Le Portugal bâillonné*, *op. cit.*, pp. 91 et s.

[2] J. Georgel, *Le Salazarisme*, *op. cit.*, p. 104.

[3] *Ibid.*, p. 92.

[4] Cela explique très certainement que la procédure de référendum s'en soit trouvée discréditée lors du retour de la démocratie et qu'il ait fallu attendre le 28 juin 1998 pour que les Portugais soient à nouveau consultés (v. *supra*, p. 19).

[5] En ce sens, v. J. Georgel, *Le Salazarisme*, *op. cit.*, p. 104.

son arrivée au pouvoir, il s'emploie à anéantir tout danger ochlocratique[1]. D'ailleurs le dictateur ne s'en cache pas vraiment. Lui qui affiche une conviction profonde au sujet de l'incapacité du peuple à se gouverner[2] n'a guère de mal à assumer la politique de dépolitisation mise en œuvre. Celle-ci prend les formes les plus diverses, à commencer par une importante restriction, on l'a vu, des libertés d'expression, de réunion et d'association. Par ce biais, le régime entend notamment isoler et morceler les différentes parties du corps social[3]. Mais la principale arme du régime est très certainement celle consistant à maintenir le peuple en situation d'obscurantisme intellectuel[4]. L'illettrisme est ainsi favorisé. Lors de l'accession de Salazar à la tête du Conseil des ministres, les Portugais sont à 75 % analphabètes[5]. Le *Doutor* s'évertue à maintenir cette situation, et ce quand bien même le droit à l'enseignement se trouve consacré par les articles 42 et 44 de la Constitution. Il faut attendre les années soixante pour que le régime entame une campagne d'alphabétisation qui fait descendre à 40 % la proportion d'illettrés[6]. Voilà une politique éducative pour le moins effrayante. Elle n'en demeure pas moins habile lorsque l'on sait que les illettrés sont écartés du vote.

La volonté du régime d'encourager la stagnation de l'enseignement porte également ses fruits en termes de dépolitisation du corps électoral. En atteste au premier chef le nombre d'électeurs inscrits sur les listes, bien moindre que la faible proportion de la population autorisée à voter. Sur ce point, les travaux de Philippe C. Schmitter laissent très clairement transparaître le rôle clé joué par le processus de dépolitisation. Ainsi que le rappelle le politiste, il y avait deux procédures d'inscription sur les listes électorales :

> l'inscription officielle par laquelle les autorités locales dressaient les listes de noms et vérifiaient les qualifications du droit de vote, et les demandes individuelles d'inscription, procédure que les citoyens pouvaient utiliser, s'ils "découvraient" qu'ils n'avaient pas été inscrits sur les registres. Apparemment très peu de gens profitaient de cette deuxième possibilité soit parce qu'ils ignoraient ne pas être inscrits, soit parce que le délai imparti par la loi pour demander l'inscription était trop court, ou, plus vraisemblablement, parce qu'ils se souciaient peu d'être exclus du vote[7].

---

[1] Sur cette question, v. O. Ferreira « L'élection au suffrage direct du Président au Portugal : renforcer et contenir le pouvoir modérateur en République (1911-2011) », *op. cit.*, p. 120.
[2] « Préface », *in* A. O. Salazar, *Une révolution dans la paix*, 1937.
[3] En ce sens, v. O. Ferreira, « L'élection au suffrage direct du Président au Portugal : renforcer et contenir le pouvoir modérateur en République (1911-2011) », *op. cit.*, p. 120.
[4] Sur ce point, v. J. Georgel, *Le Salazarisme*, *op. cit.*, p. 82.
[5] Chiffre extrait de J. Georgel, *Les eurodictatures*, *op. cit.*, p. 61.
[6] Pour une approche approfondie de cette question, v. J. Georgel, *Le Salazarisme, op. cit.*, pp. 83-84.
[7] Ph. C. Schmitter, « Portée et signification des élections dans le Portugal autoritaire (1933-1974) », *op. cit.*, pp. 94-95.

Autre indicateur probant de la dépolitisation du corps électoral : le taux d'abstention. Lors des élections législatives de 1945, le pourcentage de votants est seulement de 57,3 %. Il oscille entre 60 et 70 % lors des échéances électorales qui suivent.

Mais n'insistons pas davantage. On le voit, les consultations électorales revêtent une dimension faiblement mobilisatrice[1]. À tel point que :

> le niveau de participation électorale par rapport à la population totale dans les années soixante (11 à 15 % de la population totale — 19 à 23 % de la population en âge de voter) pla[ce] le Portugal, du point de vue de la masse électorale, au 88e rang parmi les 92 États du monde, suivi seulement par la Sierra Leone, le Sud-Ouest africain, l'Afrique du Sud et la Rhodésie[2].

Je voudrais que les Portugais vivent « habituellement ». Ce mot qui associe la tranquillité à l'immobilisme est tout aussi magnifique que monstrueux[3]. Le souhait de Salazar n'en fut pas moins exaucé.

En définitive, la dictature portugaise est parvenue pendant près de cinquante ans à remporter l'ensemble des échéances électorales par le biais d'un recours systématique à la répression, la manipulation, la fraude et la dépolitisation de la société. Quand bien même le régime s'orienta vers des élections asymétriquement concurrentielles et épisodiquement libres à la sortie de la Seconde Guerre mondiale, les résultats des processus électoraux demeurèrent inchangés. Jamais un opposant n'entra à l'Assemblée nationale de 1933 à 1973. Jamais un chef de l'État ne fut élu sans être choisi par l'Union nationale. « Mais alors, puisque le contexte électoral était si étroitement contrôlé et si peu représentatif, quelle pouvait bien être la fonction d'élections aussi fréquentes qui ne pouvaient produire que des résultats aussi rituels et aussi dépourvus de surprises[4] ? » La vérité est que ce simulacre d'élections joua un rôle déterminant de la mise en place du régime jusqu'au retour de la démocratie.

Le rôle déterminant des consultations électorales

Concédons-le, le temps et les moyens manquent pour une analyse exhaustive du rôle des consultations électorales sous la dictature portugaise. Rien ne nous empêche en revanche de rendre compte des principaux aspects de cette problématique. Les travaux de Philippe C. Schmitter constituent à ce titre une prémisse intéressante. Selon le politiste, les élections sous l'*Estado Novo* peuvent être qualifiées de « Significatives en contrepoint[5] ». Par ces

---

[1] En ce sens, v. A. Costa Pinto, « Le salazarisme et le fascisme européen », *op. cit.*, p. 17.
[2] Ph. C. Schmitter, « Portée et signification des élections dans le Portugal autoritaire (1933-1974) », *op. cit.*, pp. 93-94.
[3] J. Georgel, *Le Salazarisme, op. cit.*, p. 53.
[4] Ph. C. Schmitter, « Portée et signification des élections dans le Portugal autoritaire (1933-1974) », *op. cit.*, p. 96.
[5] *Ibid.*

termes, l'auteur entend souligner que l'organisation à échéances régulières de processus électoraux viciés, loin d'être sans enjeux, remplissait au contraire des fonctions bien précises. Des fonctions inavouables pour le régime qui, en raison de leur dimension cachée, œuvrèrent en faveur de sa longévité. Ce sont précisément ces ressorts inavouables et cachés sur lesquels nous souhaiterions lever le voile. Étant entendu que le rôle des consultations électorales ne s'arrête pas là. Il trouve également à s'apprécier dans la mise en place du régime et le retour de la démocratie.

Dans la mise en place du régime

La dictature portugaise ne naît pas à proprement parler de consultations électorales. Elle est le fruit d'un coup d'État militaire orchestré le 28 mai 1926 par le général Gomes da Costa, dont il résulte une dictature militaire qui accouchera successivement de la Dictature nationale et de l'*Estado Novo*. Cela étant gardé à l'esprit, on observera que ces deux régimes sont, pour leur part, nés de processus électoraux. La Dictature nationale est issue de l'élection au suffrage universel direct du président de la République Oscar Carmona en mars 1928. L'*Estado Novo* découle de l'adoption par référendum de la Constitution de 1933. Or, ces deux consultations électorales ont clairement contribué à la mise en place de la dictature portugaise. Trois facteurs permettent de s'en convaincre.

Tout d'abord, il ne fait guère de doute que l'une des fonctions de l'élection présidentielle de 1928 et du référendum constitutionnel de 1933 fut de légitimer le coup d'État de 1926. À peine dissimulée, leur vocation plébiscitaire transparaît dans le mode de scrutin retenu. Nul suffrage censitaire ou restreint comme cela sera le cas par la suite. Afin de donner du crédit aux résultats et, de façon concomitante, à l'orientation autoritaire du régime, il importe de s'assurer une base électorale le plus large possible. Dans cette perspective, le suffrage universel est consacré. Il est même étendu aux femmes, et ce pour la première fois dans l'histoire du Portugal, s'agissant du référendum de 1933. Le pari consistant à consolider la dictature par la voie des urnes est malheureusement réussi. Oscar Carmona, dont les velléités dictatoriales sont on ne peut plus claires, est élu président de la République avec un score plus important que celui obtenu par Sidónio Pais — Président à l'origine d'un virage autoritariste sous la I^e République — en 1918[1]. Au moyen du procédé de comptabilisation des votes que l'on connaît, les résultats du référendum constitutionnel de 1933 sont sans appel. Preuve en est, si l'on en doutait, que « le suffrage universel est parfaitement dissociable des exigences de l'idéal démocratique, de la préoccupation de limiter le pouvoir

---

[1] En ce sens, v. A. Araújo et G. Matias, « Le pouvoir présidentiel au Portugal : entre l'histoire politique et le droit constitutionnel », *in* D. Connil et D. Löhrer (dir.), *40 ans d'application de la Constitution portugaise*, Paris, Institut Universitaire Varenne, coll. « Colloque et Essais », n° 51, 2017, p. 122.

des gouvernants[1] ». Cette vocation plébiscitaire des consultations électorales se retrouvera d'ailleurs dans les premières années de fonctionnement de l'*Estado Novo*[2]. Dans un discours prononcé à la veille des élections pour la seconde législature, Salazar affirme :

> Le renouvellement de l'Assemblée nationale a, d'après l'esprit de la Constitution et d'après notre système électoral, un caractère essentiellement plébiscitaire. L'acte électoral n'a pas tant pour objet de désigner les députés que de reconnaître solennellement les bienfaits du régime politique et d'affermir la confiance du pays en la réalité toujours féconde des principes de la révolution nationale[3].

Ensuite, l'élection présidentielle de 1928 a clairement facilité l'accession de Salazar, principal artisan de la dictature, au pouvoir. Ce n'est autre qu'Oscar Carmona, fraîchement élu président de la République, qui appelle Salazar au ministère des Finances le 18 avril 1928. Principal soutien du nouveau grand argentier, c'est également lui qui offre, le 25 juin 1932, le poste de chef du gouvernement au jeune professeur de l'Université de Coimbra. En l'espace de quatre ans et à force de crises ministérielles qu'il a lui-même suscitées, Salazar a tant développé sa puissance qu'il atteint, par l'intermédiaire de Carmona, le but qu'il s'était fixé[4]. On connaît la suite : la Constitution de 1933 jettera les bases de l'*Estado Novo*, les deux hommes ne quitteront plus leurs fonctions respectives jusqu'à leurs décès et le Portugal vivra « bâillonné »[5] durant près d'un demi-siècle. En somme, la victoire de Carmona en 1928 a incidemment scellé le sort du pays.

Enfin, les consultations électorales de 1928 et 1933 ont joué un rôle central dans l'enracinement de la dictature. Gardons en effet à l'esprit que la dictature militaire faisant suite au coup d'État de 1926 est agitée par une très grande instabilité politique. Certes, on concédera volontiers que le virage autoritaire s'opère dès cette période. On en veut pour preuve les premières mesures adoptées par le général Gomes da Costa. La République tout juste renversée, celui-ci dissout le Parlement, suspend la Constitution et 1911 ainsi que les libertés politiques et individuelles. En cela, la Dictature nationale et l'*Estado Novo* ne sont que la continuité de la dictature militaire. Reste que le régime mis en place en 1926 se révèle tout aussi instable que la 1re République et ne parvient pas à résoudre les problèmes économiques et financiers du pays. Il en résulte une dictature fragile, à la merci de toutes formes d'instabilités et de conspirations, si bien que le retour de l'ordre républicain n'est pas exclu. Ce n'est qu'en 1928 et, de façon définitive, en 1933 que le Rubicon est franchi. En 1928 en ce que la légitimité nouvellement acquise par Carmona et la

---

1 Ph. Braud, *Le suffrage universel contre la démocratie*, Paris, PUF, 1980, p. 64.
2 En ce sens, v. A. Costa Pinto, « Le salazarisme et le fascisme européen », *op. cit.*, p. 17.
3 Cité par J. Georgel, *Le Salazarisme*, *op. cit.*, p. 111.
4 *Ibid*, pp. 39 et ss.
5 L. Soares, *Le Portugal bâillonné*, *op. cit.*

nomination de Salazar au ministère des Finances permet au régime de gagner en stabilité institutionnelle et économique. Salazar, au prix d'une politique de grande rigueur budgétaire, réussit le tour de force de rétablir l'équilibre des finances publiques. Fort d'un tel succès, il prend une place prééminente au sein de la Dictature nationale et renforce son caractère autoritaire. En 1933, car l'adoption du texte constitutionnel assure la pérennité du nouveau régime[1]. Cette Constitution de façade, destinée à masquer la réalité de l'exercice du pouvoir au sein de l'*Estado Novo*, permet, par sa dimension insidieuse, de sédimenter la dictature.

Loin d'être étrangères à l'instauration du régime autoritaire portugais, les consultations électorales ont également joué un rôle déterminant dans sa longévité.

Dans la longévité du régime

Le fait pour un régime autoritaire « d'organiser des élections, de leur donner telle ou telle forme, et de les tenir à un moment donné ne constitue jamais une manifestation gratuite de pouvoir[2] ». Quand bien même ces élections se déroulent à candidature unique et ne constituent, en raison de leur caractère vicié, aucune menace effective, leur récurrence, comme ce fut le cas au Portugal, ne saurait s'expliquer « par le simple goût de la mascarade[3] ». « Si on décide de les organiser, c'est que cela répond à quelque raison ou à quelque motif ; elles doivent permettre dans une certaine mesure de soutenir le type de domination politique en vigueur »[4]. Bref, le recours à des processus électoraux par les gouvernements autoritaires n'est jamais anodin. Il remplit des fonctions bien précises au service des intérêts du régime, en particulier sa longévité et celle de ses dirigeants. La dictature portugaise n'échappe pas à la règle. À bien y réfléchir, cette perspective fonctionnaliste y fut probablement d'autant plus prégnante que l'on connaît l'hostilité de Salazar à l'égard de la compétition électorale. Or, lorsqu'il élabora la Constitution de 1933, il y maintint, assurément à dessein, les élections.

Reste à savoir de quelle façon ce simulacre d'élections, que le régime fit tout pour conserver, œuvra en faveur de la longévité du régime ? Les travaux de Philippe C. Schmitter sont à cet endroit particulièrement éclairant[5]. Ils offrent à constater les enjeux singulièrement retors qui sous-tendent les processus électoraux sous la dictature portugaise. Car, retors, Salazar l'était incontestablement. Aussi le sens qu'il donnait aux élections ne se laisse pas

---

[1] En ce sens, v. R. Garnier, *Un modèle européen de démocratie : le cas portugais, op. cit.*, p. 55.

[2] Guy Hermet, cité par Ph. C. Schmitter, « Portée et signification des élections dans le Portugal autoritaire (1933-1974) », *op. cit.*, p. 97.

[3] Ph. Braud, *Sociologie politique*, Paris, LGDJ, 7e éd., 2004, p. 365.

[4] Ph. C. Schmitter, « Portée et signification des élections dans le Portugal autoritaire (1933-1974) », *op. cit.*, p. 97.

[5] *Ibid.*

immédiatement saisir. C'est d'ailleurs là une des originalités de l'*Estado Novo* de ne pas épouser les fonctions classiquement attribuées aux processus électoraux au sein des régimes autoritaires[1].

Ainsi, la fonction de légitimation du régime, pour ne pas être négligeable, ne semble pas avoir été déterminante. S'agissant des premières années de la dictature, la volonté d'afficher aux yeux de l'occident libéral une façade démocratique n'est pas une réponse très plausible compte tenu de l'aversion exprimée par Salazar vis-à-vis des régimes libéraux-démocratiques et de l'état d'esprit du milieu des années 1930[2]. Elle devient, en revanche, plus évidente à la sortie de la Seconde Guerre mondiale où, on l'a vu, la communauté internationale exerce une certaine pression sur Salazar. Quant à la fonction de légitimation interne des élections, le Portugal y a été moins sensible que d'autres régimes autoritaires « plébiscitaires ». Autant elle a pu être mobilisée en 1928 et 1933 afin de sédimenter la dictature, autant elle a pour ainsi dire été délaissée à la suite des premières élections législatives. Il faut dire que la structure même du corps électoral — restreint, grossièrement sélectionné et abstentionniste — ne permettait pas de remplir cette fonction. Salazar lui-même le concède à demi-mot à la suite des élections présidentielles de 1958. Alors que la candidature d'Humberto Delgado a bien failli balayer le régime, le Président du Conseil proclame :

> La comparaison des résultats obtenus par l'opposition et par le candidat gouvernemental montre sans équivoque la légitimité d'un mandat qui s'appuie sur plus des trois quarts de l'électorat, et sur l'adhésion massive de tous ceux — en fait le plus grand nombre — qui n'avaient pas la possibilité d'exprimer leur suffrage[3].

Un aveu de faiblesse ? La manœuvre consistant à comptabiliser les non-participants aux votes, c'est-à-dire le plus grand nombre, comme des soutiens au régime est à tout le moins maladroite. Elle révèle la faiblesse de la stratégie électorale comme moyen de légitimation.

Les fonctions « anesthésique » et de communication généralement attachées aux élections non concurrentielles ne tombent pas plus sous le sens[4]. La première a pour objet de fournir aux masses des occasions de se « purger »,

---

[1] Sur ces fonctions, v. G. Hermet, « L'analyse des élections non concurrentielles : la problématique d'intervention du pouvoir central », Fondation nationale des sciences politiques, table ronde des 17 et 18 mai 1976, document préparatoire). Par ailleurs, et sans qu'il soit nécessaire d'insister sur ce point, la raison d'être des consultations électorales sous la dictature portugaise n'est pas à « chercher dans la mission habituellement impartie aux élections libres : légitimer le régime, ou faire surgir un homme d'Etat, ou encore donner la parole au peuple », J. Georgel, *Le Salazarisme, op. cit.*, p. 105.

[2] Nous souscrivons en ce sens à l'analyse de Ph. C. Schmitter, « Portée et signification des élections dans le Portugal autoritaire (1933-1974) », *op. cit.*, p. 98.

[3] Cité par Ph. C. Schmitter, *op. cit.*, p. 99.

[4] Pour une approche approfondie, nous renvoyons le lecteur aux travaux de Ph. C. Schmitter, *op. cit.*, pp. 100 et ss.

à l'occasion des périodes électorales, des ressentiments accumulés afin d'obtenir d'elles, dans l'intervalle de deux consultations, une meilleure obéissance. Pour avoir cours, elle implique toutefois l'existence d'une opposition, ce qui n'est pas le cas au Portugal jusqu'en 1945. De sorte que si les élections ont pu produire une fonction d'anesthésie, ce ne put être le cas qu'après la Seconde Guerre mondiale, mais de façon incidente et sans que cela ne soit un objectif initialement recherché par le *Doutor*. La seconde instrumentalise les élections afin de « transmettre des “mots d'ordre” à la population et/ou aux élites locales ». Or, « cette hypothèse ne trouve guère de confirmation dans le cas du Portugal » où le processus électoral « était conduit si discrètement et d'une manière si ritualiste par le parti du gouvernement, qu'aucun mot d'ordre compréhensible ne pouvait être véhiculé[1] ». Un aspect plus insoupçonné de la fonction de communication des élections contribua néanmoins à la longévité du régime. Le mois de « liberté » offert à partir de 1945 a fourni au régime l'occasion de mettre à jour ses registres de police en surveillant les citoyens qui exprimaient leur soutien pour le candidat de l'opposition.

Mais passons. L'organisation des élections sous la dictature portugaise, on le voit, n'obéit que de très loin aux schémas fonctionnels classiques des consultations électorales au sein des régimes autoritaires. Cela posé, essayons-nous à une analyse plus poussée. Car, si des élections avaient lieu, c'est qu'elles devaient satisfaire à certains besoins impérieux des dirigeants. En réalité, l'enjeu principal des consultations électorales fut de servir de contrepoint au régime en rassemblant ses partisans et en dispersant ses opposants. En somme, et pour emprunter à la terminologie de Philippe C. Schmitter, « unir pour régner » et « diviser pour régner[2] ».

« Unir pour régner », d'un côté, en ce que les élections furent le moyen « de construire une coalition dominante avec les segments d'une élite politique divisée et avec les fractions rivales de la classe économique dominante[3] ». Par des gratifications mineures, par des mesures garantissant des statuts acquis, elles permirent de rassembler un ensemble hétérogène de partisans aux affinités idéologiques divergentes. L'Union nationale elle-même servit ce projet[4]. Elle fut créée pour empêcher la dislocation des tendances extrêmement diverses qui soutenaient l'*Estado Novo*. La mission lui était ainsi impartie de coordonner l'ensemble des courants de la pensée nationaliste et ce n'est pas un hasard si ses statuts interdisaient la formation de tendances. La précaution était avisée tant les premières années du régime furent agitées par diverses factions nationalistes. Par le biais des élections, l'Union nationale

---

[1] *Ibid*, p. 102.

[2] *Ibid*, p. 105.

[3] *Ibid.*

[4] En ce sens, v. A. Costa Pinto, « Le salazarisme et le fascisme européen », *op. cit.*, p. 18 ; J. Georgel, *Le Salazarisme*, *op. cit.*, p. 108 ; Ph. C. Schmitter, « Portée et signification des élections dans le Portugal autoritaire (1933-1974) », *op. cit.*, pp. 106-107.

permit de surcroît de coopter un nombre substantiel de républicains, conservateurs ou nationalistes, qui avaient été actifs sous l'ancien régime parlementaire. Ce faisant, elle parvint à contenir l'opposition potentielle à la jeune dictature.

« Diviser pour régner », d'un autre côté, parce qu'en encourageant à compter de 1945 l'opposition à participer à un processus électoral irrégulier, dont les résultats étaient courus d'avance, le régime réussit à affaiblir ses rangs. Plutôt que de se forger une unité clandestine dans l'adversité, les opposants « surgissaient périodiquement à la surface de la vie politique, et, ce faisant, d'une part, ils s'offraient en cible au pouvoir en place qui les ridiculisait, d'autre part, ils s'engageaient dans un mécanisme embarrassant à travers lequel ils pouvaient découvrir la diversité de leurs réactions et des programmes qu'ils proposaient pour s'opposer au régime autoritaire et à l'ordre économique[1] ». En d'autres termes, l'opposition, qui ne pouvait exister au-delà du mois de liberté électorale, montrait au grand jour sa faiblesse et son incapacité à forger des alliances réalistes fondées sur un programme réfléchi de gouvernement. Puisqu'elle n'avait aucune espérance de participation au système de pouvoir, elle se confinait dans un intellectualisme abstrait et idéologique. Sur le long terme s'ensuivirent d'importantes divisions qui contribuèrent encore davantage à renvoyer d'elle une image d'impuissance. Les élections législatives de 1969 en offrent un exemple flagrant. Malgré le décès de Salazar et un nouvel assouplissement du code électoral, en dépit des préconisations de la convention socialiste de juin 1967[2], les groupes de l'opposition ne parvinrent pas à surmonter leurs divergences en vue de présenter une liste unique. Ce sont ainsi deux, parfois même trois, listes qui furent présentées face à la liste unique de l'Union nationale[3]. On imagine aisément que le régime en place sortait renforcé de telles confrontations.

En somme, le rôle et les conséquences du système électoral de l'*Estado Novo*

> doivent être appréciés, moins en fonction de ce qu'il accomplit ouvertement et positivement, mais en tenant compte de ce qu'il empêche subrepticement et négativement d'arriver. [...] ses fonctions les plus importantes ont été négatives et inavouables : elles ont servi à identifier, à isoler, à désagréger les éléments d'une opposition potentielle en les forçant à "participer" à un jeu structurellement truqué[4].

[1] Ph. C. Schmitter, *op. cit.*, p. 108.

[2] Il s'agissait de promouvoir un regroupement aussi large que possible des forces d'opposition au régime afin que, dans toutes les circonscriptions électorales, les candidats défendent un programme commun revendiquant l'instauration des libertés essentielles, GARNIER R., *Un modèle européen de démocratie : le cas portugais, op. cit.*, p. 61.

[3] *Ibid.*

[4] Ph. C. Schmitter, « Portée et signification des élections dans le Portugal autoritaire (1933-1974) », *op. cit.*, pp. 120-121.

Rassembler les partisans, disperser les opposants, c'est finalement là que réside le principal enjeu des consultations électorales sous la dictature portugaise. De cette fonction, il en résulte que le régime ne fut jamais inquiété. Et c'est bien évidemment ce que recherchait Salazar. En dissipant toute menace en provenance de l'opposition et de ses propres rangs, le *Doutor* put, sans la moindre difficulté, assouvir sa soif de pouvoir. Nulle velléité fasciste ou totalitaire chez le dictateur, pas même d'ambitions idéologiques, « sa seule boulimie [fut] le pouvoir[1] ». Un pouvoir qu'il lui fallait concentrer et conserver pour mettre en œuvre sa politique autoritaire, ce que ne lui permettait pas le seul texte constitutionnel. Rappelons en effet que, « dans la forme, la Constitution de 1933 semblait correspondre à un modèle de type présidentialiste[2] ». Le président du Conseil, responsable de la politique du gouvernement devant le président de la République, était librement nommé et révoqué par ce dernier[3]. En revanche, le jeu électoral auquel prirent part opposants et partisans du régime, associé au vaste dispositif de fraude et de répression que l'on connaît, contribua très largement à asseoir la domination de Salazar. Libéré de toute forme d'opposition, il put se soustraire au texte constitutionnel et réduire les institutions présidentielle, gouvernementale et parlementaire à un rôle purement décoratif. Choisis par Salazar, les chefs de l'État occupèrent ainsi un poste protocolaire. Et si par malheur ils se révélaient plus sourcilleux que prévu vis-à-vis du texte constitutionnel, comme cela fut le cas de Craveiro Lopes, Salazar choisissait une personnalité plus docile et obéissante[4]. De sorte que dans la pratique il y eut, pour reprendre les mots de Marcelo Caetano, un « présidentialisme du Premier ministre ». Le gouvernement n'ayant pas de caractère parlementaire, Salazar en fit un organe davantage administratif que politique. À vrai dire, Salazar ne travaillait que très peu en Conseil des ministres. Il n'hésitait pas à cumuler des portefeuilles ou à faire signer par un seul ministre un texte qui devait être approuvé au Conseil. De même, il refusait que soient contresignés les actes qu'il adoptait en tant que chef de l'État intérimaire. De cette façon, il montrait que seule son opinion comptait. Rien ne se faisait contre lui, rien ne se faisait sans lui[5]. Ses rapports avec le Parlement le confirment. Convaincu de la fin du parlementarisme, Salazar expose, le 9 décembre 1934, la conception qui est la sienne des assemblées législatives. Devant les membres de l'Union nationale, il souligne que le législateur doit servir de simple complément du gouvernement, qu'il ne doit plus légiférer parce qu'il ne le peut plus, qu'il ne

[1] J. Georgel, *Les eurodictatures*, *op. cit.*, p. 217.
[2] A. Araújo et G. Matias, « Le pouvoir présidentiel au Portugal : entre l'histoire politique et le droit constitutionnel », *op. cit.*, p. 122.
[3] C'est ce que prévoient les articles 106 et 107 de la Constitution de 1933.
[4] En ce sens, v. A. Araújo et G. Matias, « Le pouvoir présidentiel au Portugal : entre l'histoire politique et le droit constitutionnel », *op. cit.*, p. 122 ; R. Garnier, *Un modèle européen de démocratie : le cas portugais*, *op. cit.*, p. 57.
[5] J. Georgel, *Le Salazarisme*, *op. cit.*, p. 99.

doit plus renverser le gouvernement parce qu'il le peut trop[1]. Ce schéma prévaudra tout au long de la dictature portugaise. Dès la révision constitutionnelle du 23 mars 1935, l'Assemblée nationale, où la durée des sessions ordinaires ne dépasse pas trois mois perd toute initiative en matière financière. S'agissant du domaine qui lui est réservé pour légiférer, celui-ci est « progressivement absorbé, tacitement, par le gouvernement, avec d'autant plus de facilité que les députés de l'Union nationale, dociles, n'utilisent pas leur droit d'initiative législative, et ne légifèrent qu'à la demande du gouvernement[2] ». Ayant ainsi renoncé à son pouvoir législatif, l'Assemblée nationale devient une simple chambre d'enregistrement des textes du gouvernement. Les chiffres sont éloquents : pour un total de 29 textes lors de la première législature, les députés présentent seulement 3 textes en moyenne par an ultérieurement. En 35 ans, l'Assemblée vote 271 lois, soit une moyenne de 7 par an, tandis que 600 décrets-lois et décrets simples sont adoptés chaque année lors des dernières années du régime[3]. Face à un tel constant, on ne peut que souscrire à la réflexion désabusée de Silva Pinto : « À la chambre, rien ne s'accomplit effectivement[4] ». Il va s'en dire, en revanche, que sa composition politique facilita le fonctionnement de l'*Estado Novo*[5]. Salazar n'eut d'ailleurs aucun scrupule à soumettre la pratique législative à son humeur en oubliant ou en tardant d'édicter les règlements d'application des lois[6].

En définitive, le système électoral tel que conçu par Salazar lui permit de s'assurer une hyperconcentration du pouvoir qu'il exerça jusqu'à sa mort, avant que Marcelo Caetano ne prenne le relais. Le rôle des consultations électorales se mesure également, dans une proportion certes moindre, dans le retour de la démocratie.

Dans le retour de la démocratie

Nul ne conteste que la chute de l'*Estado Novo* n'est pas le fruit de consultations électorales. Certes, les élections, notamment dans les dernières années de fonctionnement du régime, ont pu apporter quelques mauvaises surprises. Dès l'instant où Marcelo Caetano attacha, contrairement à son prédécesseur, de plus en plus d'importance à la fonction de légitimation interne des élections, elles devinrent, de ce point de vue, contre-productives. « L'une après l'autre, chaque élection, organisée suivant les vieilles règles et avec les mêmes vieux acteurs "délégitimait" davantage le mode existant de

[1] *Ibid*, p. 111.
[2] *Ibid*, p. 113.
[3] *Ibid*, pp. 114-115.
[4] J. Silva Pinto, *Ser ou não ser deputado*, Lisboa, Ed. Arcadia, 1973, p. 106.
[5] En ce sens, v. Ch. du Saussay, *L'évolution constitutionnelle du Portugal contemporain*, th. multigraphiée, Nice, 1973, p. 635.
[6] Rapporté par J. Georgel, *Le Salazarisme, op. cit.*, p. 113.

domination[1] ». Elles constituèrent notamment « un facteur de blocage de la tentative entreprise par Caetano de “rénovation dans la continuité”[2] ». Mais, autant qu'on le sache, rien n'autorise à penser qu'elles contribuèrent à libérer le Portugal de la dictature. Cette libération est en réalité le fruit d'un coup d'État militaire, que l'on nomme communément Révolution des œillets, orchestré par le Mouvement des Forces armées (MFA). Empêtrés dans une guerre coloniale qu'ils tiennent pour responsable des maux du régime, les militaires révoltés du MFA renversent le 25 avril 1974 le gouvernement de Marcelo Caetano[3].

Cela posé, prendre un peu de recul n'est pas inutile. Si l'on peut difficilement attribuer quelconque rôle aux élections dans la chute de l'*Estado Novo*, on plaidera en revanche qu'elles ont facilité le retour à la démocratie. À cet endroit, il importe de rappeler que la Révolution des œillets certes marque le coup d'arrêt d'un régime autoritaire instauré cinquante ans plus tôt, mais ne scelle pas pour autant le sort du pays. Au contraire, le salazarisme mis à bas, le Portugal rencontre les plus grandes peines pour s'organiser en tant qu'État démocratique. Sans aucun doute l'objectif initial du MFA, alors représentant légitime du pouvoir dont il confie l'exercice à la Junte de Salut National, est le rétablissement de la démocratie et la délégation du pouvoir aux civils[4]. Son manifeste, rédigé quelques semaines avant la révolution, est sans équivoque : « sans démocratisation du pays, il n'est pas possible de penser à une solution valable des très graves problèmes qui se sont abattus sur nous »[5]. Aussi, au lendemain du 25 avril, est prévue la convocation dans un délai de 12 mois d'une Assemblée nationale constituante élue au suffrage universel direct et secret. Le problème est venu de ce que cette révolution, qui a jeté à bas le régime de Caetano en quelques heures, s'est tout au long des deux années suivantes développée et radicalisée[6]. À tel point qu'en réaction au coup d'État raté du Général conservateur Spinola[7] elle s'institutionnalise. Par la loi constitutionnelle du 14 mars 1975, le MFA met en place le Conseil de la Révolution. Exclusivement composé de militaires non élus, cet organe concentre presque tous les pouvoirs : ceux de la Junte de salut national, ceux du Conseil des chefs d'État-major et ceux du Conseil d'État, qui s'était lui-même vu confier quelque temps plus tôt les pouvoirs constituants du MFA. Or, certaines factions du Conseil de la Révolution, qui n'est autre qu'un

---

[1] Ph. C. Schmitter, « Portée et signification des élections dans le Portugal autoritaire (1933-1974) », *op. cit.*, p. 100.
[2] *Ibid*, p. 97.
[3] Pour une approche approfondie des facteurs à l'origine de la Révolution des œillets, v. Ph. C. Schmitter, « Liberation by Golpe : retrospective thoughts on the demise of authoritarian rule in Portugal », *Armed Forces and Society*, II, 1, automne 1975, p. 5.
[4] En ce sens, v. R. Garnier, *Un modèle européen de démocratie : le cas portugais, op. cit.*, p. 67.
[5] Manifeste intitulé *Mouvement des Forces Armées de la Nation*, approuvé le 5 mars 1974 à Cascais.
[6] J. Georgel, *La République portugaise. 1974-1995*, Paris, Éd. Apogée, 1998, p. 25.
[7] Putsch militaire du 11 mars 1975.

prolongement du MFA, ne sont pas insensibles aux idées du Parti communiste qui, après avoir joué un rôle modérateur pendant la phase de décolonisation, affiche une attitude beaucoup plus offensive[1]. Son ambition ? Instaurer un régime révolutionnaire socialiste et populiste sous l'égide des militaires. Au prix d'un accord arraché de justesse au MFA le 13 avril 1975[2], les partis politiques parviennent néanmoins à s'assurer que la date des élections de l'Assemblée constituante, prévue pour le 25 avril 1975, soit respectée. Or, la tenue de ces élections, d'une part contribue à l'apaisement d'un climat politique tendu dont beaucoup craignaient qu'il s'achemine vers une guerre civile[3], d'autre part marque un premier pas vers le retour à la démocratie en ce qu'elle consacre la victoire des « modérés ». Le Parti socialiste récolte la majorité des suffrages (38 %), suivi du Parti populaire démocrate (26,4 %), tandis que le Parti communiste portugais est relégué à la troisième place (12,5 %). La branche communiste du MFA désavouée, les partis favorables à la mise en place d'une démocratie parlementaire, forts de cette légitimité fraîchement acquise[4], peuvent reprendre l'initiative dans le processus de transition démocratique.

Il serait toutefois erroné d'affirmer que les élections du 25 avril 1975 marquent le retour immédiat de la démocratie. Très rapidement après sa mise en place, l'Assemblée constituante se heurte à la résistance des communistes et à leurs soutiens militaires majoritaires au sein du MFA. En juillet 1975, un *Guide de l'Alliance Peuple/MFA*, adopté non sans réserve par l'Assemblée du MFA, propose l'instauration d'un modèle militaire et populiste. Un climat insurrectionnel plane sur Lisbonne. Le destin du pays se joue finalement la nuit du 25 novembre 1975 où les militaires d'extrême gauche cherchent à s'emparer du pouvoir par la force. Ne trouvant ni l'appui du peuple portugais, qui a exprimé quelques mois plus tôt sa volonté par la voie des urnes, ni celui des militaires modérés, qui se sont ralliés au Parti socialiste, ils sont rapidement neutralisés[5]. La légitimité des élections l'emporte ainsi et met un

[1] R. Garnier, *Un modèle européen de démocratie : le cas portugais*, *op. cit.*, p. 78.

[2] Plate-forme d'accord constitutionnel qui a notamment pour objet de permettre au MFA de conserver un rôle politique en ne laissant pas immédiatement le pouvoir aux partis politiques et qui limite, à ce titre, les pouvoirs de la future Assemblée constituante qui devra s'engager dans la voie d'un modèle constitutionnel socialisant, en ce sens, v. R. Garnier, *Un modèle européen de démocratie : le cas portugais*, *op. cit.*, pp. 82-83 ; V. Pereira, « Une Constitution pour un pays en transition ? La Constitution de 1976 lue par Duverger », *in* D. Connil et D. Löhrer (dir.), *40 ans d'application de la Constitution portugaise*, *op. cit.*, p. 28.

[3] V. Pereira, *op. cit.*, p. 28.

[4] Légitimité d'autant plus forte que les électeurs et les électrices ce sont massivement déplacés pour voter. On enregistre un taux de participation de 91,66 % des citoyens inscrits sur les listes électorales, soit l'élection qui a enregistré le plus de votants dans l'histoire de la démocratie portugaise, A. Araújo et G. Matias, « Le pouvoir présidentiel au Portugal : entre l'histoire politique et le droit constitutionnel », *op. cit.*, p. 125.

[5] Sur cette question, v. R. Garnier, *Un modèle européen de démocratie : le cas portugais*, *op. cit.*, pp. 88-91.

terme aux risques de dérives antidémocratiques. Le retour à la démocratie est juridiquement consacré dans les mois qui suivent lors de l'approbation de la Constitution du 2 avril 1976. Une démocratie néanmoins placée à « l'ombre des épées », selon la célèbre métaphore de Maurice Duverger[1]. Le maintien du Conseil de la Révolution, en charge de garantir le fonctionnement régulier des institutions démocratiques et le respect de la Constitution, conduit en effet les militaires à exercer une présence tutélaire à la tête de l'État. En cela, la légitimité révolutionnaire de l'armée semble une fois de plus l'emporter sur la légitimité civilo-démocratique[2]. Il faut attendre la révision constitutionnelle de 1982 pour que le Portugal devienne un « modèle européen de démocratie »[3]. En supprimant le Conseil de la Révolution, alors remplacé par le Tribunal constitutionnel, elle sonne le retour de l'armée dans les casernes et, par voie de conséquence, le « rétablissement de la légitimité et de la légalité démocratiques[4] ». Or, cette révision est incidemment le fruit d'une consultation électorale. En 1980, le président de la République sortant, António Ramalho Eanes, décide de se représenter aux élections présidentielles. Pour s'assurer la victoire, il sollicite le soutien de Mario Soares. Le secrétaire général du Parti socialiste le lui accorde, mais en le monnayant. Le prix en sera la suppression du Conseil de la Révolution[5]. Définitivement, les consultations électorales auront pesé de tout leur poids sur la dictature portugaise et le processus de transition vers la démocratie.

---

[1] M. Duverger, *Echec au roi*, Paris, Albin Michel, 1978, p. 36.

[2] Sentiment au demeurant renforcé par le Préambule du texte constitutionnel. Celui-ci ne fait nullement référence à la lutte menée par certains partis politiques contre le régime autoritaire, pas plus qu'aux résultats des élections d'avril 1975 ; seule mention est faite du rôle du MFA dans la libération du Portugal de la dictature.

[3] R. Garnier, *op. cit.*

[4] J. Georgel, *La République portugaise. 1974-1995*, *op. cit.*, p. 99.

[5] *Ibid*, pp. 20-21.

Analyse du régime franquiste à la lumière de ses consultations électorales : un régime dictatorial

Pierre Barillé[1]

Le régime franquiste a officiellement pris fin entre 1975, avec la mort de Franco, et 1977, avec l'organisation des premières élections libres depuis 1936. Cependant, les tensions autour de l'héritage politique de cette période, de ses idéaux pour l'Espagne et de la question mémorielle rejaillissent fréquemment en Espagne. Les dernières élections générales le prouvent une nouvelle fois, de manière flagrante[2].

Le 10 novembre 2019, les électeurs espagnols étaient appelés aux urnes pour la deuxième fois de l'année lors d'élections générales, afin de résoudre la situation de gouvernement minoritaire que connaît le pays. Ces élections n'ont pas apporté de solution claire, aucun parti n'ayant recueilli la majorité absolue au Congrès des députés. Mais, elles ressortent comme une illustration du mouvement de fond que connaît l'Espagne contemporaine. En effet, le parti *Vox*, que de nombreux observateurs de la vie politique espagnole classent à l'extrême droite, a doublé le nombre de députés issus de ses rangs, portant ce nombre de 24 à 52 entre avril et novembre 2019. Cette poussée de partis dits nationalistes n'est pas un phénomène circonscrit à l'Espagne. Elle y prend toutefois une signification particulière.

Outre le fait que certains éléments du programme du parti *Vox* permettent à ses opposants de le qualifier de parti néofranquiste, ce dernier a été soutenu avant les élections législatives par la Fondation Francisco Franco lors d'une célébration publique du *Día del Caudillo*. Cette célébration a donné lieu à des chants comme le *Cara al sol*, hymne franquiste, chanté la main droite tendue[3]. Lors de cette célébration, le président de la Fondation, Juan Chicharro, s'est

---

[1] Que soient ici remerciés Florian Savonitto, organisateur du colloque, pour son invitation, ainsi que Anna Neyrat, Marie Padilla et Hector Gonzalez pour leurs relectures attentives.

[2] « Franco, protagonista del debate y de los mítines de campaña » [en ligne], *El País*, 5 novembre 2019, [consulté le 14 mai 2020], https://elpais.com/politica/2019/11/04 /actualidad/1572866015_737432.html.

[3] « "Día del caudillo" en Casa Pepe : la comida que organizó la Fundación Franco tras la exhumación » [en ligne], *La Sexta*, 4 novembre 2019, [consulté le 14 mai 2020], https://www.lasexta.com/noticias/nacional/dia-caudillo-casa-pepe-comida-que-organi zo-fundacion-franco-exhumacion_201911045dc061aa0cf28db146c83e 8a.html.

prononcé, sans nouveauté, pour l'abrogation de la loi du 26 décembre 2007, loi dite sur la mémoire historique ou, dans sa version longue, loi de reconnaissance et d'extension des droits et de rétablissement des moyens en faveur de ceux qui ont souffert de persécution ou de violence durant la Guerre civile et la dictature[1]. Cette abrogation est aussi, naturellement, souhaitée par le parti Vox[2]. Elle était également, dès son entrée en vigueur, au cœur de la campagne des élections générales de 2008, et vilipendée entre autres par le Partido popular[3].

Cette loi sur la mémoire historique a été révisée par un décret-loi royal du 24 août 2018[4], dont le seul but était d'imposer le transfert de la sépulture de Franco hors du mausolée de la *Valle de los Caídos*. Ce transfert a eu lieu le 25 octobre 2019, exacerbant d'autant plus les tensions et velléités autour de la question franquiste en Espagne deux semaines avant les élections générales.

Elle pose enfin, pour la première fois et de manière explicite, un mot pour qualifier le régime franquiste : la dictature. Dès 1962, et dans les années qui ont suivi, la Communauté économique européenne a refusé implicitement l'adhésion de l'Espagne franquiste en tant qu'État membre, celle-ci étant dépourvue d'institutions démocratiques. Elle dut se contenter d'un accord préférentiel[5]. Le terme de dictature a également été utilisé par le Conseil de l'Europe, début 2006, quand ce dernier a adopté une recommandation visant à condamner le franquisme au niveau international[6]. La loi sur la mémoire historique espagnole a été introduite aux *Cortes Generales* durant l'année 2006, suivant un certain nombre des recommandations posées. Par cette loi, l'Espagne pose elle-même cette qualification du régime franquisme, quand elle n'était reconnue que par des organisations internationales jusqu'alors.

---

[1] *Ley 52/2007, de 26 de diciembre, por la que se reconocen y amplían derechos y se establecen medidas en favor de quienes padecieron persecución o violencia durante la guerra civil y la dictadura, Boletín Oficial del Estado*, n° 310, 27 décembre 2007, BOE-A-2007-22296.

[2] « Vox: "Condenar el franquismo no tiene ningún sentido porque somos herederos" » [en ligne], *El Español*, 16 septembre 2019, [consulté le 14 mai 2020]. https://www.elespanol.com/espana/politica/20190916/vox-condenar-franquismo-no-ningun-sentido-herederos/429707488_0.html.

[3] « Rajoy: "Abrir heridas del pasado no conduce a nada" » [en ligne], *El País*, 2 septembre 2008, [consulté le 14 mai 2020], https://elpais.com/elpais/2008/09/02/ actualidad/1220343425_850215.html.

[4] *Real Decreto-ley 10/2018, de 24 de agosto, por el que se modifica la Ley 52/2007, de 26 de diciembre, por la que se reconocen y amplían derechos y se establecen medidas en favor de quienes padecieron persecución o violencia durante la Guerra Civil y la Dictadura, Boletín Oficial del Estado*, n° 206, 25 août 2018, BOE-A-2018-11836.

[5] Pour des développements plus amples sur cette question : C. Tango, *L'Espagne : Franquisme, transition démocratique et intégration européenne, 1939-2002* [en ligne], Maîtrise, Université de Genève, 2006, p. 58-80, https://www.unige.ch/gsi/files/8314/0351/6379/tango.pdf.

[6] Conseil de l'Europe, Assemblée parlementaire, *Nécessité de condamner le franquisme au niveau international*, Recommandation 1736 (2006), http://assembly.coe.int/nw/xml/XRef/Xref-XML2HTML-fr.asp?fileid=17417&lang=fr.

Si l'aspect mémoriel du régime franquiste est encore sensible en Espagne, la nature de ce régime semble acquise : une dictature, selon des qualifications officielles. Mais au vu des contestations dont elles font l'objet[1], ces qualifications sont-elles fondées ? Un des objectifs de cette étude est d'opérer une qualification du régime franquiste. Une dictature, si l'on suit les qualifications officielles de l'Espagne contemporaine. Une démocratie — organique — si l'on suit la qualification officielle que se donnait l'Espagne franquiste[2] et que certains lui prêtent encore, entretenant savamment la confusion[3].

Ces deux qualifications s'inscrivent néanmoins dans deux cadres cognitifs distincts. Le qualificatif de dictature est le résultat d'observations postérieures au régime, par des acteurs extérieurs à ce dernier. Le qualificatif de démocratie organique est la qualification donnée par le régime lui-même quand il était en place. Nous nous plaçons ici en tant qu'observateur nécessairement extérieur et postérieur au régime. Ce que le franquisme considérait être une démocratie organique est vraisemblablement pour nous aujourd'hui une dictature. Ce biais naturel, conséquence de notre cadre conceptuel guidé par le constitutionnalisme libéral et la démocratie libérale, se doit d'être mentionné, car il justifie les choix et analyses qui suivent.

Le terme de dictature est historiquement distingué de la tyrannie et du despotisme, chacun renvoyant à des expériences historiques précises (Rome antique pour la dictature, Grèce antique pour la tyrannie par exemple)[4]. Également, si historiquement le terme de dictature ne renvoie pas à une forme abusive du pouvoir (Rome antique), sa signification contemporaine le fait, et se confond avec celles de tyrannie et despotisme, pour renvoyer à une forme d'usage autoritaire du pouvoir[5]. Une notion contemporaine semble supplanter

---

[1] À titre d'exemple : « El cabeza de lista de Vox por Málaga, preguntado por el franquismo: "Creo que no fue una dictadura" », *eldiario.es*, 28 novembre 2018, https://www.eldiario.es/rastreador/Vox-Malaga-preguntado-franquismo-dictadura_6_840675936.html.

[2] M. Ángel Giménez Martínez, « La democracia orgánica: participación y representación política en la España de Franco », *Espacio, Tiempo y Forma*, Serie V - Historia Contemporánea, n° 27, 2015, p. 109 : « *En la España franquista, la participación de los ciudadanos en las decisiones políticas se articuló a través de la llamada "democracia orgánica", sistema en virtud del cual la representación de los individuos quedó preterida en favor de las denominadas "entidades naturales": la familia, el municipio y el sindicato.* »

[3] « "El régimen de Franco no fue una dictadura, sino un régimen de autoridad, una democracia orgánica" », *elplural.com*, 30 septembre 2017, https://www.elplural.com/autonomias/andalucia/el-regimen-de-franco-no-fue-una-dictadura-sino-un-regimen-de-autoridad-una-democraciaorganica_1103761 02.

[4] D. Bourmaud, « Autoritarismes », *in* Y. Déloye (éd.), J.-M. de Waele (éd.), *Politique comparée*, Bruxelles, Bruylant, coll. « Traité de science politique », 2018, pp. 193-195 ; G. Hermet, « L'autoritarisme », *in* M. Grawitz, et J. Leca (dir.), *Traité de science politique*, tome 2, « Les régimes politiques contemporains », Paris, PUF, 1985, pp. 269-271.

[5] *Ibid.*

alors ces qualificatifs historiques désormais peu différenciés : l'autoritarisme[1].

L'autoritarisme est une notion développée de manière récente, se trouvant à mi-chemin entre le totalitarisme et la démocratie[2]. Elle fut définie par Juan José Linz pour la première fois en 1964, en référence directe à l'Espagne franquiste[3], pour distinguer ce régime du totalitarisme. Si l'on devait résumer la différence entre les deux types de régimes, elle se ferait selon une variable clé, l'idéologie, toute puissante ou relative, soit un pluralisme inexistant ou limité[4]. Bien que cela puisse être discuté et discutable, nous n'entrerons pas dans le débat de la qualification du régime franquiste au sein des régimes autoritaires ou totalitaires et prendrons acte de sa classification parmi les régimes autoritaires, comme l'a proposé Juan José Linz[5], pour qui le franquisme était un régime autoritaire basé sur un étatisme organique.

Guy Hermet[6] traduit la définition de l'autoritarisme de Juan José Linz de la manière suivante : « les régimes autoritaires sont des systèmes à pluralisme limité mais non responsables, sans idéologie directrice élaborée [...] ni volonté de mobilisation intensive ou extensive, sauf à certains moments de leurs développements. » Guy Hermet complète :

> Ce faisant, il désigne plutôt un type de pouvoir conservateur qui, faute de pouvoir recourir de nos jours à l'exclusion censitaire pour rejeter les masses hors du champ politique légal, utilise dans le même esprit l'interdiction globale ou sélective des partis et syndicats. Dans ce dispositif d'administration des seuls courants compatibles avec le maintien de l'équilibre social, les forces situées du bon côté de la frontière du pluralisme peuvent intervenir licitement auprès du pouvoir par le canal d'organisations prétendument non partisanes, voire de partis triés sur le volet du conformisme dominant. [...] À ce titre, ces systèmes prennent figures de semi-dictatures « libérales » post-censitaires et post-parlementaires, régies par un exécutif prééminent et servies souvent par la figure d'un leader charismatique à l'image du général Franco ou du président Salazar[7].

Conformément à la façon dont se définissait le régime franquiste[8], il s'agissait bien d'un régime autoritaire corporatiste[9] au vu de ces « entités naturelles » qui nous le verrons jouent un rôle clé dans le régime franquiste.

---

[1] *Ibid.*

[2] *Ibid.*

[3] J. J. Linz, « An authoritarian regime: Spain », *in* E. Allardt, Yrjo Littunen (éd.), *Cleavages, Ideologies and Party systems*, Helsinky, The Academic Bookstore, 1964, pp. 291-341, spéc. p. 297.

[4] *Ibid.*, spéc. p. 292 : J. J. Linz procède à un bref rappel de ces caractéristiques.

[5] *Ibid.*, spéc. pp. 302-303.

[6] G. Hermet, « L'autoritarisme », *op. cit.*, p. 273.

[7] *Ibid.*, p. 299.

[8] *Ibid.*, n° 1.

[9] *Ibid.*, p. 299.

Le point saillant de ces définitions est le pluralisme limité, et donc de fait l'absence d'élections libres et ouvertes[1], deux critères qui, pris dans leur dimension positive, permettent cette fois de définir la démocratie[2]. La démocratie, théoriquement gouvernement par le peuple, s'est vue par l'usage affublée de critères additionnels. Plus précisément, une démocratie serait un État de droit, basé sur le principe d'un gouvernement du peuple, où existerait un pluralisme des courants d'expression, des élections libres, ouvertes et régulières et où les droits fondamentaux seraient reconnus et protégés[3]. Nous opposerons ici dictature (prise dans sa dimension contemporaine et renvoyant à l'autoritarisme que nous venons de définir) et démocratie libérale. Bien que ce choix soit réducteur, il permettra d'éclairer plus précisément le flou qui peut entourer l'expression de « démocratie organique ».

Il s'agira d'adopter une démarche scientifique où notre hypothèse de départ se verra confrontée aux données empiriques. Nous testerons la qualification officielle de dictature pour évoquer le régime franquiste à travers un prisme unique — celui des consultations électorales — ce qui implique que notre conclusion sur la nature du régime franquiste ne sera valable qu'en tant que l'étude n'a pris en compte que les consultations électorales comme variable. C'est en ce sens que la définition de l'autoritarisme, évoquée à l'instant, est dans la réalité plus complexe. Nous en avons uniquement retiré les éléments pertinents au vu de la prise en compte du seul critère des consultations électorales. Cette variable paraît être l'un des pivots essentiels entre démocratie et dictature au vu des critères que nous venons d'établir. Les consultations électorales sont évidemment l'objet du critère des élections libres, ouvertes et régulières. Le pluralisme des courants d'expression est alors un critère de l'existence d'élections libres et ouvertes, en ce qu'il implique dans une démocratie libérale la liberté de se présenter à des élections et d'y défendre les idées de son choix. Les droits politiques, comme le droit de vote

---

[1] Le pluralisme limité ne se réduit pas à ce seul critère. Voir *ibid.* n° 21.

[2] G. Hermet, *Des élections pas comme les autres*, Paris, Presses de Sciences po, coll. « Académique », 1978, p. 9 : « Selon un point de vue logique normatif, les élections concurrentielles-pluralistes conformes au modèle occidental apparaissent généralement comme le critère de la démocratie » ; p. 21 : « le recours aux élections « libres et concurrentielles » est accepté comme symbole même de la démocratie pluraliste ».

[3] B. Daugeron, « Définir la démocratie grâce au droit ? Regards de théorie constitutionnelle », *in* V. Champeil-Desplats, J.-M. Denquin (dir.), *Démocratie et constitutionnalisme. Retours critiques*, Paris, Mare & Martin, 2018, p. 144 : « Certes, les différentes et nombreuses occurrences du mot démocratie paraissent implicitement renvoyer à plusieurs notions connues qui passent généralement pour pouvoir être compatibles avec elle, entre elles, voire s'impliquer mutuellement : le choix "libre et ouvert" des gouvernants à travers des élections périodiques, le suffrage universel, le référendum. Il renvoie aussi à ce qui est réputé permettre leur mise en œuvre : la liberté d'expression ou de manifestation, l'égalité entre les citoyens quand ce n'est pas l'égalité tout court, les droits de l'homme rebaptisés droits fondamentaux, la justice, l'État de droit, la garantie d'accès au juge et le droit à un procès équitable, la justice constitutionnelle, le respect du droit, derniers éléments que l'on considère comme constitutifs d'une "société démocratique". »

ou le droit de participation à la vie publique, sont des droits fondamentaux sans lesquels l'existence d'un pluralisme serait vaine.

Certes, cette variable servira notre premier intérêt, qualifier le régime franquiste, mais elle nous permettra également de servir un second intérêt dans cette étude : identifier les fonctions qu'avaient les consultations électorales dans le régime franquiste. Ces fonctions sont multiples et se complètent. Elles confirmeront notre hypothèse selon laquelle le régime franquiste était une dictature. Nous exposerons ainsi que les consultations électorales, élections ou référendums, servaient un affichage démocratique, obsession constante du régime (notamment pour adhérer à la CEE comme nous l'avons vu) ; permettaient une légitimation du pouvoir établi et entre les mains de Franco ; et étaient, enfin, un moyen de façonner le régime franquiste. Certes, c'était une dictature qui souhaitait se donner les atours d'une démocratie libérale, mais, en même temps, ce régime dictatorial a lui-même évolué pour finir par devenir une « dictature à terme monarchique[1] ».

Notre étude ayant une hypothèse (le régime franquiste était une dictature), une variable servant à la confirmer ou à l'infirmer (les consultations électorales et leurs fonctions), reste à définir son champ temporel. Il s'agira de la période allant de 1936, à partir des élections générales du 16 février et de la tentative de coup d'État du 18 juillet, à 1975 et la mort de Franco le 20 novembre. Nous devrons toutefois inévitablement aborder les consultations électorales postérieures à 1975 en ce qu'elles ont permis de mettre un terme à l'organisation institutionnelle franquiste.

Bien que nous venions de mentionner les élections générales de 1936 comme début du champ de notre étude, ces élections n'ont pas porté Franco au pouvoir, ou alors indirectement. Franco n'y était pas candidat et n'a donc pas été élu. Ce sont les résultats de cette élection qui ont fini de cristalliser les tensions existant depuis plusieurs années dans la Seconde République espagnole, tensions qui conduiront à la tentative de coup d'État menée, entre autres, par Franco le 18 juillet 1936. Commence alors une Guerre civile, dont Franco sortira vainqueur ce qui confirmera son accession au pouvoir, initiée pendant la Guerre civile. Si Franco n'est pas arrivé au pouvoir par l'élection, il y a eu des recours à des consultations électorales durant la période 1939-1975, mais jamais concernant sa personne directement. Il n'était pas candidat à des élections. Mais, les deux référendums organisés sous l'ère franquiste peuvent s'apparenter à des plébiscites. Il ne quittera pas non plus ses fonctions par le biais d'élections. C'est sa mort le 20 novembre 1975 qui affaiblira un régime déjà vacillant, le coup de grâce étant porté par plusieurs consultations électorales en 1976 et 1977.

Se concentrer sur la personne de Franco ne renseigne donc pas énormément sur la nature du régime franquiste quand on étudie les

---

[1] G. Burdeau, *Traité de science politique*, tome V : « Les régimes politiques », Paris, LGDJ, 3e éd., 1985, p. 495. Nous reviendrons sur cette idée (voir *infra*).

consultations électorales. Au-delà de sa personne, le régime franquiste doit être vu comme une organisation, une architecture institutionnelle, une structure étatique unique servant les principes du Mouvement national. Cette architecture sera d'abord établie directement par Franco, incluant la création de consultations électorales. L'usage des consultations nouvellement créées a ensuite rétroagi sur cette architecture, la façonnant et démantelant.

Le régime franquiste, si l'on se concentre sur ses consultations électorales, est donc évolutif chronologiquement. L'on distingue classiquement plusieurs périodes dans le franquisme, comme les *primer franquismo* et *tardofranquismo*, les périodes d'autarcie ou au contraire d'ouverture à l'international. Ces périodes diffèrent temporellement suivant l'objet d'étude. Concernant les consultations électorales, nous pourrons dégager plusieurs périodes, quatre précisément, de 1936 à 1977, en lien avec les consultations électorales.

De manière chronologique, nous pourrons aborder le régime franquiste en commençant par étudier la façon dont il s'est établi en Espagne, pour ensuite évoquer comment les consultations électorales ont façonné le régime établi, le faisant à la fois vivre, évoluer, mais aussi tomber. Le régime franquiste s'établit et institue des consultations électorales. Ces consultations sont ensuite utilisées pour influer sur la nature du régime et y mettre fin, si bien que ce n'est plus le régime franquiste qui façonne des consultations électorales mais ces dernières qui façonnent le régime franquiste.

Consultations électorales et établissement du régime franquiste

L'établissement du régime franquisme se fait en deux temps, selon deux dynamiques différentes. Une première phase consiste en la confiscation du pouvoir en place et son appropriation par Franco, par la force. C'est la période de la Guerre civile entre 1936 et 1939. Elle n'implique pas directement de consultations électorales. Pourtant, elle est primordiale :

> Le franquisme ne s'explique pas sans la Guerre civile qui dévasta l'Espagne entre 1936 et 1939, conclusion tragique d'un épisode républicain dont les principaux artisans avaient pensé qu'il était la solution aux maux endémiques et séculaires dont souffrait le pays, une solution à son archaïsme (…). Si la Guerre civile fut le tombeau de la République, elle fut aussi le creuset du régime de Franco[1].

L'exposition sommaire de cette première phase est le préalable nécessaire à la deuxième phase d'établissement du régime, entre 1939 et 1947. Durant cette période, Franco instituera plusieurs types de consultations électorales. Ces consultations électorales seront créées le plus souvent par le biais de « lois

[1] D. Rodrigues, *L'Espagne, sous le régime de Franco*, Rennes, Presses universitaires de Rennes, coll. « Didact Histoire », 2016, p. 12.

fondamentales », qui ponctueront le régime et seront sa structure juridique, voire constitutionnelle. Cette architecture institutionnelle, cette légalité franquiste, fonde la démocratie organique, et dès lors l'aspiration démocratique que souhaitait afficher le régime franquiste par ce biais. Elles se mettent en place durant la Guerre civile puis sont développées jusqu'en 1947 à des fins de pérennisation et d'organisation du régime.

L'inexistence de consultations électorales : l'établissement du régime franquiste durant la Guerre civile (1936-1939)

Si le régime franquiste n'arrive pas par l'élection, il tire sa légitimité de la force, de la violence, du gain de la Guerre civile, accompagné sur le plan juridique d'un remplacement méthodique de la légalité républicaine par la légalité franquiste. Nous retracerons sommairement les événements ayant conduit à la Guerre civile, en insistant sur le rôle que Franco a joué[1].

La source de l'établissement du régime franquiste se situe dans la Seconde République espagnole de 1931, du fait du mouvement pendulaire gauche-droite qui l'a caractérisée, chaque changement impliquant une hausse des tensions et violences entre les deux camps. Elle a été proclamée le 14 avril 1931, à la suite de la victoire des républicains du parti socialiste ouvrier espagnol aux élections municipales du 13 avril 1931. Son programme s'est concentré sur trois axes, les plus polémiques et clivants : réforme de l'armée pour la professionnaliser, déconfessionnalisation de la société et de l'État et régionalisation poussée avec notamment un statut d'autonomie de la Catalogne. Le 19 novembre 1933, lors d'élections générales anticipées, c'est la droite monarchiste qui est portée au pouvoir, et qui s'est attachée à renverser les quelques réformes portées par la gauche républicaine jusqu'alors. Leur volonté était la recréation d'un État catholique, corporatif. Dans le même temps, José Antonio Primo de Rivera, fils du dictateur déchu en 1930, créait le parti de la Phalange Espagnole, renvoyant républicains et monarchistes dos à dos. Ce parti n'a obtenu qu'un seul siège lors des élections de 1933. Le gouvernement de droite s'étant formé s'est rapproché peu à peu du fascisme italien et nazisme allemand, et a créé par exemple en 1934 les Jeunesses de l'Action populaire.

L'année 1934 a marqué le début de la rupture. Une grève générale a éclaté en octobre 1934 dans les Asturies. Elle fit entre 1 200 et 1 500 morts, puisque réprimée entre autres par des moyens aériens, répression sous la direction du Général Franco. Des heurts ont aussi éclaté en Catalogne en 1935, conduisant à la suspension de son autonomie et à une répression militaire. En 1935

[1] Concernant les développements à venir dans cette partie de notre étude, toutes les données historiques, et leur déroulement chronologique, sont tirées d'un récit circonstancié développé par Denis Rodrigues et dont nous avons retiré et résumé les étapes et évènements les plus marquants : D. Rodrigues, *L'Espagne, sous le régime de Franco*, *op. cit.*, pp. 27-69 (pour la période amenant à la Guerre civile) et pp. 70-112 (pour la période de la Guerre civile).

également, un nouveau ministre de la Guerre a été nommé, Gil Robles. Francisco Franco fut promu chef d'État-major, membre du Conseil supérieur de la Guerre, chargé de la réorganisation technique de l'armée, du fait de son action dans les Asturies. Le 16 février 1936 ont eu lieu de nouveau des élections générales anticipées, conduisant à une victoire du Front populaire. Là encore, ont été mis en œuvre une contre-réforme et le programme du Front populaire. L'opposition de droite s'est réorganisée et une conspiration militaire visant à en finir avec la République s'est construite parallèlement. Franco, alors muté aux Canaries, ne s'est pas rallié, dans un premier temps, à cette conspiration militaire. D'ailleurs, le 23 juin 1936, il a adressé une lettre au chef du gouvernement l'assurant de son soutien. Il s'agissait d'un faux-semblant puisque le 14 juillet 1936 il participait officiellement à la conspiration militaire.

Le 18 juillet 1936, la conspiration montée depuis plusieurs mois s'est dévoilée, accompagnée d'un *pronunciamiento* du général Franco à la radio, expliquant vouloir mettre fin à l'anarchie, aux grèves, à la désunion de la patrie. La Guerre civile opposant conspirationnistes et républicains a ainsi éclaté le 18 juillet 1936. Très vite, le mouvement conspirationniste s'est recentré autour de la personne même de Franco, les principaux conspirateurs étant décédés, exécutés ou par accident dans des conditions troubles.

Le 28 septembre 1936 est créée une Junte de défense nationale, ayant pour vocation de remplacer le gouvernement républicain dans tous les territoires conquis par les militaires conspirationnistes. L'œuvre d'établissement du régime franquiste a commencé. Le 30 septembre 1936 était publié au *Boletín Oficial de la Junta de Defensa Nacional de España* (remplaçant la légalité républicaine par la légalité franquiste) un décret, confiant la totalité du pouvoir militaire et politique au Général Franco[1]. Dans un document de travail sur ce décret était inscrite une disposition faisant mention du caractère provisoire de cette nomination. Il n'en était pas de même dans le décret publié, sous l'effet, semble-t-il, de proches de Franco. Ce décret est entré en vigueur le 1er octobre 1936, faisant du 1er octobre le *Día del Caudillo*. Il ne restait plus qu'à gagner la guerre, car Franco n'a jamais cru au caractère provisoire de sa nomination.

D'autres moments clés de la Guerre civile continuèrent de fonder le franquisme, à commencer par le décret du 19 avril 1937, le Décret d'Unification[2], publié au nouveau *Boletín Oficial del Estado*, remplaçant le *Boletín Oficial de la Junta de Defensa Nacional de España* (la légalité franquiste remplace d'autant plus, rien que par les termes choisis, la légalité

---

[1] *Decreto número 138*, *Boletín Oficial de la Junta de Defensa Nacional de España*, Burgos, n° 32, 30 septembre 1936, https://www.boe.es/datos/pdfs/BOE/1936/032/J00125-00126.pdf. Article premier : « *En cumplimiento de acuerdo adoptado por la Junta de Defensa Nacional, se nombra Jefe del Gobierno del Estado Español al Exemo. Sr. General de División D. Francisco Franco Bahamonde, quien asumirá todos los poderes del nuevo Estado.* »

[2] *Decreto número 255*, *Boletín Oficial del Estado*, n° 182, 20 avril 1937, https://www.boe.es/datos/pdfs/BOE//1937/182/A01033-01034.pdf.

républicaine, publiée quant à elle à la *Gaceta de Madrid*). Ce décret a confirmé l'unité de son camp autour de Franco. Il établit alors l'inexistence de partis ou structures intermédiaires et l'existence d'une seule structure étatique, la *Falange Española Tradicionalista y de las JONS* (Juntes d'offensive nationale-syndicaliste), d'où une négation originelle du pluralisme par le régime franquiste, en faisant un régime autoritaire et centré sur lui, renforçant notre vision contemporaine de la dictature personnelle[1]. Le 30 janvier 1938, le premier gouvernement de Franco, gouvernement de Burgos, était nommé. À ce moment-là, Franco estime que « la Guerre civile devient une guerre entre deux légitimités, l'une, légale, issue des urnes, que préside Manuel Azaña, et l'autre, la sienne, qu'il sait illégale, mais issue de la confrontation des armes, qui semble tourner en sa faveur, et que seule une victoire militaire totale permettra de rendre légale[2] ». Le 10 mars 1938 était publié le *Fuero del Trabajo* (une Charte du Travail)[3], première des huit lois fondamentales du franquisme. Pour Denis Rodrigues, « ce document (…) à bien des égards s'apparente à la *Carta del Lavoro* promulguée par Mussolini en 1927, apparaît comme un texte programmatique exposant les principes sociaux du régime[4] ». Le 13 février 1939 était publiée la *Ley de Responsabilidades Políticas*[5], qui faisait de tout républicain ou de toute personne neutre un coupable. La loi était rétroactive pour les faits remontant au 1er octobre 1934, soit juste avant la grève des Asturies.

Les mois de février et mars 1939 ont été ceux de la fuite du président de la République et du gouvernement républicain. Le 1er avril 1939, le Généralissime Franco a proclamé la fin de la Guerre civile[6]. Il était seul aux commandes d'une Espagne ruinée, et n'en était pas arrivé à la tête par l'élection. Il résulte de cette première étude l'illégitimité du pouvoir acquis par Franco durant cette Guerre civile, marquant l'installation d'un régime dictatorial, autoritaire, hors la légitimité des urnes.

L'établissement du régime, commencé entre les années 1937 et 1939, s'est poursuivi sur le plan institutionnel, notamment par la création de consultations

---

1 L'article 1er du décret procède à la dissolution des partis et structures intermédiaires, et crée cette structure unique, quand l'article 2 pose les bases de l'organisation et de la prise des décisions dans le nouvel État institué : « *Serán organos rectores de la nueva entidad política nacional el Jefe del Estado, un Secretariado o Junta Politica y el Consejo Nacional* », les deux dernières institutions servant le chef de l'État, Franco.

2 D. Rodrigues, *L'Espagne, sous le régime de Franco*, *op. cit.*, p. 105.

3 *Decreto « Fuero del Trabajo », Boletín Oficial del Estado*, n° 505, 10 mars 1938, https://www.boe.es/datos/pdfs/BOE/1938/50 5/A06178-06181.pdf.

4 D. Rodrigues, *op. cit.*, p. 106.

5 *Ley de 9 de febrero de 1939 de Responsabilidades Políticas*, *Boletín Oficial del Estado*, n° 44, 13 février 1939, https://www.boe.es/datos/pdfs/BOE/1939/044/A00824-00847.pdf.

6 Denis Rodrigues dans son ouvrage précité, rapporte et traduit en ces termes le communiqué de Franco (p. 112) : « Aujourd'hui, l'Armée rouge étant captive et désarmée, les troupes nationales ont atteint leurs derniers objectifs militaires. La guerre est terminée. Généralissime Franco, Burgos, 1er avril 1939. »

électorales. Le but de ces consultations était d'organiser le fonctionnement du régime franquiste, sans remise en cause toutefois de ses dirigeants.

La création de consultations électorales : l'établissement du régime franquiste dans les premiers temps du régime (1939-1947)[1]

Plusieurs lois fondamentales ont été adoptées, instaurant et mettant en œuvre des consultations électorales. Nous le verrons, leur existence n'implique en aucun cas de pouvoir parler de démocratie concernant le régime franquiste, même si en adoptant ces lois le régime franquiste était persuadé d'en donner l'impression.

La loi du 17 juillet 1942 a créé *las Cortes españolas*[2], parlement monocaméral. Il était composé de 556 *procuradores* (procurateurs), de droit ou élus. Les membres de droit étaient *procuradores* du fait de leur fonction. Mais, ils étaient dans leur fonction du fait d'une nomination directe de Franco : les ministres, les présidents des plus hautes juridictions et les conseillers nationaux du Mouvement[3]. Pour les membres élus, seul semblant démocratique dans cette composition des Cortes, ils l'étaient au sein des Syndicats verticaux, où Franco nommait les plus hauts dirigeants. Ici, les membres élus ne l'étaient pas au suffrage direct par recours au peuple, mais par le biais d'un suffrage corporatif où les syndicats servaient l'État franquiste. Il ne faut pas être trompé par ce mirage que pouvaient constituer les membres élus. Le Parlement ne se réunissait que sur ordre de Franco et n'était pas un passage obligatoire pour adopter une loi, dans la mesure où il était expressément écrit que la loi de création des Cortes ne remettait en rien en cause deux lois de 1938[4] et 1939[5] permettant à Franco d'adopter et

---

[1] Cette période est résumée par Denis Rodrigues, dans son ouvrage, par l'expression « Inventer un régime survivre » (p. 117). Il poursuit : « Si le Décret d'unification, la Charte du travail ainsi que la Loi sur les responsabilités ont été promulgués avant même la fin de la guerre, le dictateur va mettre à profit les années qui vont suivre pour édifier l'arsenal juridique enfermant les Espagnols dans sa conception militaire, phalangiste, catholique et personnelle de l'État. »

[2] *Ley de 17 de julio de 1942 de creación de las Cortes Españolas*, Boletín Oficial del Estado, n° 200, 19 juillet 1942, BOE-A-1942-6528.

[3] La description complète figure dans D. Rodrigues, *L'Espagne, sous le régime de Franco*, *op. cit.*, p. 119.

[4] *Ley de 30 de enero de 1938*, Boletín Oficial del Estado, n° 467, 31 janvier 1938, https://www.boe.es/datos/pdfs/BOE//1938/ 467/A05514-05515.pdf. Article 17 : « *Al Jefe del Estado, que asumió todos los Poderes por virtud del Decreto de la Junta de Defensa Nacional de 29 de septiembre de 1936, corresponde la suprema potestad de dictar normas jurídicas de carácter general. Las disposiciones y resoluciones del Jefe del Estado, previa deliberación del Gobierno, y a propuesta del Ministro del ramo, adoptarán la forma de Leyes (...).* »

[5] *Ley de 8 de agosto de 1939*, *Boletín Oficial del Estado*, n° 221, 9 août 1939, https://www.boe.es/datos/pdfs/BOE//1939/221/A0 4326-04327.pdf. Article 7 : « *Correspondiendo al Jefe del Estado la suprema potestad de dictar normas jurídicas de carácter general, conforme al artículo décimoséptimo de la Ley de treinta de enero de mil novecientos treinta y ocho, y radicando en él de modo permanente las funciones de gobierno, sus disposiciones y*

promulguer des lois seul[1]. Dans la pratique enfin, les lois étaient parfois adoptées non par vote mais par acclamation : « Franco ! Franco ! Franco ! »[2].

Cette loi de 1942 sur les Cortes n'est pas sans lien avec une loi postérieure, non fondamentale : la *Ley de bases de régimen local* du 17 juillet 1945, qui organisait des élections municipales et provinciales[3]. Pour les élections municipales, seuls les conseillers municipaux étaient élus. Les maires étaient nommés, par le gouverneur civil de la province ou le ministre de l'Intérieur en fonction de la taille de la municipalité. Il y avait donc un contrôle important du régime sur la nomination des maires. Les maires des cinquante capitales de provinces étaient d'ailleurs *procuradores* aux *Cortes*, et donc membres de droit du fait de leurs fonctions. Les conseillers municipaux étaient élus selon un système complexe et corporatif. Ils l'étaient pour un tiers par les syndicats locaux et pour un autre tiers par les chefs de famille soit les hommes et femmes mariés ou veufs. Syndicats et chefs de famille ne pouvaient voter que pour des candidats syndicalistes ou chefs de famille. Le dernier tiers du conseil municipal était coopté par les deux tiers élus sur une liste proposée par le gouverneur civil. Pour être élu par les syndicats et chefs de famille, il fallait figurer sur une liste établie par le gouverneur civil. Ce gouverneur civil, acquis au régime, façonnait l'ensemble de cette élection. C'était donc un mélange d'élections et de cooptations. Pour les élections provinciales, les conseils municipaux élisaient entre eux un représentant par province aux Cortes.

S'il pouvait exister en apparence une forme de démocratie locale, celle-ci était dévoyée par nature. Le scrutin étant corporatif, il n'était pas universel. On peut alors douter de son caractère démocratique, conformément à la définition rappelée par Bruno Daugeron auparavant[4]. De même, les élections n'étaient pas libres et ouvertes, car pour figurer sur la liste des candidats autorisés par le gouverneur civil, il fallait évidemment être en conformité idéologique avec le Mouvement, seul parti qui présenta alors des candidats à ces élections. Il n'y avait pas de pluralisme. Seul existait le caractère régulier de ces élections municipales, tous les trois ans puis tous les quatre ans à la suite d'une réforme.

---

resoluciones, adopten la forma de Leyes o de Decretos, podrán dictarse aunque no vayan precedidas de la deliberación del Consejo de Ministros, cuando razones de urgencia así lo aconsejen, si bien en tales casos el Jefe del Estado dará después conocimiento a aquél de tales disposiciones o resoluciones. »

[1] Article 1er de la loi fondamentale de 1942 : « *Las Cortes son él órgano superior de participación del pueblo español en las tareas del Estado. Es misión principal de las Cortes la preparación y elaboración de las Leyes, sin perjuicio de la sanción que corresponde al Jefe del Estado.* »

[2] D. Rodrigues, *L'Espagne, sous le régime de Franco*, *op. cit.*, p. 120.

[3] *Ley de 17 de julio de 1945 de Bases de Régimen Local*, *Boletín Oficial del Estado*, n° 199, 18 juillet 1945, https://www.boe.es/da tos/pdfs/BOE/1945/199/A00360-00384.pdf.

[4] *Op. cit.*, n° 26.

Une loi fondamentale du 22 octobre 1945 instaura la possibilité d'organisation de référendum[1]. L'initiative revenait naturellement à Franco et la loi visait des questions d'intérêt général qui exigeaient que les Espagnols se prononcent directement sans que leur volonté ne soit supplantée par leurs représentants (si l'on considère que les *procuradores* représentaient les Espagnols). Cette loi a d'ailleurs été adoptée par Franco sans les Cortes en vertu des deux lois de 1938 et 1939 mentionnées précédemment.

Cette loi apparaît comme étant en conformité avec le principe démocratique. En effet, le recours direct au peuple par la voie du référendum correspond aux canons du principe de gouvernement par le peuple. Seulement, comme toujours sous le régime franquiste, l'aspect démocratique n'était qu'une pâle apparence. La pratique plébiscitaire de ces référendums nous éloigne de la qualification de démocratie libérale, et confirme que la fonction de ces consultations électorales était alors l'apparence démocratique et la légitimation des dirigeants, sans remise en cause possible vu les conditions d'organisation. Deux référendums ont été organisés par Franco, les 6 juillet 1947 et 14 décembre 1966. Dans les deux cas, il s'agissait d'une chasse aux abstentionnistes, à grand renfort de propagande et de menaces. Les électeurs étaient souvent identifiés par leurs cartes de rationnement, qui étaient alors tamponnées lorsqu'ils votaient. On les menaçait de ne pas renouveler leurs cartes en cas d'absence de tampon. L'Église, puissante alliée de Franco, menaçait d'excommunier tous les abstentionnistes. Les Espagnols ne votaient pas dans un isoloir mais à la maison, où ils glissaient leur bulletin dans une enveloppe qu'ils emportaient ensuite en bureau de vote. Non seulement le seul bulletin fourni par le gouvernement était « Oui », mais la police avait la faculté de fouiller les Espagnols dans la rue, et ouvrait les enveloppes afin de vérifier qu'il y avait le bon bulletin dedans. Dans les deux cas, il y eut 11 % d'abstention. Quant aux résultats du vote, ils étaient connus d'avance et trafiqués. Par exemple, à la veille du référendum de 1966, était annoncé par le gouvernement le chiffre officiel d'environ 19 millions d'électeurs. Le lendemain de l'élection, ce chiffre était corrigé pour affirmer qu'il y avait en fait 21 millions d'électeurs, afin de mettre en conformité le nombre d'électeurs et le nombre de bulletins de vote[2].

L'autre texte seulement d'apparence démocratique qui clôt cette période d'établissement de l'arsenal juridique du régime franquiste par la création de consultations électorales est le *Fuero de los Españoles* (la Charte des

[1] *Ley de 22 de octubre de 1945 por la que el Jefe del Estado podrá someter a referéndum aquellas Leyes que su transcendencia lo aconseje o el interés público lo demande*, *Boletín Oficial del Estado*, n° 297, 24 octobre 1945, BOE-A-1945-10289.

[2] Sont ici résumées des informations, parfois contradictoires d'une source à l'autre, sur le déroulement des campagnes et des votes lors des référendums durant l'ère franquiste. Deux sources principales, plus détaillées : D. Rodrigues, *L'Espagne, sous le régime de Franco*, *op. cit.*, pp. 163-164 ; J. Georgel, *Le franquisme. Histoire et bilan, 1939-1969*, Paris, Éd. du Seuil, coll. Esprit « Frontière ouverte », 1970, pp. 305-307.

Espagnols) du 18 juillet 1945[1]. Cette Charte consacrait formellement tous les droits et libertés fondamentaux que l'on retrouve normalement dans une démocratie libérale, dont deux qui nous intéressent ici pour notre variable consultations électorales. Dans les articles 10[2] et 21[3], sont respectivement consacrés le droit de participation aux fonctions publiques de caractère représentatif et le droit de pétition. Si l'on ne se concentre que sur l'article 10, la restriction immédiatement apportée nous paraît parfaitement résumer l'esprit dans lequel les consultations électorales du régime franquiste ont été conçues : 1 - à travers la famille, le syndicat et la municipalité (bases de la représentation et de l'élection via des scrutins corporatifs et non universels, en lien avec ce que nous évoquions pour les élections municipales et aux Cortes), et 2 - sans préjudice des autres représentations que la loi établissait, soit toutes les nominations sous le contrôle direct ou indirect de Franco. Là encore, tout n'est qu'apparence démocratique.

Ainsi, si des consultations électorales ont été créées pour donner l'impression d'une démocratie, d'une démocratie organique selon la dénomination officielle du régime franquiste, cette qualification ne résiste pas à l'analyse des textes mêmes qui fondent ces consultations ni à l'analyse de leur pratique. Il s'agit maintenant de s'attarder sur l'usage de ces consultations électorales (non les conditions d'organisation, mais le but de ces consultations), afin de déterminer de quelles manières elles ont permis de façonner et démanteler le régime franquiste, tout en influant sur sa nature.

Usage des consultations électorales et vie du régime franquiste

Si l'on considère le régime franquiste désormais établi sur le plan des consultations électorales, reste à évoquer leurs usages et évolutions. Nous évoquerons de nouveau les référendums de 1947 et 1966, en nous attardant cette fois sur leurs objets, les deux étant porteurs de deux évolutions majeures du régime franquiste : une évolution vers une « dictature à terme monarchique[4] », et un semblant de démocratisation concernant les Cortes.

Par ailleurs, les consultations électorales instituées par le régime franquiste ont servi à le démanteler. Tout comme la légalité franquiste avait remplacé la légalité républicaine durant la Guerre civile, une nouvelle légalité républicaine

---

[1] *Fuero de los Españoles*, *Boletín Oficial del Estado*, n° 199, 18 juillet 1945, https://www.boe.es/datos/pdfs/BOE/1945/199/A00358-00360.pdf.

[2] Article 10 : « *Todos los españoles tienen derecho a participar en las funciones públicas de carácter representativo, a través de la Familia, el Municipio y el Sindicato, sin perjuicio de otras representaciones que las Leyes establezcan.* »

[3] Article 21 : « *Los españoles podrán dirigir individualmente peticiones al Jefe del Estado, a las Cortes y a las Autoridades. Las Corporaciones, funcionarios públicos y miembros de las fuerzas e Institutos armados sólo podrán ejercitar este derecho de acuerdo con las disposiciones por que se rijan.* »

[4] G. Burdeau, *Traité de science politique*, tome V : « Les régimes politiques », *op. cit.*, p. 495.

est née entre 1975 et 1977, en utilisant les ressorts et institutions de la légalité franquiste.

L'usage des consultations électorales : façonner le régime franquiste (1947-1975)

Le 6 juillet 1947, le premier référendum de l'ère franquiste s'est tenu pour approuver la *Ley de Sucesión en la Jefatura del Estado* (loi de succession à la direction de l'État)[1]. Cette loi a fait de l'Espagne, comme unité politique, un État catholique, social et représentatif, en accord avec sa tradition, un royaume[2]. La loi de succession à la direction de l'État a fait théoriquement de l'Espagne une monarchie dont Franco était à la tête en tant que régent, le temps qu'il désigne un successeur, dans les conditions prévues par la loi. Celles-ci, si on les résume, faisaient du choix de Franco un choix parfaitement discrétionnaire, le candidat désigné devant d'ailleurs se conformer aux principes du Mouvement national[3].

La loi avait ainsi un objet principal : faire de l'Espagne une monarchie, avec création d'un Conseil du Royaume exerçant certaines prérogatives auprès de Franco. La monarchie étant une forme d'organisation du pouvoir assez malléable en fonction des pouvoirs confiés au roi, cela ne nous apporte pas d'éléments en faveur d'une démocratisation de l'Espagne. D'ailleurs, l'objet secondaire de la loi, qui marque le caractère plébiscitaire de ce référendum, était de confirmer le généralissime Franco comme régent, en le laissant libre de choisir son successeur : l'aspect dictatorial ressort en ce que Franco a été confirmé dans ses fonctions et que l'on a acté l'illégitimité de la dévolution du pouvoir, le choix de Franco n'ayant pas à être confirmé par le corps électoral, aussi restreint soit-il.

Le 14 décembre 1966 fut approuvée par référendum une autre loi fondamentale, la *Ley Orgánica del Estado* (loi organique de l'État) promulguée le 10 janvier 1967[4]. Cette loi précisa la loi de succession de 1947 sur le choix du successeur de Franco, sans changer l'aspect discrétionnaire de son choix. L'on peut néanmoins parler de démocratisation concernant la création aux Cortes de *procuradores* familiaux, élus au suffrage direct par les

---

[1] *Ley de Sucesión en la Jefatura del Estado, Boletín Oficial del Estado*, n° 208, 27 juillet 1947, https://www.boe.es/datos/pdfs /BOE/1947/208/A0423 8-04239.pdf.

[2] Article 1er : « *España, como unidad política, es un Estado católico, social y representativo, que, de acuerdo con su tradición, se declara constituido en Reino.* »

[3] Article 6 : « *En cualquier momento el Jefe del Estado podrá proponer a las Cortes la persona que estime deba ser llamada en su día a sucederle, a título de Rey o de Regente, con las condiciones exigidas por esta Ley, y podrá, asimismo, someter a la aprobación de aquéllas la revocación de la que hubiere propuesto, aunque ya hubiese sido aceptada por las Cortes.* »

[4] *Ley Orgánica del Estado, Boletín Oficial del Estado*, n° 9, 11 janvier 1967, BOE-A-1967-5.

chefs de famille, à raison de deux *procuradores* par province[1]. Cependant, si le recours au suffrage direct est en soi une marque de démocratisation en ce qu'il implique une participation directe du peuple, celui-ci n'est pas universel mais corporatif, et nous retrouvons les mêmes limites qu'évoquées précédemment[2]. À ce titre, la loi de 1967 confirme par écrit qu'il existe en Espagne un suffrage articulé avec les canaux de représentation définis à l'article 10 de la Charte des Espagnols soit la famille, le syndicat et la municipalité.

Le régime franquiste finit de se définir comme une démocratie organique. La souveraineté est nationale et son exercice confié aux organes de l'État, chacun dans le rôle qui lui a été dévolu[3]. Formellement, la souveraineté n'appartenait pas à Franco directement mais à la Nation représentée par l'organe chef de l'État qui la personnifie[4]. Mais, en confiant la souveraineté à la Nation puis à Franco par représentation et en actant le plein exercice de celle-ci par ce dernier et les organes du régime, le peuple est effacé. Certes, on peut parler de démocratisation formelle, la souveraineté appartenant à la Nation. Mais, matériellement, il n'y a pas de démocratisation dans l'exercice de la souveraineté (les deux lois de 1938 et 1939 permettant à Franco de légiférer seul sont toujours mises en œuvre ; peu importe alors que la souveraineté soit nationale puis exercée par Franco). Cela confirme encore une fois l'affichage démocratique, décrit parfaitement par Guy Carcassonne[5] :

> Qu'y a-t-il de commun entre la démocratie organique et la souveraineté du peuple ? Rien, car pour être opposées elles ne sont même pas contraires. Ce ne sont pas non plus l'une et l'autre des extrêmes, car si la seconde doit être poussée à son aboutissement pour atteindre la démocratie directe, la première n'a pas à évoluer pour être déjà la dictature.

---

[1] *Declaración XIII, artículo segundo, f) : « Dos representantes de la Familia por cada provincia, elegidos por quienes figuren en el censo electoral de cabezas de familia y por las mujeres casadas, en la forma que se establezca por ley. »*

[2] G. Carcassonne et P. Subra de Bieusses, *L'Espagne ou la démocratie retrouvée*, Créteil, Éditions nationales administratives et juridiques, coll. Institutions et politique, 1978, p. 20 : « Seuls, en effet, pouvaient se targuer d'une représentativité réelle, encore que limitée, les *procuradores* familiaux élus au scrutin direct. Direct mais non universel car là aussi la référence organique avait amené à ne donner le droit de vote qu'aux “responsables” de la cellule de base, les chefs de famille et femmes mariées (…). Il faut préciser toutefois que les conditions de candidature et les pressions exercées lors du vote, sans parler de la fraude, constituaient de sérieux barrages aux candidats “indésirables”. En fixant le nombre de ces députés à deux par province, de surcroît, on avantageait les moins peuplées, c'est-à-dire les plus attardées politiquement. »

[3] Article 1er II : « *Al Estado incumbe el ejercicio de la soberanía a través de los órganos adecuados a los fines que ha de cumplir.* » Et article 2 I : « *La soberanía nacional es una e indivisible, sin que sea susceptible de delegación ni cesión.* »

[4] Article 6 : « *El Jefe del Estado es el representante supremo de la Nación ; personifica la soberanía nacional ; ejerce el poder supremo político y administrativo (...).* »

[5] G. Carcassonne et P. Subra de Bieusses, *L'Espagne ou la démocratie retrouvée*, *op. cit.*, p. 33.

Cette loi de 1967 se présentait formellement comme une Constitution, découpée en titres et articles, avec un préambule historique faisant référence au 18 juillet 1936, fondation du régime franquiste. Ainsi, toujours dans le sens d'un affichage démocratique, le régime franquiste a-t-il présenté cette loi comme étant sa Constitution[1], avec les six autres lois fondamentales adoptées depuis 1938. Mais, l'existence d'une constitution ne suffit pas en elle-même à faire d'un régime un régime démocratique comme en témoignent les travaux récents sur le constitutionnalisme autoritaire. Denis Rodrigues parle ainsi de dictature constitutionnelle[2].

Le référendum a donc été l'instrument plébiscitaire de transformation du régime franquiste, au moins sur la forme dans l'affichage démocratique qui était une obsession constante du régime. Sur le fond, dans la pratique du pouvoir, démocratisation n'est pas le qualificatif à employer, l'exemple même de la campagne pour le référendum ayant conduit à cette loi de 1967 le prouvant, comme nous l'avons rappelé il y a quelques instants.

Il reste que si les consultations électorales établies par le régime franquiste n'ont transformé que formellement le régime dans un sens de démocratisation lorsque Franco était en vie, une fois ce dernier décédé, elles vont permettre matériellement une démocratisation et un démantèlement du régime.

L'usage des consultations électorales : démanteler le régime franquiste (1975-1977)

L'une des forces du franquisme a été son organisation institutionnelle, qui a pu survivre à la mort de son fondateur, car tout ne reposait pas juridiquement sur lui. Cette organisation reposait sur des organes et non un seul. Il fallait plus que la mort de Franco pour vaincre le régime franquiste. La loi de succession à la direction de l'État avait prévu le cas de la mort du chef de l'État, de sorte que c'est dans le respect de la légalité franquiste, en utilisant les consultations électorales instituées par le régime franquiste, que l'on a pu démanteler de l'intérieur cette organisation institutionnelle.

À la mort de Franco, le 20 novembre 1975, c'est le successeur désigné qui prendra la tête de l'État, non plus en tant que régent mais en tant que roi : Juan Carlos, désigné par la loi du 22 juillet 1969[3]. La loi de succession avait préalablement imposé à Juan Carlos de jurer fidélité aux principes du Mouvement. Bien qu'il soit aujourd'hui admis que ce serment n'était qu'une façade, le premier acte de Juan Carlos roi d'Espagne fut de nommer un Premier ministre pour organiser la transition et son choix s'est porté sur le Premier ministre sortant qui a gouverné avec Franco jusqu'à sa mort. Cette

[1] D. Rodrigues, *L'Espagne, sous le régime de Franco*, *op. cit.*, p. 174.
[2] *Ibid.*, p. 171.
[3] *Ley 62/1969, de 22 de julio, por la que se provee lo concerniente a la sucesión en la Jefatura del Estado*, *Boletín Oficial del Estado*, n° 175, 23 juillet 1969, BOE-A-1969-915.

continuité formelle s'est transformée en continuité matérielle. La transition tardait à s'organiser. Le 1er juillet 1976, le Premier ministre Arias fut renvoyé[1].

Le 15 décembre 1976 a été organisé un référendum, sur la base de la loi fondamentale du 22 octobre 1945, afin d'adopter la *Ley para la Reforma Política* (Loi pour la réforme politique)[2] portant modification des précédentes lois fondamentales et donc révision constitutionnelle, érigée dans le strict respect de la légalité franquiste au rang de huitième et dernière loi fondamentale du régime franquiste. Le caractère fondamental de cette loi a permis de modifier le contenu des autres lois fondamentales, afin de formaliser le passage d'une dictature, puisque c'est ce qu'était le régime franquiste, à une démocratie représentative et libérale et d'organiser le processus constituant qui mènera à la Constitution espagnole actuelle de 1978.

Cette loi substitua à la souveraineté nationale exercée par l'État et personnifiée par Franco une souveraineté du peuple appelé à élire au suffrage universel ses représentants ; à la démocratie organique une démocratie libérale selon l'acception contemporaine[3]. Les partisans franquistes virent dans cette loi une atteinte aux principes du Mouvement qui juridiquement, dans l'État franquiste, avaient la même valeur que cette loi du fait de leur inscription dans une loi fondamentale. Mais, si c'est le gain de la Guerre civile entre 1936 et 1939 qui donna une légitimité à la nouvelle organisation institutionnelle franquiste aux dépens de la légalité républicaine, en 1977, c'est la souveraineté populaire et le référendum de 1976 qui ont donné une légitimité à cette loi pour la réforme politique et la réforme constitutionnelle, au détriment de la légalité franquiste[4]. Par ailleurs, cette loi est « tellement extensible qu'elle autorise son remplacement par une autre légalité[5] ».

Le 15 juin 1977, les Espagnols votèrent au suffrage universel direct, pour la première fois depuis 1936, pour des élections générales et constituantes, les députés élus ayant alors la charge de rédiger une nouvelle Constitution pour l'Espagne. Ce fut chose faite avec son approbation par référendum le 6 décembre 1978 et sa promulgation au *Boletín Oficial del Estado* le 29 décembre 1978.

---

[1] Thierry Maurice, *La transition démocratique. L'Espagne et ses ruses mémorielles (1976-1982)*, Rennes, Presses universitaires de Rennes, coll. « Mondes hispanophones », 2013, pp. 118-147.

[2] *Ley 1/1977, de 4 de enero, para la Reforma Política*, *Boletín Oficial del Estado*, n° 4, 5 janvier 1977, BOE-A-1977-165.

[3] Article 1er : « *Uno. La democracia, en el Estado español, se basa en la supremacía de la Ley, expresión de la voluntad soberana del pueblo. Los derechos fundamentales de la persona son inviolables y vinculan a todos los órganos del Estado. Dos. La potestad de elaborar y aprobar las leyes reside en las Cortes. El Rey sanciona y promulga las leyes.* »

[4] K. G. Mavrias, *Transition démocratique et changement constitutionnel en Europe du Sud. Espagne - Grèce - Portugal*, Athènes, Éditions Ant. N. Sakkoulas, 1997, pp. 38-40.

[5] G. Hermet, *Le passage à la démocratie*, Paris, Presses de Sciences po, coll. « La bibliothèque du citoyen », 1996, p. 57.

*

* *

En conclusion, il s'agit de répondre à la question que l'on s'est posée. Le régime franquiste reçoit une qualification officielle de dictature mais est-elle fondée ? Notre variable d'étude était celle des consultations électorales, en tant qu'elles ont été utilisées par le régime franquiste, mais aussi, car elles servent surtout à définir ce qu'est une démocratie libérale quand elles reposent sur un pluralisme politique non limité et garanti.

Formellement, les consultations électorales établies par le régime franquiste sont un critère éclairant mais non suffisant pour qualifier le régime franquiste. L'affirmation de droits fondamentaux y compris en matière politique et l'organisation régulière d'élections, éléments au cœur même de la définition d'une démocratie libérale, servent cette qualification. L'absence de pluralisme et l'inexistence d'élections libres et ouvertes servent la qualification de dictature. Tout ne correspond pas à l'un ou l'autre des régimes, le doute est permis, même si l'inexistence du pluralisme et d'élections libres et ouvertes nous éloigne certainement de la démocratie libérale.

Manque alors un facteur clé pour déterminer définitivement la nature du régime franquiste : la pratique. Dans la pratique, il s'agissait d'une dictature. Un des derniers éléments en faveur d'une qualification de démocratie, les droits fondamentaux consacrés, n'est qu'incantatoire et n'a aucune existence réelle. La pratique des consultations électorales dépeinte le confirme. Reste un seul élément : la régularité des élections, mais ce n'est pas décisif.

Le franquisme était une dictature. Les qualifications officielles, en ce qu'elles font appel à un cadre conceptuel contemporain qu'est celui de la démocratie libérale, sont fondées.

ROUMANIE (1948-1989)

Philippe CLARET

J'adresse mes remerciements à mon collègue et ami Florian Savonitto de m'avoir invité à ce beau colloque, dont il est l'initiateur et le maître d'œuvre, et de m'avoir ainsi donné l'occasion de m'intéresser de plus près, s'agissant de la Roumanie, à la période communiste (1948-1989) sur laquelle je ne m'étais jusqu'alors pas penché de façon approfondie, dans la mesure où mes enseignements et mes recherches ont concerné seulement, jusqu'à présent, la période postcommuniste. J'ai saisi cette opportunité, non sans quelque inquiétude, au regard du défi que représente l'exercice demandé et à l'égard duquel, précisément, il me faut d'emblée prendre quelques précautions d'usage. En effet, le regard que je suis en mesure de porter sur la Roumanie communiste est, en raison de mes orientations disciplinaires, à la fois celui du juriste et du politiste, mais en aucun cas celui de l'historien. C'est dire le caractère nécessairement partiel des analyses que je propose dans cette communication.

La Roumanie est un cas très particulier de cet ensemble d'États européens qui se sont trouvés placés, à la fin de la Seconde Guerre mondiale, dans la situation particulière qualifiée du terme de « démocraties populaires », c'est-à-dire des États sous la tutelle idéologique, politique et économique de l'Union des Républiques Socialistes Soviétiques. C'est pourquoi, en réponse à l'invitation de Florian Savonitto dans l'argumentaire du colloque, il convient, très opportunément, d'opérer un retour à la littérature juridique et politique classique de l'époque, pour jeter les bases théoriques de notre analyse. Ainsi, dans son *Manuel d'Institutions politiques*, tome I, *Les grands systèmes politiques* (1978)[1], Maurice Duverger qualifie les démocraties populaires de « dictatures socialistes », c'est-à-dire des régimes politiques de type soviétique, en tenant compte de toute une série d'observations spécifiques à la période concernée d'après-guerre, spécialement l'instauration de la Guerre froide entre l'Est et l'Ouest.

Les considérations de Maurice Duverger sur les « dictatures socialistes » nous proposent un modèle d'analyse que nous souhaitons évoquer ici brièvement, dans la mesure où il éclaire fortement l'analyse du cas roumain au regard de la problématique du colloque « "Dictatures" et consultations

[1] M. Duverger, *Manuel d'Institutions politiques*, t. 1, *Les grands systèmes politiques*, Paris, PUF, coll. « Thémis », 17e éd., 1988, 4e partie : « Les dictatures socialistes », pp. 471-584.

électorales en Europe et aux Amériques ». En effet, les dictatures socialistes résultent, pour l'auteur, d'une combinaison de deux traits fondamentaux : d'une part, une structure de pouvoir autoritaire et dictatorial, qui rend ainsi indiscutable la réalité de la dictature dans le cas roumain ; d'autre part, des institutions démocratiques inspirées des régimes libéraux, avec notamment des élections politiques nationales et locales. C'est, précisément, cette seconde caractéristique qu'il convient de soumettre à investigation et vérification dans le cas étudié ici, la Roumanie de la période communiste.

Selon Maurice Duverger, cette seconde caractéristique des « dictatures socialistes » fait référence, d'abord, aux systèmes de valeurs, de type libéral et démocratique, qui sont officiellement proclamées dans les constitutions : la liberté, l'égalité et la dignité de tous les hommes, définies comme valeurs constitutionnelles suprêmes, telles précisément qu'on peut les trouver dans les constitutions communistes de l'époque. Elle fait, également, référence au système électif, avec la pratique du suffrage universel à tous les niveaux de pouvoir, comme ce fut bien le cas dans les régimes politiques communistes d'Europe de l'Est au lendemain de la Seconde Guerre mondiale et jusqu'à la chute du Mur de Berlin. Pourtant, selon les critères propres aux régimes politiques libéraux occidentaux, les élections dans les régimes communistes est-européens s'apparentaient à des pseudos élections, plus précisément des élections à caractère exclusivement plébiscitaire dans des systèmes partisans non pluralistes, c'est-à-dire des systèmes politiques unanimistes.

Dans son analyse des « dictatures socialistes » de type soviétique, Maurice Duverger insiste encore sur le caractère révolutionnaire de ces régimes politiques, qu'il distingue clairement des « dictatures à caractère conservateur » : les premières entendent instaurer un ordre social et politique nouveau, et même un homme nouveau (« *homo sovieticus* »), tandis que les secondes proposent seulement la conservation ou la restauration de l'ordre social et politique ancien. Dans l'idéologie des régimes communistes en place en Europe de l'Est de la fin de la Seconde Guerre mondiale jusqu'à 1989, la révolution était perçue, en réalité, comme une phase transitoire destinée à favoriser, voire accélérer, le passage de l'État bourgeois à l'État du peuple tout entier.

En fonction de ces considérations théoriques, nous pouvons nous interroger sur les caractéristiques propres de la dictature révolutionnaire, permettant d'appréhender le cas roumain dans la période considérée. En ce sens, nous mettrons ici l'accent sur deux caractéristiques majeures, qui n'excluent pas l'existence de caractéristiques complémentaires.

En premier lieu, il faut souligner le monopole de la représentation politique par le Parti communiste, parti unique, détenteur et gardien de l'idéologie communiste, en tant qu'idéologie monopolistique. Il s'agit ainsi, à l'évidence, d'une « dictature de parti », telle que Maurice Duverger la distingue de la « dictature personnelle ». Le Parti communiste est l'organe dirigeant de l'État et de la société, dont le monopole est inscrit dans la Constitution. Ainsi, au regard de la conception occidentale de la démocratie pluraliste constitutionnelle, les élections populaires dans ce régime sont complètement vidées de leur sens, puisqu'elles ne procèdent pas de la libre compétition des idées et des intérêts. Dans les « dictatures de parti », la fonction de l'élection populaire consiste, selon Maurice Duverger, à assurer la ratification du candidat unique, préalablement coopté par le Parti. En ce sens, la compétition politique dans ce type de régime politique existe, non pas au niveau électoral, mais à l'intérieur même du Parti. Ainsi, le monopole de la représentation politique manifeste, ou du moins est censé manifester, l'unanimisme affiché et proclamé de la société.

La seconde caractéristique forte des dictatures révolutionnaires réside dans la concentration des pouvoirs, une extrême concentration des pouvoirs. Celle-ci résulte d'abord de la domination de l'État par le Parti unique, dans la mesure où la réalité du pouvoir est toujours — c'était le cas des régimes communistes d'Europe de l'Est — celle d'une double hiérarchie de pouvoirs parallèles entre l'État et le Parti, avec une domination complète des organes du Parti sur les organes de l'État, mise en lumière dans les travaux spécialisés, à caractère juridique et/ou politique, sur les régimes communistes [1]. Cette domination de l'idéologie et du Parti unique sur l'État et la société constitue, assurément, un élément d'explication important de la très forte concentration du pouvoir dans ce type de régime politique.

La concentration des pouvoirs résulte, en second lieu, de l'affirmation du principe de l'unité du pouvoir d'État, proclamé par les régimes communistes, aboutissant à la confusion de fait des pouvoirs législatif et exécutif, des pouvoirs parlementaire et gouvernemental. En réalité, cette confusion apparaît dans les textes constitutionnels, lorsque, par exemple, on constate que le Présidium, institution bien connue dans les régimes communistes de type soviétique, exerce par délégation permanente le pouvoir législatif, sachant que la durée des sessions plénières des Parlements était généralement très brève (cas de l'URSS et de la Roumanie, en particulier).

Enfin, la concentration des pouvoirs découle, en troisième lieu, du caractère unitaire de l'État, qui caractérisait l'ensemble des démocraties populaires, à l'exception de la Tchécoslovaquie et de la Yougoslavie. De fait, l'unité affirmée de l'État ne pouvait que servir la concentration du pouvoir politique (au bénéfice du Parti) et favoriser le « centralisme démocratique », propre aux sociétés de type soviétique.

À la lumière de cet éclairage théorique, il convient maintenant de resituer la Roumanie dans la période considérée : 1948-1989. Entre ces deux bornes historiques, soit une période de quarante et une années, le pays a vécu dans un régime communiste sous domination soviétique. Pourtant, parmi toutes les

[1] On consultera, tout particulièrement, les travaux de M. Lesage, *Les régimes politiques de l'URSS et de l'Europe de l'Est*, Paris, PUF, coll. « Thémis », 1971, et *Le système politique de l'URSS*, Paris, PUF, coll. « Thémis », 1987.

démocraties populaires de l'époque, la Roumanie a fait preuve, il est vrai, d'une assez grande indépendance dans ses relations avec Moscou et avec l'orthodoxie marxiste soviétique, allant même jusqu'à la condamnation de l'intervention militaire soviétique à Prague en 1968. Durant cette période, le pays connaîtra au total trois constitutions marquées par l'idéologie communiste : la première en 1948, la deuxième en 1952 et la troisième en 1965. Pendant ces quarante et une années de régime communiste, la Roumanie a été gouvernée seulement par deux leaders, deux dictateurs : Georges Gheorghiu-Dej de 1948 à 1965 et Nicolas Ceausescu de 1965 à 1989. À la fin de cette période, le « moment 1989 » sera très particulier en Roumanie, avec une vraie fausse révolution, véritable « coup d'État » organisé par les communistes eux-mêmes.

Il est important de rappeler, ici, que la Roumanie avait déjà connu, avant l'installation au pouvoir des communistes en 1948, des régimes de dictature — de 1938 à 1944-1945 —, d'abord celle du roi Carol juste avant la guerre, puis celle du Maréchal Ion Antonescu pendant la guerre. De fait, durant cette période très mouvementée, ont été introduites en Roumanie les idées et les pratiques d'un régime de parti unique, d'un État sans contre-pouvoirs et, même, d'une société de type unanimiste. Dans ces conditions, on comprend mieux l'hypothèse, formulée par les spécialistes, dans une optique d'analyse culturaliste, selon laquelle les conditions étaient réunies, aux lendemains de la guerre, dans l'esprit des Roumains (une sorte d'« *habitus* culturel »), pour l'avènement et l'établissement d'un nouveau régime dictatorial, le régime communiste de type soviétique.

L'objectif scientifique principal du colloque « "Dictatures" et consultations électorales en Europe et aux Amériques » consiste, selon son argumentaire, à mener une analyse comparative du rôle et des fonctions des élections populaires durant les trois grandes phases d'un régime politique : son instauration, son fonctionnement régulier et la sortie du régime. Compte tenu, précisément, des caractéristiques propres aux dictatures communistes, il ressort de l'analyse réaliste du cas roumain que les élections populaires ne sont pas à l'origine de l'instauration du régime communiste ; qu'elles n'ont jamais servi, durant toutes les années du régime communiste, à trancher la compétition politique, quelles qu'en soient les formes (la compétition se déroulait seulement à l'intérieur du Parti) ; et, finalement, qu'elles ne seront même pas à l'origine du renversement apparent du régime. En ce sens, l'analyse du cas roumain vérifie pleinement l'instrumentalisation des élections populaires, à l'instar des autres démocraties populaires en Europe de l'Est durant la même période, en fonction des traditions nationales, des situations conjoncturelles, mais également de la personnalité des dirigeants politiques.

À partir des données institutionnelles et sociologiques propres à la période étudiée, et en retenant la perspective d'étude diachronique proposée par l'argumentaire du colloque, nous privilégierons l'analyse de la temporalité du régime communiste roumain de 1948 à 1989, marquée par la succession des trois phases classiques d'un régime politique : l'instauration progressive du régime dictatorial, consacré en 1948 ; la continuité du régime communiste dans la période 1948-1989 ; et, finalement, la chute orchestrée du régime en 1989.

L'instauration progressive du régime dictatorial communiste (1944-1948)

Cette première phase du régime est, à vrai dire, assez complexe. En effet, au sortir de la Seconde guerre mondiale, l'Europe centrale et orientale a connu un phénomène de captation progressive du pouvoir par les forces communistes, à l'abri de l'Armée rouge, créant ainsi le glacis des « démocraties populaires ». Dans le cas particulier de la Roumanie, la mise en place d'un régime dictatorial remonte, comme nous l'avons déjà souligné, à la période précédant la guerre, avec la création en 1938 par Corneliu Zelea Codreanu du Mouvement Légionnaire, clairement de type fasciste ; puis, avec l'installation au pouvoir en 1940, avec l'appui de l'Allemagne nazie, du Maréchal Antonescu ; enfin, avec le coup d'État du 23 août 1944, destiné à mettre fin à la dictature du Maréchal Antonescu. À partir de cette date, les forces politiques communistes vont mettre en place, de façon méthodique et progressive, un nouveau régime dictatorial, jusqu'à sa consécration en 1948 avec l'établissement d'une nouvelle Constitution. C'est pourquoi l'étude de l'instauration du régime communiste en Roumanie doit prendre en compte les années précédant immédiatement l'année 1948, soit la période 1944-1948.

Le coup d'État d'août 1944 est l'œuvre conjointe du Roi Mihai (Michel de Roumanie), au pouvoir à ce moment-là, et de l'ensemble des forces politiques hostiles au régime dictatorial du Maréchal Antonescu, dont le Parti communiste roumain, afin de provoquer un retournement d'alliance de la Roumanie dans le conflit mondial, des forces de l'Axe aux côtés des Alliés. Rétrospectivement, ce coup d'État constitue le point de départ d'une succession d'événements qui vont conduire la Roumanie dans le camp soviétique. En effet, dès la fin août 1944, la Constitution de 1923, de type libéral et démocratique, qui avait été abolie en 1938 précisément par le Maréchal Antonescu, est rétablie. Elle autorise la constitution d'un Gouvernement d'union nationale, placée en réalité sous influence soviétique, dans la mesure où l'Armée rouge a libéré le territoire roumain en 1944-1945 et, par conséquent, a été accueillie en libérateur à Bucarest. À partir de ce moment-là, il y a une prise en main progressive par les forces communistes de l'appareil d'État, politique et administratif. De cette époque, incontestablement, date le début du processus de mise en place du système stalinien en Roumanie.

À ce stade de la lecture des événements de cette période, une précaution méthodologique s'impose. En effet, s'il est, aujourd'hui, relativement aisé d'établir, *a posteriori,* le constat d'une mainmise progressive des forces communistes sur l'appareil d'État roumain, il est certain que les acteurs de l'époque n'étaient pas nécessairement en mesure de faire ce même constat. Et cela d'autant plus que ce processus s'est réalisé à l'instigation de Moscou et n'a suscité à l'époque que des protestations assez molles de la part des Alliés, en particulier des Américains et des Anglais. Le signe le plus caractéristique de la prise du pouvoir progressive des communistes réside, selon l'avis quasi unanime des historiens, dans l'installation dès mars 1945 du Gouvernement de Petru Groza, connu en Roumanie sous le nom de « Gouvernement révolutionnaire démocratique à caractère ouvrier et paysan prononcé[1] ». C'est ce gouvernement, au nom très significatif, placé sous la direction d'un homme politique communiste, Petru Groza, qui va lancer la première réforme agraire du pays, c'est-à-dire la collectivisation des terres, ainsi que la création des premières sociétés d'économie mixte soviéto-roumaines (SOVROM) en vue de créer des liens étroits entre les économies de l'Union soviétique et de la Roumanie.

Face à ce processus de prise du pouvoir par les forces communistes du pays, le Roi Michel n'est pas resté inactif. Il a d'abord tenté, sans succès, de faire démissionner le Gouvernement de Petru Groza, dont il jugeait les orientations beaucoup trop prosoviétiques. Puis, il a pratiqué une forme symbolique de résistance, la « grève royale » selon l'expression des historiens, en quittant symboliquement la capitale Bucarest et en s'installant à la résidence royale de Sinaia ; enfin, et surtout, en refusant systématiquement, à partir de ce moment-là, de signer tous les décrets gouvernementaux pour lesquels la Constitution lui octroyait le pouvoir de signature. C'est dans ce contexte qu'interviennent, finalement, en novembre 1946, les élections législatives, premières élections populaires depuis 1937 en Roumanie. Des élections d'autant plus importantes qu'elles consacrent l'exercice plein et entier du suffrage universel en Roumanie (droit de vote exercé par les femmes pour la première fois) et qu'elles permettent la désignation, conformément à la Constitution, d'une assemblée parlementaire unique composée de 414 membres, dotés d'un mandat de quatre ans (qui n'ira d'ailleurs pas jusqu'à son terme). La participation électorale, relativement limitée avec seulement 44 % des électeurs, s'explique assurément par la situation matérielle très difficile du pays à cette époque. Les résultats du scrutin donnent, sans grande surprise à vrai dire, une victoire écrasante au « Bloc National Démocratique », avec 80 % des voix. Ce "front démocratique gouvernemental" (G.M. Razi, 1951) regroupe le Parti communiste de Roumanie et trois autres partis

[1] L'installation du Gouvernement Groza, le 6 mars 1945, résulte de la volonté de l'Union Soviétique. Les ministères clefs sont occupés par des communistes. Son objectif principal consistera à anéantir toutes les oppositions dans le pays.

traditionnels à cette époque en Roumanie, partis socialistes et libéraux. L'opposition, formée principalement par les partis agrariens et d'autres mouvements libéraux, est réduite quasiment à néant, avec 8 % des voix. La majorité dispose ainsi de 378 sièges sur un total de 414 sièges, l'opposition seulement de 36 sièges.

Ces apparences démocratiques cachent, en réalité, une réelle prise du pouvoir par les communistes dans la vie politique et sociale du pays. En effet, le Gouvernement Groza a préparé ces élections, en prenant des mesures de nature à favoriser sa victoire finale : « purge » de la magistrature et de l'administration par les décrets des 17 et 22 janvier 1946 ; suppression du Sénat, par décret du 15 juillet 1946 contraire à la Constitution de 1923 (remise en vigueur en septembre 1944) ; création en juillet 1946 d'une commission électorale composée de membres choisis à dessein ; mesures administratives et actions violentes dans l'année 1946, destinées à empêcher la propagande électorale des partis d'opposition[1].

De plus, après les élections de 1946, les communistes s'imposent progressivement au sein de la coalition avec les socialistes, notamment en proposant — imposant — en novembre 1947 la constitution d'un parti unique, le Parti Ouvrier Roumain (PMR), organisé sur le modèle du Parti communiste de l'Union Soviétique ; également, en procédant à l'élimination du Parti National Paysan (dissolution par le Conseil des Ministres en juillet 1947), comme du Parti libéral et du Parti social-démocrate indépendant, par une politique d'arrestation et de condamnation de ses leaders, suivie de mesures de dissolution. Ainsi, fin 1947, toutes les forces d'opposition dans le pays étaient liquidées. Il est vrai que, dans la même période, ces agissements des forces communistes nationales ne caractérisent pas seulement la Roumanie, mais l'ensemble des nouvelles « démocraties populaires » d'Europe de l'Est.

Ce processus de prise du pouvoir par les communistes, avec la complicité des forces soviétiques d'occupation, conduit finalement à l'abdication forcée du Roi Michel en décembre 1947. À ce moment-là, l'Assemblée proclame officiellement l'instauration de la République Populaire de Roumanie, abroge la Constitution de 1923 (rétablie en 1944) et établit un Presidium, composé de 5 membres élus par l'Assemblée et disposant du pouvoir exécutif. Finalement, celui-ci prononcera la dissolution de l'Assemblée élue en 1946, sous prétexte de procéder à l'élection d'une nouvelle Assemblée constituante. Celle-ci est élue, par des élections formellement démocratiques, en mars 1948, qui donnent la victoire au « Front de Démocratie Populaire », nouvellement constitué à l'instigation des forces communistes, avec 405 sièges sur 414. De sorte que l'opposition tout entière se trouve éliminée de la scène politique nationale.

---

[1] Cf. G. M. Razi, « La constitution de la République Populaire de Roumanie (1948) », *RIDC*, 3 (2), avril-juin 1951, pp. 262-298.

L'Assemblée constituante fraîchement élue peut alors élaborer une nouvelle Constitution, votée très rapidement en avril 1948 et à l'unanimité : la Constitution de la République Populaire de Roumanie, proclamant les principes du parti unique et du centralisme démocratique. Dès lors, à partir de 1948, apparaît toute la panoplie des mesures assurant à l'idéologie et au parti communiste la mainmise sur l'État et la société roumaine : nationalisations de tous les secteurs économiques et financiers, planification (1er Plan mis en œuvre en 1949), « Conseils Populaires » destinés à la mobilisation du peuple, appareil répressif (« Securitate »), *etc.*

La continuité du régime dictatorial communiste (1948-1989)

La vie du régime communiste roumain, de 1948 à 1989, a été fortement marquée autant par l'évolution du contexte international dans cette période (la guerre froide, puis la détente et, durant les années 1990, la Perestroïka), que par les évolutions au sein même du bloc soviétique, en particulier la déstalinisation à partir de 1954 qui touche d'abord le centre, l'Union soviétique, puis sa périphérie, les démocraties populaires. Mais le régime roumain a aussi été fortement conditionné par la personnalité des deux leaders qui se sont succédé au pouvoir dans cette période, Georges Gheorghiu-Dej de 1948 à 1965 et Nicolas Ceausescu de 1965 à 1989. De fait, il existe une réelle continuité entre les deux dirigeants, le second ayant été désigné à l'unanimité par le Comité Central du Parti avec l'assentiment, sinon la volonté, du premier.

Pour caractériser très brièvement le fonctionnement du régime, il convient de souligner ici le rôle dirigeant du Parti unique, le Parti Ouvrier Roumain, dont l'effectif s'est accru durant la période de Georges Gheorghiu-Dej, passant de 720 000 membres en 1950 à 835 000 en 1960. Après sa mort en 1965, celui-ci prend le nom de Parti Communiste de Roumanie, avec l'arrivée au pouvoir de Nicolas Ceausescu et la proclamation d'une nouvelle Constitution pour la République Socialiste de Roumanie (1965), qui consacre la voie roumaine vers le socialisme, en d'autres termes la « roumanisation » de l'idéologie soviétique.

Comme précédemment, notre analyse sera centrée, ici, exclusivement sur les élections politiques nationales. Dans la période considérée (1948-1989), on en dénombre neuf : une élection d'Assemblée constituante et huit élections législatives. Toutes sont menées et remportées, avec 100 % des sièges obtenus, par le Parti unique, le « Parti ouvrier roumain », puis le « Parti communiste de Roumanie », toujours avec un affichage électoral conforme à l'idéologie dominante.

<u>Élections de l'Assemblée constituante</u>

Élections de mars 1948 « Front de démocratie populaire » 414 sièges

Élections législatives de 1948 à 1989
Élections de novembre 1952 « Front de démocratie populaire » 428 sièges
Élections de février 1957 « Front de démocratie populaire » 437 sièges
Élections de mars 1961 « Front de démocratie populaire » 465 sièges
Élections de mars 1965 « Front de démocratie populaire » 465 sièges
Élections de mars 1969 « Front de l'Unité Socialiste » 465 sièges
Élections de mars 1975 « Front de l'Unité Socialiste » 369 sièges
Élections de mars 1980 « Front de la démocratie et de l'unité socialiste » 369 sièges
Élections de mars 1985 « Front de la démocratie et de l'unité nationale » 369 sièges

De fait, toutes les élections législatives ont eu pour fonction réelle d'assurer la légitimité du pouvoir en place, et non pas de décider ou d'infléchir les politiques suivies par le pouvoir central. En effet, dans un régime de type soviétique, les changements de direction politique sont imputables à des facteurs indépendants des élections des représentants du peuple, dans la mesure où les décisions ou changements politiques majeurs résultent soit d'événements extérieurs (en l'occurrence, ceux caractérisant la vie du bloc soviétique des années 1950 aux années 1980), soit de considérations idéologiques et/ou pragmatiques émanant du cercle étroit des élites dirigeantes nationales. Ainsi, par exemple, la mort de Staline en 1953 et le mouvement de déstalinisation qui s'ensuit dans le camp socialiste ont déstabilisé tous les pays d'Europe de l'Est et, dans le cas de la Roumanie, provoqué durant la période de Georges Gheorghiu-Dej, d'abord un changement d'orientation politique (le « Nouveau Cours » de 1953 à 1956), puis une période de déstalinisation limitée (1956 et 1957) et, finalement, la mise en œuvre d'une nouvelle ligne idéologique, le « communisme national » (de 1958 à 1965).

Dans le même sens, l'arrivée au pouvoir de Nicolas Ceausescu en 1965 est la clef d'explication, sur le plan international, de l'affirmation grandissante du rôle de la Roumanie, avec le développement sans précédent des contacts avec les Occidentaux, le rapprochement avec la Chine et l'Albanie et la condamnation de l'intervention des troupes du Pacte de Varsovie à Prague en 1968 ; et, sur le plan national, de la volonté d'homogénéisation des différentes nationalités au sein de la population roumaine. La période Ceaucescu se caractérise également, à partir de 1975, par le développement sans limites du culte de la personnalité (avec les qualificatifs sans équivoque de « Conducator », ou encore de « Géant des Carpates ») et, à compter de 1980, par une politique drastique de remboursement de la dette extérieure du pays (au prix de restrictions alimentaires de la population excessivement sévéres) et une politique de travaux urbains gigantesques dans la capitale (destruction d'une partie du centre historique de Bucarest et construction démesurée de la célèbre « Maison du Peuple »).

La vie du Parti communiste s'organise, sur le plan institutionnel officiel, autour du Congrès du Parti, organisé tous les cinq ans sur la base d'un délégué pour mille membres. Le Comité central du Parti, élu par le Congrès, constitue l'organe le plus important entre chaque Congrès, puisqu'il est chargé de la mise en application des décisions du Congrès et de la gestion des activités du Parti. Le Secrétaire général du Parti est également élu par le Congrès. Enfin, le Presidium du Comité central (dénommé habituellement 'Politburo'), élu par le Comité central du Parti, est remplacé en 1974 par le Bureau politique permanent exécutif, élu en principe de la même façon, mais en réalité nommé par le Secrétaire général. Le Bureau politique permanent est devenu peu à peu l'organe le plus important du Parti. Composé à l'origine de cinq membres, il en compte jusqu'à quinze en 1979, puis seulement huit à partir de 1984 (les époux Nicolae et Elena Ceausescou et leurs alliés les plus proches).

Ainsi, comme dans l'ensemble des régimes communistes de type soviétique, Parti et Gouvernement tendent à se confondre dans l'exercice du pouvoir politique. De sorte que, durant la dictature communiste en Roumanie de 1948 à 1989, les consultations électorales ne sont jamais à l'origine des changements et des revirements intervenus dans la vie politique, économique et sociale du pays ; ceux-ci sont imputables exclusivement à des événements politiques extérieurs au pays et/ou à des changements de ligne politique internes au Parti communiste.

La chute orchestrée de la dictature communiste (1989)

Dans les années 1980, la Roumanie est restée à l'écart de la Perestroïka décidée par Gorbatchev, tant du fait de l'incompréhension que de l'aveuglement de Nicolae Ceausescu lui-même ; mais, également, du fait d'un réel isolement du pays durant la décennie 1980 au sein du bloc communiste. Pourtant, le peuple roumain commençait à manifester un très grand ressentiment autant pour le couple Ceausescu lui-même que pour le régime dictatorial, à vrai dire totalitaire à bien des égards. A cela s'ajoute, selon les témoignages dont on dispose aujourd'hui et comme les historiens l'ont bien démontré depuis, une prise de conscience sourde au sein même des cadres dirigeants du Parti communiste de l'impossibilité que les choses continuent de la même façon au regard du cours des événements en Europe de l'Est à cette époque-là (chute du Mur de Berlin et désagrégation consécutive du bloc soviétique) et, par conséquent, de la nécessité de faire chuter le dictateur.

La chute du régime de la dictature de Ceausescu n'est imputable, finalement, à aucune consultation populaire. Elle résulte d'une succession d'événements, souvent violents, intervenus d'abord dans la ville de Timisoara avec des manifestations à partir du 17 décembre 1989 et au cours desquelles les forces de l'ordre tirent contre les manifestants ; puis, dans la capitale Bucarest, avec un rassemblement officiel de soutien au régime le 21 décembre, qui dégénère et oblige le dictateur conspué publiquement à s'enfuir ; enfin, l'exécution sommaire du couple Ceausescu le 25 décembre 1989, suivie d'affrontements importants dans la capitale.

Rapidement, un grand mouvement politique, le « Front du Salut national », est constitué à l'instigation d'Ion Iliescu, qui fut pendant longtemps le dauphin, tout au moins le bras droit du dictateur et qui est alors proclamé Chef d'État par intérim. Un Gouvernement provisoire est constitué, sous l'autorité de Petre Roman, autre ancien du Parti communiste.

En somme, la fin du régime est directement imputable à un « coup d'État » interne, orchestré au sein même du Parti communiste, comme l'a démontré en particulier l'historienne Catherine Durandin. S'il y a eu des manifestations populaires en Roumanie en 1989, à la mesure du ressentiment immense de la population, la chute du régime dictatorial est due, très clairement, à des manigances, des manipulations internes à la direction du Parti. Il est, toutefois, très significatif que le nouveau pouvoir « communiste » ait décidé de la dissolution du Parti communiste roumain, aboli le système de parti unique pour introduire le pluralisme politique, organisé les premières élections véritablement libres depuis les élections législatives de 1937 (élections présidentielles et législatives de mai 1990) et, finalement, établi une nouvelle Constitution en novembre 1991 pour accompagner la transition démocratique du pays.

Le Front du Salut National, qui disposait de fait de toute la logistique de l'ex-Parti communiste roumain, a remporté les élections présidentielles et législatives et permis à son chef, Ion Iliescu, de devenir le premier Président de la nouvelle République démocratique de Roumanie. Une partie importante des membres de l'ancien parti communiste se reconvertit alors dans la démocratie sociale, avec la création du nouveau Parti social-démocrate. Parallèlement, plusieurs partis interdits pendant toute la durée du régime communiste font leur réapparition dans la vie politique nationale du pays. En fin de compte, l'orchestration de la chute finale du dictateur et de son régime ont permis aux ex-communistes de sauvegarder leurs positions de domination des institutions et de la vie politique, à l'échelle nationale et locale, de façon exclusive jusqu'à l'élection en 1996 d'un nouveau Président, Emil Constantinescu, et d'une nouvelle majorité, démocrate et pro-européenne.

*

* *

En conclusion, et pour apporter des éléments de réponse aux questions générales posées par Jean du Bois de Gaudusson sur les relations entre élections et dictatures, dans ses propos introductifs au colloque, il apparaît clairement que les élections populaires ne sont pas incompatibles avec la dictature (le cas roumain est un exemple très probant) ; que la dictature peut même profiter des élections, en créant et en entretenant une illusion d'unanimité idéologique et sociale (le cas roumain est, à cet égard, particulièrement démonstratif) ; mais que, en revanche, les élections ne créent pas forcément un phénomène de « contagion électorale » et qu'elles ne sont pas nécessairement une cause de disparition des régimes de dictature (le cas roumain en est la preuve).

Bibliographie

E. Ciura, « La vie politique et les partis en Roumanie après la seconde guerre mondiale », *RFSP*, 7 (4), 1957, pp. 865-889.

A.-G. Corpadean, « L'avènement du communisme en Roumanie. Réflexions sur les conséquences sociopolitiques de la première décennie du régime », *On-line Jounal Modelling the New Europe Issue*, n° 5, 2012, pp. 46-54.

C. Durandin, et D. Tomesc, *La Roumanie de Ceausescu*, Guy Epaud Editions, 1988.

C. Durandin et G. Hoedts, *La mort des Ceausescu. La vérité sur un coup d'État communiste*, Paris, François Bourin Editeur, 2009.

A. Gussi, *La Roumanie face à son passé communiste. Mémoires et cultures politiques*, Paris, L'Harmattan, coll. « Logiques sociales », 2011.

A. Ionescu, *Du Parti-État à l'État des partis : nature et fonctions des partis politiques postcommunistes en Roumanie*, thèse de doctorat sous la direction de Dominique Colas, 2007, Sciences Po Paris.

A Ionescu, *Du Parti-Etat à l'État des partis. Changer de régime politique en Roumanie*, Bucarest, Romanian Academy Press, 2009.

B. Lory, *L'Europe balkanique de 1945 à nos jours*, « Roumanie », Paris, Ellipses, 1996.

A. Mares et A. Soubigou, *L'Europe centrale & médiane dans l'Europe du XXe siècle*, Paris, Ellipses, 2017.

M. G. Razi, « La constitution de la République Populaire de Roumanie (1948) », *RIDC*, 3 (2), avril-juin 1951, pp. 262-298.

M. Sanborne, *Romania*, chapitre IV, « The Socialist Republic: Communism and Ceausescu », FactsOnFile.Inc, Série « Nations in transition », 2e éd., 2004, pp. 49-68.

J. Zakrzewska, « Les révisions de la Constitution de la République socialiste de Roumanie (1965) », *Revue d'études comparatives Est-Ouest*, 1978, pp. 151-168.

L'INSTRUMENTALISATION DES ÉLECTIONS DANS LES RÉGIMES AUTORITAIRES : LE CAS DU BÉLARUS[235]

Olga BELOVA

La tenue régulière des élections présidentielles et parlementaires n'est pas seulement l'apanage des régimes politiques démocratiques, plusieurs régimes autoritaires s'adonnent volontiers à cet exercice. La profonde différence réside dans la nature du processus électoral : si pour les premiers il s'agit des élections concurrentielles qui reflètent le rapport de force entre les différents acteurs politiques et leur ouvrent l'accès au pouvoir, pour les seconds il est plutôt question de pratique d'encadrement destinée à produire les résultats attendus. Ainsi, les élections non concurrentielles ou semi-concurrentielles tenues dans les régimes autoritaires se caractérisent par différents degrés de contrôle exercé par les dirigeants au pouvoir sur le choix des candidats et sur l'électorat. Par ailleurs, l'issue du scrutin ne les engage pas nécessairement à modifier la composition des organes du pouvoir ou leurs politiques[236].

Au sein des régimes politiques autoritaires, l'objectif principal des élections non concurrentielles se réduit souvent à la légitimation symbolique des acteurs politiques déjà au pouvoir. Ainsi, l'enjeu clef est celui de la prévisibilité des résultats, ce qui rend crucial le contrôle sur le processus électoral afin d'éviter toute surprise et écarter la menace potentielle de l'alternance non programmée[237]. La seule alternance envisageable consiste en l'élection de nouveaux candidats préalablement choisis et soutenus par les dirigeants en place pour leur succéder. Plusieurs pays postsoviétiques illustrent ce type d'alternance contrôlée notamment sur le poste du

[235] Dans le texte le nom « Bélarus » et l'adjectif « bélarusse » sont utilisés pour désigner le pays depuis son indépendance acquise en 1991. Le nom « Biélorussie » et l'adjectif « biélorusse » correspondent à la période d'avant 1991 quand la République soviétique socialiste de Biélorussie faisait partie de l'URSS.

[236] G. Hermet, « Les élections dans les régimes autoritaires : esquisse d'un cadre d'analyse », *in* G. Hermet, J. J. Linz, A. Rouquié (dir.), *Les élections pas comme les autres*, Paris, Presse de la FNSP, 1978, p. 26-30.

[237] O. Belova, « La surprise dans les élections semi concurrentielles et non concurrentielles. Le cas des élections parlementaires de 2003 et présidentielle de 2004 en Russie », *in* O. Dabène, M. Hasting, J. Massal (dir.), *La surprise électorale. Paradoxes du suffrage universel*, Paris, Karthala, 2007, p. 183-208.

président[238]. En revanche, la principale raison pour concevoir la succession est souvent liée à l'âge avancé et à la dégradation de santé du Président sortant. Il est bien plus difficile de renoncer au pouvoir pour un leader autoritaire plus jeune et en bonne forme physique comme Alexandre Loukachenko, le président bélarusse en poste depuis 1994 qui continue d'enchaîner les réélections consécutives.

Néanmoins, la tenue des élections recèle d'importants dangers, car il convient de rappeler que de nombreuses révolutions de couleur ont débuté par la contestation de résultats des élections parlementaires ou présidentielles. C'est à ce moment-là que les citoyens contraints habituellement à subir le simulacre de la procédure électorale que leur imposent les dirigeants dans les régimes autoritaires peuvent se révolter. Les échéances électorales sont en effet les moments de plus grande fragilité des régimes autoritaires. Leur apparente solidité peut se fissurer plus facilement si les citoyens décident de prendre au pied de la lettre le droit de pouvoir choisir leurs gouvernants que leur accordent souvent les textes de loi, mais dont ils sont privés dans les faits par les pratiques du pouvoir. La crise politique qui sévit en Bélarus depuis la réélection très contestée en août 2020 de Loukachenko pour son sixième mandat consécutif en est la meilleure illustration.

Le cas du Bélarus est particulièrement intéressant, car il permet à la fois d'analyser les moyens déployés par Loukachenko pendant un quart de siècle afin d'assurer ses multiples réélections, mais également de montrer les limites de l'instrumentalisation des élections dans les régimes autoritaires. Ainsi, nous présenterons tout d'abord les conditions de la création de l'institution présidentielle et les premières élections concurrentielles de 1994 qui ont permis l'élection d'Alexandre Loukachenko. Puis nous analyserons le dispositif de contrôle sur le processus électoral qu'il va mettre en place afin d'assurer sa réélection pour les cinq mandants consécutifs entre 2001 et 2020. Ensuite nous verrons de quelle manière les référendums et les élections parlementaires ont été instrumentalisés afin de servir à la consolidation du régime autoritaire bélarusse. En conclusion nous évoquerons le rôle la dernière réélection de Loukachenko pour le sixième mandat le 9 août 2020 dans le déclenchement de la crise politique majeure qui secoue le pays et qui pourrait aboutir à terme à un changement de régime.

---

[238] Par exemple, Heydar Aliev, Président de l'Azerbaïdjan entre 1993 et 2003, quand son état de santé s'est considérablement dégradé, a réussi la transmission du pouvoir à son fils Ilham Aliev, élu au poste du président en 2003 (réélu en 2008, 2013, 2018). L'ancien Président de Kazakhstan Noursoultan Nazarbaev a exercé cinq mandats entre 1991 et 2019 avant de démissionner pour des raisons de santé, son successeur désigné président par intérim Kassym-Jomart Tokaev s'est fait officiellement élire en 2020. Le président turkmène entre 1991 et 2006, Saparmourat Niazov, a été remplacé à sa mort par Gourbangouly Berdimouhamedov, surnommé encore de son vivant « l'ombre du président », réélu à deux reprises depuis 2007.

La création de l'institution présidentielle et la première élection concurrentielle

L'institution présidentielle a été créée au Bélarus dans le cadre de l'adoption de la nouvelle Constitution le 15 mars 1994, assez tardivement en comparaison avec d'autres nouveaux États indépendants issus de la dissolution de l'URSS[239]. L'inertie de l'élite politique bélarusse particulièrement loyale à l'égard des autorités soviétiques[240] accompagnée par la faiblesse de l'opposition nationale[241] a largement influencé la prudence et la lenteur dans l'élaboration et la mise en place des réformes politiques et économiques au début des années 1990. Le pays a acquis son indépendance presque par défaut suite à l'effondrement de l'URSS et en absence d'une volonté politique manifeste d'émancipation de l'ancien cadre institutionnel soviétique, ce qui a par ailleurs largement contribué aux difficultés de l'émergence et de l'affirmation d'une identité nationale[242]. Le sentiment de nostalgie du passé soviétique, le désir de stabilité et de préservation des acquis du modèle économique, politique et social soviétique ont été largement partagés par une grande partie des acteurs politiques et au sein de la population dans les années 1990[243].

Ainsi, c'est dans ce contexte sociopolitique profondément conservateur que la première élection présidentielle a eu lieu les 23 juin et 10 juillet 1994. Parmi les six candidats qui se sont affrontés au premier tour on comptait le chef du gouvernement Viatcheslav Kebitch, le président du parlement, Stanislav Chouchkevitch, les leaders des trois partis politiques : Vassiliï Novikov pour le parti communiste (PKB), Alexandre Doubko pour le parti agraire (AP), Zianon Pazniak pour le parti d'opposition nationaliste (BNF), ainsi qu'un simple député du parlement Alexandre Loukachenko. Ce quadragénaire, ancien directeur de sovkhoze n'a jamais occupé de postes de responsabilité à la tête des institutions de l'État contrairement à Kebitch ou Chouchkevitch, et ne s'est jamais investi dans la formation et direction d'un parti politique contrairement aux trois autres candidats. Le programme de Loukachenko qui mettait l'accent sur la préservation du modèle économique

---

239 Introduite encore à l'époque soviétique avec l'élection de Michail Gorbatchev en 1990 à la présidence de l'URSS, l'institution présidentielle s'est rapidement imposée comme modèle dans plusieurs républiques soviétiques. Par exemple, les premiers présidents russe (Boris Eltsine) ou ukrainien (Léonid Kravtchouk) étaient élus au cours de 1991 avant la dissolution officielle de l'URSS par les accords de Minsk le 8 décembre 1991.

240 O. Belova, « The Difficulties of Political Elite Formation in Belarus after 1991 », *in* Elena Korosteleva, Colin Lawson, Rosalind March (eds.), *Contemporary Belarus: Between Democracy and Dictatorship*, London, Curzon Press, 2002.

241 A. Goujon, « Le processus de la formation d'une opposition politique et nationale en Biélorussie : le Front populaire biélorussien (1988-1991) », *Revue d'études comparatives Est-Ouest*, 1998, vol. 28, n° 1, p. 69-96.

242 D. R. Marples, *Belarus: a Denationalized Nation*, Amsterdam, Harwood Academic, 1998.

243 S. W. Garnerr, R. Legvold (eds.), *Belarus at the Crossroads*, Washington D.C., Carnegie Endowment for International Peace, 1999.

hérité de l'époque soviétique et l'intégration approfondie avec la Russie ressemblait beaucoup à celui de V. Kebitch. C'est justement ce dernier qui était pressenti favori de la course à la présidence au regard de son expérience professionnelle[244] et de sa notoriété acquise à la tête du Conseil des ministres. La seule différence consistait en effet dans le style politique des deux hommes : Kebitch était un terne gestionnaire issu de l'appareil administratif soviétique peu soucieux de sa popularité auprès les électeurs, tandis que Loukachenko s'est rapidement fait remarquer par ses discours enflammés mêlant habilement les critiques de la corruption et des privilèges des dirigeants en place aux promesses d'un avenir meilleur (faire baisser l'inflation, stopper la paupérisation du peuple, *etc.*). Sa jeunesse, sa personnalité charismatique et son populisme se sont révélés de véritables atouts lors de la campagne électorale face à l'adversaire qui semblait ne pas saisir les véritables enjeux ni évaluer les risques inhérents à la tenue d'une élection libre. Ainsi, de manière assez paradoxale, c'est au terme d'une compétition électorale ouverte qu'Alexandre Loukachenko est arrivé au pouvoir en remportant 47 % lors du premier tour, puis 84 % au deuxième tour[245].

D'après les termes de la Constitution de 1994, les pouvoirs du Président étaient relativement limités. Il était en charge de la coordination des organes du pouvoir exécutif, mais il était privé de pouvoirs en matière de définition des politiques, dont les orientations principales étaient déterminées par le parlement, Verkhovnyï Soviet. Par ailleurs, pour exercer ses compétences dans les secteurs clefs (économie, politique étrangère, défense et sécurité), le Président devait s'appuyer sur le Conseil des ministres dont la composition dépendait de l'approbation du parlement. Ainsi, dès son entrée en fonction Loukachenko s'est engagé dans un bras de fer avec le parlement et cela en dépit du fait que ces orientations politiques n'étaient pas *a priori* en contradiction avec celles de la majorité parlementaire[246]. Il n'avait pas l'intention d'imposer des réformes économiques libérales et se prononçait en faveur de la préservation du contrôle de l'État sur l'économie et du maintien de la protection sociale. Il ne cherchait pas non plus de bouleverser la politique étrangère bélarusse insistant sur l'importance du maintien des liens avec les États postsoviétiques et de la coopération renforcée avec la Russie. La source du conflit était liée à la volonté manifeste de Loukachenko de contrôler la prise des décisions clefs au sein de l'État, laissant au parlement le rôle

---

[244] Il a été directeur d'usine avant de présider le Comité au plan biélorusse, puis être élu au sein du Soviet suprême de l'URSS en 1989 et au sein de Verkhovnyï Soviet biélorusse en 1990 avant d'être nommé à la tête du gouvernement en 1991.

[245] Les données officielles sur les différentes élections sont consultables via le site de la Commission électorale centrale : http://www.rec.gov.by/ru/arhiv-vybory.

[246] Le parlement a été en effet élu en 1990, encore à l'époque soviétique, pour la durée de cinq ans. Ainsi, la majorité des députés était composée des anciens membres du Parti communiste biélorusse, la branche locale du Parti communiste de l'URSS (dissoute au lendemain du putsch d'août 1991), avec une faible représentation de l'opposition.

symbolique de la légitimation des choix politiques présidentiels. Les modifications de la Constitution approuvées par le référendum du 26 novembre 1996, dont il serait question dans la deuxième partie, lui ont permis de renforcer considérablement son pouvoir. De surcroît, la durée de son mandat a été prolongée d'office de deux ans sous prétexte qu'il débutait non pas à partir de la date des élections en 1994, mais à partir de la date des modifications constitutionnelles approuvées par référendum de 1996.

Le rôle des élections présidentielles non concurrentielles à partir de 2000 : la confirmation du soutien populaire indéfectible au président sortant

Les règles de l'élection présidentielle définies par la Constitution (chapitre III, art. 80-82)[247] ont été détaillées dans le nouveau Code électoral adopté en 2000[248] qui subsiste avec des modifications mineures jusqu'à aujourd'hui. Le président est élu au suffrage universel direct pour une durée de 5 ans. La limitation de l'occupation de ce poste par la même personne à deux mandats consécutifs inscrite dans le texte de la Constitution de 1994 a été supprimée par le référendum de 2001. Le candidat devrait être âgé de plus de 35 ans, résider depuis au moins dix ans sur le territoire du pays, disposer du droit de vote et ne pas avoir de casier judiciaire. Il doit tout d'abord créer un groupe d'initiative composé d'au moins 100 membres et l'enregistrer auprès de la Commission électorale centrale (CEC)[249] afin de pouvoir recueillir plus de 100 mille signatures d'électeurs. C'est la CEC, après la vérification de la validité des signatures, qui procède à l'enregistrement officiel des candidats et les autorise à participer à la campagne électorale, lancée 25 jours avant la date de l'élection. Le refus de l'enregistrement doit être motivé (art. 68 du Code électoral) et peut être contesté auprès de la Cour Suprême. Lors de la campagne électorale, l'accès des candidats aux médias nationaux est réglementé, ils doivent déclarer au préalable l'organisation des meetings et des réunions avec les électeurs à la CEC et les autorités de l'exécutif local peuvent leur fournir gratuitement les lieux pour ce type de manifestations.

---

[247] *Konstituciâ Respubliki Belarus' 1994 goda* [La Constitution de la République Bélarus de 1994] ; le texte avec les modifications est disponible sur l'internet-portail du centre national du droit : https://pravo.by/pravovaya-informatsiya/normativnye-dokumenty/konstitutsiya-respubliki-belarus.

[248] *Izbiratel'nyï Kodeks Respoubliki Belarus' ot 11 fevralâ 2000 goda n°370-3* [Code électoral de la République Bélarus du 11 février 2000 n° 370-3], https://kodeksy.by/ izbiratelnyy-kodeks. *Informaciâ o vyborah Presidenta respubliki Belarus'* [L'information sur les élections du Président de la République Bélarus].

[249] Son nom officiel complet est la Commission centrale de la République Bélarus pour les élections et l'organisation des référendums nationaux, voir son site : http://www.rec.gov.by.

Il convient de noter le rôle crucial que joue la Commission électorale bélarusse au sein du dispositif de contrôle sur le processus électoral[250] qui permet d'assurer la prévisibilité des résultats électoraux. Elle est présidée depuis décembre 1996 par Lydia Ermoshina, une proche de Loukachenko qu'il a lui-même nommée sans approbation du parlement après le limogeage de son prédécesseur, Viktor Gontchar[251], qui s'est montré trop critique vis-à-vis des libertés prises par Loukachenko lors du référendum constitutionnel en novembre 1996. Ses méthodes ont valu à L. Ermoshina une certaine réputation internationale : d'être inclus entre 2011 et 2016 dans la liste des personnes sanctionnées par l'UE suite à la falsification des résultats de l'élection présidentielle du 19 décembre 2010 ; depuis le 2 octobre 2020, elle fait partie des 40 personnes sanctionnées par l'UE pour la falsification des résultats de l'élection présidentielle du 9 août 2020, le refus d'enregistrement des candidats d'opposition et les entraves au travail des observateurs indépendants.

C'est justement sous la direction de L. Ermoshina qu'a été élaboré et mis en place le dispositif de contrôle des élections qui se compose de trois principaux éléments : la sélection des candidats autorisés à participer aux élections ; la réduction de l'impact de leur campagne électorale ; la falsification des résultats. Ce dispositif sera rodé à partir de la deuxième élection présidentielle en 2001 et utilisé lors de toutes les élections suivantes. Elles serviront en effet à confirmer A. Loukachenko sur son poste de président dès le premier tour avec un score écrasant variant entre 76 et 84 % (cf. tableau 1), confortant ainsi son image de chef d'État irremplaçable et soutenu par le peuple. Le nombre de ses rivaux n'est pas fixe : par exemple, ils n'étaient que deux en 2001 et neuf en 2010. Si l'on autorise parfois les candidats de l'opposition à se présenter, c'est uniquement à titre de figuration, car ils n'ont aucune chance non seulement de gagner les élections, mais même d'obtenir un score décent. Pour la plupart, ils n'obtiennent qu'entre 1 et 6 % (cf. tableau 1) et leur participation sert davantage à les discréditer en montrant la faiblesse de leur soutien au sein de la population. Il convient de noter également les taux de participation officiels extrêmement élevés, car selon les années entre 83 et 90 % des électeurs bélarusses sont supposés de se déplacer aux urnes (cf. tableau 1), bien plus que lors des premières élections de 1994. Ainsi, c'est le peuple bélarusse entier qui semble plébisciter régulièrement A. Loukachenko si on en croit les résultats officiels.

---

[250] Les rapports des missions d'observation des élections du Bureau des institutions démocratiques et des droits de l'homme (ODIHR) de l'OSCE en donnent de multiples exemples de différents types d'infractions attestant l'intervention permanente de l'exécutif bélarusse dans le processus électoral. Ils peuvent être consultés sur https://www.osce.org/odihr/elections/belarus.

[251] Cet ancien proche de Loukachenko qui l'avait soutenu à ses débuts a pris progressivement ses distances et est devenu très critique vis-à-vis des tendances autoritaires du Président, ce qui a conduit à sa disparition en 1999, dont la responsabilité est attribuée à l'entourage de Loukachenko.

Tous les rivaux potentiellement dangereux sont en effet écartés avant leur enregistrement sous divers prétextes : les irrégularités dans la composition de leur groupe d'initiative (les mineurs, les personnes n'ayant pas donné expressément leur accord pour en faire partie, *etc.*), les irrégularités commises lors du recueil des signatures (par exemple, appels à voter en faveur du candidat ou distribution des affiches, actions interdites avant le début de la campagne électorale) ; le refus de valider l'ensemble des signatures recueillies en faveur d'un candidat (erreurs dans les données personnelles des signataires, dans les dates, *etc.*). Les données du tableau 1 montrent que dans la plupart des élections moins de la moitié des groupes d'initiatives initialement lancés sont officiellement enregistrés[252], et le nombre des candidats enregistrés est toujours largement inférieur au nombre de groupes d'initiative. Par exemple, lors des élections de 2001 parmi les douze candidats à qui on a refusé l'enregistrement sous prétexte d'irrégularités, on comptait plusieurs anciens ministres, l'ex-Premier ministre et l'ancien chef de l'administration présidentielle, tous limogés par Loukachenko. Dans le contexte du début des années 2000, ce sont les personnes ayant occupé des postes à responsabilité et manifestant des ambitions politiques qui ont été jugées potentiellement dangereuses.

[252] Lors de la dernière élection de 2020, l'un des candidats d'opposition Nikolaï Statkevitch (enregistré lui-même en 2010) tourne cette pratique de filtrage en dérision lançant lui-même plus d'une vingtaine de groupes d'initiative chacune au nom d'un candidat différent ce qui explique le nombre très élevé de 55.

Tableau 1. Les résultats des élections présidentielles en Bélarus entre 1994 et 2020

Date	Résultats	Profils des candidats	Nombre de candidats*	Taux de participation %	Votes anticipés %
23/06/1994 (1er tour)	**A. Loukachenko (47 %)** V. Kebitch (18 %) Z. Pazniak (13 %) S. Chouchkevitch (10 %) A. Doubko (6 %) V. Novikov (4 %)	Député du parlement Premier ministre Leader du parti BNF Président du parlement Leader du parti (AP) Leader du parti (PKB)	-	78,6	-
10/07/1994 (2e tour)	**A. Loukachenko (84 %)** V. Kebitch (16 %)		-	70.6	-
9/09/2001	**A. Loukachenko (76 %)** V. Gontcharik (16 %) S. Gaïdoukevitch (3 %)	Président sortant Candidat d'opposition Leader du parti (LDPB)	22 (4)	83,9	14,5
19/03/2006	**A. Loukachenko (83 %)** A. Milinkevitch (6,1 %) S. Gaïdoukevich (3,5 %) A. Kozouline (2,2 %)	Président sortant Candidat d'opposition Leader du parti (LDPB) Leader du parti (BSDPGr)	8 (4)	92,9	31,3

Date	Résultats	Profils des candidats	Nombre de candidats*	Taux de participation %	Votes anticipés %
19/12/2010	**A. Loukachenko (79,7 %)** A. Sannikov (2,4 %) I. Romantchouk (1,9 %) G. Kostousev (1,9 %) V. Nekliaev (1,8 %) V. Terechtchenko (1,2 %) V. Rymachevskiï (1 %) N. Statkevitch (1 %) A. Mikhalevitch (1 %) D. Ouss (0,4 %)	Président sortant Leader du projet *Khartia97* Économiste (affilié OGP) Leader du parti (BNF) Écrivain, leader du projet *Govori Pravdou* Président de l'association des PME Leader du parti (BKhD) Leader de la « Coalition européenne » (BSDPNG) Juriste Entrepreneur	19 (15)	90,6	28,1
11/10/2015	**A. Loukachenko (83,5 %)** S. Gaïdoukevich (3,3 %) T. Korotkevitch (4,5 %) N. Oulakhovitch (1,7 %)	Président sortant Leader du parti (LDPB) Affiliée au parti (BSDPGr) Affilié au parti (BPP)	15 (8)	87,2	36

Date	Résultats	Profils des candidats	Nombre de candidats*	Taux de participation %	Votes anticipés %
9/08/2020	**A. Loukachenko (80,1 %)** S. Tikhanovskaïa (10,1 %) A. Kanopatsakïa (1,7 %) A. Dmitriev (1,2 %) ¶S. Tcheretchen' (1,1 %)	Président sortant Sans emploi ni affiliation Entrepreneur Leader du projet *Govori Pravdou* Affiliée au parti (BSDPGr)	55 (15)	84,3	29,5

* Il s'agit du nombre de demandes d'enregistrement des groupes d'initiatives (et du nombre effectivement enregistré) en vue de recueillir les signatures en faveur des candidats ; le nombre des candidats enregistrés est généralement plus faible (colonne « résultats »)

Source : données de la Commission électorale centrale de la République Bélarus ; rapports des missions d'observation de l'OSCE

Si l'on regarde l'exemple des pays postsoviétiques voisins qui ont suivi le chemin de la démocratisation, ce sont souvent les personnes qui avaient occupé auparavant des postes importants dans le gouvernement qui parvenaient à s'imposer en tant que candidats crédibles à l'alternance face aux présidents sortants. Le pluralisme au sein de l'élite en s'inscrivant dans le cadre des élections peut en effet conduire vers une démocratisation progressive des régimes politiques autoritaires[1]. Dans les années 2000, la mobilisation postélectorale en faveur des candidats de l'opposition issus des élites politiques en place a été à l'origine des révolutions de couleur[2]. Ainsi, il n'est pas surprenant que Loukachenko se méfie surtout de son entourage et cherche à écarter des élections les personnalités issues de l'élite politique et administrative. En revanche, il laisse se présenter les représentants de l'opposition peu connus de la majorité de la population. Écartée des institutions politiques, divisée et marginalisée l'opposition bélarusse est également victime de répressions systématiques de la part du régime, ce qui réduit considérablement son influence au sein de la société bélarusse dans les années 2000. Ainsi, ses divers représentants n'ont aucune chance de remporter la victoire face au Président qui bénéficie encore à l'époque du soutien de la majorité de la population bélarusse.

Le deuxième élément du dispositif du contrôle sur le processus électoral concerne la tenue de la campagne électorale. Si en effet on écarte au préalable les candidats ayant une certaine notoriété, il convient également de s'assurer que les candidats autorisés à concourir ne profitent pas de la campagne électorale pour gagner de la popularité auprès des électeurs. Tout d'abord le *timing* très serré du calendrier électoral ne leur laisse pas beaucoup de chances. Souvent, la date de la tenue de l'élection présidentielle est annoncée assez tardivement à peine quelques mois avant, et en ce qui concerne la campagne présidentielle stricto sensu elle débute 25 jours avant la date officielle de l'élection, ce qui laisse aux candidats à peine trois semaines pour faire leur campagne. L'accès aux médias officiels est strictement réglementé, les candidats disposent à peine de quelques heures sur les chaînes nationales pour présenter leurs programmes. Pendant ce temps, les mêmes chaînes couvrent abondamment les activités du Président en place avec une rhétorique élogieuse. Les débats entre les candidats sont plutôt rares et A. Loukachenko ne s'est jamais abaissé à discuter avec les autres candidats, bien trop pris par ses fonctions de chef d'État. En ce qui concerne les rencontres des candidats avec les électeurs lors des meetings ou les réunions, leur organisation est

---

[1] Voir par exemple M. Dogan, J. Hygley (eds.), *Elites, crisis and the origins of regimes*, Lanham, Mayland, Rowman & Littlefield Publishers, 1998 ; J. Higley, J. Pakulski, W. Wesolowski (eds.), *Postcommunist Elites and Democracy in Eastern Europe*, New York, St Martin's Press, 1998.

[2] Par exemple, dans le cadre de la révolution des roses en Géorgie en 2003 ou de la révolution orange en Ukraine en 2004.

soumise au principe déclaratoire : la liste avec les dates et les lieux de leur organisation est déposée à la CEC avant le début de la campagne. En principe, ce sont les administrations locales qui doivent mettre des locaux à la disposition des candidats. Cependant, parfois les locaux demandés se révèlent au dernier moment être occupés par d'autres manifestations. C'est d'ailleurs pour cette raison que la plupart des meetings des candidats d'opposition ont lieu souvent en plein air, dans les parcs ou sur les places, les endroits où il est plus difficile de refuser leur organisation. En revanche, le Président dans l'exercice de ses fonctions profite de ses nombreux déplacements pour rencontrer les électeurs et les réunir si nécessaire en grand nombre pour écouter ses interventions.

Le troisième élément du dispositif est la pression sur les électeurs et la falsification des résultats. La pression sur les électeurs s'exerce surtout par le biais de leur hiérarchie dans les administrations, les organisations et les entreprises d'État. Les ordres de l'exécutif central sont relayés via les organes de l'exécutif régional et local jusqu'aux dirigeants de différentes structures (les recteurs des universités, les directeurs des usines ou des écoles, les chefs des hôpitaux publics, les chefs des départements dans les administrations, *etc.*) pour inciter leurs subordonnés à voter en faveur du Président sortant. Les incitations positives (promesses de primes, de promotion, d'accès au logement de fonction, *etc.*) ou négatives (menaces de licenciement[1], de réaffectation, *etc.*) sont souvent utilisées pour influencer le vote des électeurs. Ce type de pression est accentué par la possibilité de faire voter les électeurs sur leur lieu de travail et cela avant le jour officiel de vote. Une procédure spécifique du vote anticipé autorise en effet les citoyens à voter pendant cinq jours avant le jour officiel de vote sans aucune justification particulière. Les bureaux de vote peuvent être installés dans les différentes organisations publiques à la demande de leurs dirigeants. Il est inutile de dire que les résultats affichés par ce type de bureau de vote permettent de voir rapidement si les consignes de la hiérarchie ont été suivies. Cette procédure de vote anticipé est en effet très largement utilisée (voir tableau 1), car généralement un tiers des électeurs vote avant le jour officiel des élections. Une autre déclinaison du vote anticipé consiste à déplacer les urnes à domicile des personnes malades, ou vers d'autres lieux (hôpitaux, centres de rééducation, maisons de retraite, *etc.*) afin de faciliter l'accès au vote pour des personnes ne pouvant pas se déplacer facilement.

Cette possibilité de vote anticipé est très critiquée, car elle facilite largement la falsification des résultats. Bien que celle-ci soit un phénomène général qui se produit également le jour de vote. La falsification reste au fond le moyen le plus sûr d'obtenir les résultats électoraux souhaités par l'exécutif.

---

[1] Les employés du secteur public sont particulièrement fragiles vis-à-vis de ce type de menaces car ils disposent tous de contrats d'embauche à durée limitée (entre un et trois ans) ce qui donne à l'employeur la possibilité de ne pas reconduire leurs contrats très facilement.

Elle est possible, car la composition des commissions électorales est définie par les organes de l'exécutif du niveau correspondant. Bien qu'en principe les candidats puissent être proposés par les partis politiques et d'autres organisations, les collectifs de travail ou à l'initiative d'au moins dix citoyens[1], dans les faits leurs membres sont soigneusement sélectionnés sur le critère de loyauté et de manière à écarter toute personne qui pourrait potentiellement s'opposer à une éventuelle falsification des résultats. De même, la composition des équipes des bureaux de vote est également soigneusement contrôlée.

En ce qui concerne les observateurs extérieurs, ils doivent obtenir une accréditation directement auprès des commissions le jour de l'observation sur présentation soit d'un protocole dûment rempli qui émane de l'organisation, parti politique ou entreprise qu'ils représentent, soit sur la justification de leur statut particulier. Ce dernier cas concerne les députés du parlement national et des Soviets régionaux et locaux, ainsi que les personnes de confiance des candidats à l'élection (chaque candidat a le droit à 30 personnes de confiance dont la liste doit être approuvée au moment de l'enregistrement officiel du candidat auprès de la CEC). Les observateurs étrangers doivent obtenir l'accréditation auprès de la CEC. Le nombre des observateurs est limité à trois personnes lors des élections anticipées et à cinq personnes le jour du vote par chaque bureau de vote, et leur nombre ne peut pas être supérieur à la moitié des membres du bureau de vote. Dans les faits, l'accès des observateurs indépendants aux bureaux de vote peut se révéler très compliqué. Et même s'ils parviennent de se rendre compte de falsifications cela ne change rien aux résultats officiellement annoncés et les demandes de vérification sont systématiquement rejetées.

Les rapports des missions d'observation des élections déléguées par le BIDDH de l'OSCE présentent une succession de documents qui dénoncent de multiples infractions constatées par les observateurs à toutes les étapes du processus électoral. Par exemple, celui de 2001 commence par un constat affligeant sur la dépendance totale des structures en charge des élections vis-à-vis de l'exécutif, l'absence de conditions justes et égales pour tous les candidats lors des campagnes, l'opacité du processus de comptage des voix, l'intimidation des représentants de l'opposition, la censure dans les médias gouvernementaux, etc. au sein du régime politique qui « ne tolère pas l'opposition et fait le maximum pour l'étouffer[2] ». Il se montre très pessimiste quant à l'impact très limité que pourront avoir des recommandations

[1] L'ordonnance du 8 mai 2020 n° 15 de la Commission centrale sur l'organisation des élections de 2020 disponible sur http://www.rec.gov.by/sites/default/files/pdf/ 2020/o_viborah.pdf (consulté le 29/10/2020).

[2] ODIRH/OSCE, *Belarus, Presidential Election, 9 September 2001: Final Report*, Warsaw, 4/10/2001, p. 1-2, https://www.osce.org/ru/odihr/elections/belarus/14459.

techniques tant que l'environnement général marqué par une culture politique « peu habituée à l'opposition et à l'expression du pluralisme[1] » n'évolue pas.

Le dernier rapport en date, celui de 2015[2], sur l'élection qui se déroule pourtant dans un contexte international apaisé marqué par l'amélioration des relations entre le régime bélarusse et les pays de l'UE au lendemain de la crise ukrainienne, note qu'en dépit de quelques modifications mineures, le cadre légal n'a pas été changé de manière importante, ce qui entrave la libre expression des électeurs et qu'il reste encore « un très long chemin à parcourir avant que le pays soit capable de remplir ses engagements en matière d'élections démocratiques[3] ». En effet, seuls les résultats de l'élection présidentielle de 2015 ont été officiellement reconnus par les pays occidentaux. Ceux des élections de 2001, 2006, 2010 et 2020 n'ont pas été reconnus et l'UE a imposé les sanctions au régime bélarusse à la suite de la violente répression des manifestations d'opposition dénonçant la fraude électorale en 2010[4] et 2020. En revanche, les missions d'observation envoyées dans le cadre de la CEI ont reconnu les résultats de toutes les élections présidentielles et leurs observateurs n'ont constaté aucune infraction majeure[5].

Le rôle des élections parlementaires non concurrentielles et des référendums dans la consolidation du régime politique autoritaire

Le régime politique bélarusse est caractérisé par la répression brutale de l'opposition et le contrôle étroit de la présidence sur l'ensemble des institutions politiques[6]. C'est au sein de l'administration présidentielle que la politique intérieure et extérieure est définie, ainsi que la composition des différents organes de l'exécutif au niveau central, régional et local. Les

---

[1] *Idem*, p. 5.

[2] La mission d'observation n'a pas été envoyée pour l'élection présidentielle du 9 août 2020. Le BIDDH de l'OSCE a justifié son refus par l'envoi très tardif de l'invitation par les autorités bélarusses et son incapacité de mobiliser le nombre suffisant d'observateurs dans un délai aussi court aggravé par la crise sanitaire de COVID 19. « ODIHR will not deploy election observation mission to Belarus due to lack of invitation », 15 July 2020, https://www.osce.org/odihr/elections/457309.

[3] ODIRH/OSCE, *Belarusn Presidential Election, 11 October 2015: Final Report*, Warsaw, 28/01/2016, p. 1, https://www.osce.org/odihr/elections/belarus/174776.

[4] Les manifestations post-électorales ont réuni plus de 60 000 personnes et ont été suivies d'une vague de répression sans précédent avec plus de 700 personnes arrêtées y compris certains candidats, emprisonnés par la suite.

[5] Les rapports des missions d'observation de la CEI peuvent être consultés dans la rubrique « Les élections dans les pays membres de la CEI : République Bélarus », https://e-cis.info/page/3421.

[6] Pour l'analyse du régime politique bélarusse voir par exemple J.-Ch. Lallemand, V. Symaniec, *Biélorussie : mécanique d'une dictature*, Paris, Les Petits Matins, 2007 ; A. Wilson : *Belarus : The Last European Dicta*torship, Yale University Press, 2012 ; V. Karbalevitch, *Le satrape de Biélorussie : Alexandre Loukachenko : dernier tyran d'Europe*, Paris, François Bourin Éditeur, 2012.

organes législatifs n'échappent pas non plus à la vigilance présidentielle vis-à-vis de leur composition et le parlement national constitue dans les faits une chambre d'enregistrement des lois sans grande légitimité. La personnalisation du pouvoir se manifeste par l'omniprésence d'Alexandre Loukachenko qui défend ouvertement le caractère autoritaire et populiste de son régime. Le trait essentiel du populisme autoritaire bélarusse est le rejet systématique par A. Loukachenko de toute médiation politique entre le peuple et le chef de l'État. Ainsi, le populisme en tant que discours et manière de faire est mis au service de l'autoritarisme[1].

Il n'est pas surprenant que les référendums jouent un rôle particulier dans ce régime, car ils garantissent symboliquement une connexion directe de Loukachenko aux citoyens. Le premier référendum avec un taux de participation de 65 % a été organisé à son initiative le 14 mai 1995 avec quatre questions qui ont été largement approuvées : sur la garantie du statut de langue officielle au russe (83 %), le changement du drapeau et de l'écusson de l'État (75 %), l'approbation de la politique sur l'intégration économique avec la Russie (83 %) et le droit accordé au président de dissoudre le parlement (77 %). Ainsi Loukachenko parvenait à effacer les traces de la faible influence de l'opposition nationaliste du début des années 1990. Le parlement avait en effet adopté sous la pression de celle-ci le 26 janvier 1990 une loi faisant de la langue bélarusse la seule langue officielle de l'État, bien que son application fut très modérée et le russe continuait à être largement utilisé. Il a également réussi à remplacer les symboles nationaux s'inspirant du passé présoviétique[2] adopté par le parlement le 11 décembre 1991 par les symboles étatiques inspirés de l'époque soviétique[3]. De manière plus large, Loukachenko a mis terme à la révision historiographique propolonaise et antirusse engagée au début des années 1990 et s'est lancé dans la réhabilitation de l'historiographie soviétique, accompagnée d'une glorification du passé communiste. Ce revirement a été bien accueilli par la majorité de la population au milieu des années 1990 dont les véritables repères historiques étaient l'URSS et la Grande Guerre patriotique de 1941-1945. Ainsi, jouant habilement sur la nostalgie de la période soviétique il parvenait par la même occasion à renforcer son propre pouvoir, car la Constitution de 1994 ne lui accordait pas le droit de dissolution du parlement.

Le deuxième référendum, tenu le 24 novembre 1996 à la suite d'une crise institutionnelle opposant Loukachenko au parlement élu en 1995, mélange encore une fois les questions de nature très différente. Sur les 84 % de personnes ayant officiellement participé, 84 % ont approuvé le changement

[1] A. Goujon, « Le « loukachisme » et le populisme autoritaire en Biélorusse », *Politique et sociétés*, 2002, vol. 21, n° 2, p. 29-50, p. 31.

[2] Il s'agit du drapeau blanc-rouge-blanc et de l'écusson *Pogonia* représentant le cavalier.

[3] Il s'agit du drapeau vert-rouge allégé du marteau et de la faucille et de l'écusson avec les épis de blé qui encerclent la levée du soleil au-dessus du globe terrestre.

de la date de la fête de l'Indépendance fixé le 3 juillet, le jour de la libération du Bélarus des « envahisseurs nazis », 71 % les modifications de la Constitution de 1994 proposées par le Président Loukachenko, tandis que 83 % ont rejeté l'idée de la libre commercialisation des terres et 80 % l'idée de la suppression de la peine de mort. La nature des modifications proposées de la Constitution a été en effet très significative, car les pouvoirs présidentiels ont été considérablement élargis. De surcroît, l'ancien parlement, le Verkhovnyï Soviet, composé de 260 députés, devait être transformé en un parlement bicaméral aux pouvoirs réduits. La nouvelle Assemblée nationale devait être composée de 110 députés de la Chambre des représentants, élus au scrutin majoritaire pour quatre ans, et de 68 membres du Conseil de la République, formé au scrutin indirect (les six soviets régionaux et le soviet de la ville de Minsk, ainsi que le Président désigne chacun huit représentants au Conseil).

Ce passage en force n'était pas sans rappeler l'exemple russe quand Boris Eltsine, suite à un violent conflit avec le parlement, le Congrès des députés du peuple, a fait adopter via le référendum du 12 décembre 1993 la nouvelle Constitution russe, organisant le même jour les élections à la chambre basse, la Douma d'État, du nouveau parlement bicaméral dont la création était prévue dans le cadre de cette nouvelle Constitution. *In fine*, la nouvelle composition du parlement ne s'est pas révélée plus favorable à Eltsine et sa politique que celle du parlement précédent. Loukachenko semblait avoir tiré la leçon de cette expérience russe et il ne s'est pas embarrassé avec l'organisation de nouvelles élections parlementaires, sélectionnant lui-même parmi les anciens députés ceux qui lui paraissaient être les plus loyaux et en écartant ceux qui se sont montrés ouvertement opposés à ses choix politiques et ses tendances autoritaires[1]. En dépit de la forte indignation de la communauté internationale et le refus de reconnaître la légitimité des institutions politiques bélarusses issues de ses changements, Loukachenko poursuivra la consolidation de son pouvoir autoritaire.

Lors du troisième référendum du 17 octobre 2004, tenu le jour des élections parlementaires, il ne prendra pas la peine de multiplier les questions, il n'y en aura qu'une seule, formulée de manière directe : « Autorisez-vous le premier Président de la République Bélarus A. Loukachenko de candidater à l'élection du président et approuvez-vous la nouvelle rédaction de l'article 81 ? » Celle-ci contenait la suppression de la limitation du nombre de mandats imposé à la même personne par l'ancienne rédaction, le fâcheux

[1] Lors de l'été 1996 plus de 70 députés avaient signé la demande de destitution à l'égard de Loukachenko l'accusant de bafouer la Constitution de 1994. Après le référendum du novembre 1996 le Premier ministre, plusieurs ministres et sept juges du Conseil constitutionnel ont démissionné en signe de désaccord.

détail[1] qui lui a échappé lors des modifications de 1996. La réponse favorable de 79 % avec un taux de participation de 90 % a encore une fois été interprétée comme un plébiscite par Loukachenko lui ouvrant la voie pour un nombre illimité de mandats.

Ces trois référendums ont permis à Loukachenko de renforcer sa légitimité face à la critique de l'opposition et de la communauté internationale, mais surtout de remodeler les institutions politiques pour asseoir son pouvoir personnel. Une fois les fondements de son régime autoritaire consolidé, il n'a plus montré d'intérêt à l'égard de cet outil d'expression de la volonté du peuple.

En ce qui concerne les élections parlementaires, elles seront instrumentalisées de la même manière que les élections présidentielles. Leur tenue régulière ne donne aucune possibilité de compétition ouverte et équitable entre les représentants des différents partis politiques. Encore une fois, il s'agit d'élections non concurrentielles où les candidats sont présélectionnés par l'exécutif afin de former un parlement docile qui ne fait que voter à la quasi-unanimité les lois proposées par le gouvernement ou l'administration présidentielle. C'est l'ancien système soviétique d'élection dans les circonscriptions uninominales au scrutin majoritaire qui est maintenu et dont l'effet dans le contexte politique de l'émergence récente des partis politiques, créés essentiellement entre 1992 et 1998, consistera surtout à ne pas encourager le développement du système de partis[2].

Les premières élections parlementaires au Verkhovnyï Soviet auront lieu les 14 et 28 mai 1995, puis les 29 novembre et 10 décembre 1995. Le taux de participation inférieur à 50 % empêchera la validation des résultats dans de nombreuses circonscriptions. Au bout de six mois, 195 sur 260 députés seront élus et le quorum nécessaire de deux tiers sera péniblement atteint afin que le parlement puisse fonctionner. Bien que la moitié des députés n'ait pas d'affiliation partisane, ce premier parlement comptera le plus grand nombre de députés représentants des partis politiques de toute l'histoire de Bélarus contemporaine avec 44 sièges pour le parti communiste (PKB), 34 sièges pour

[1] Cette règle de limitation de l'occupation du poste de président à deux mandats consécutifs pour une même personne a été reproduite dans la plupart des Constitutions des pays post-soviétiques. Elle est devenue par la suite très embarrassante dans les régimes aux tendances autoritaires dont les dirigeants se sont montrés très inventifs pour s'en débarrasser. Par exemple, l'ex-Président de Turkménistan Saparmourad Niazov l'a tout simplement aboli en se proclamant le Président à vie, tandis qu'en Russie elle a été contournée par l'astucieuse interprétation de la Constitution qui a permis à Vladimir Poutine d'exercer ses troisième et quatrième mandats de manière « non consécutive » après l'intermède de Dimitri Medvedev à la tête de l'État russe (2008-2012). L'adjectif « consécutif » a été supprimé par les récentes modifications constitutionnelles approuvées par le référendum en juin 2020 avec l'impossibilité de son application rétroactive ce qui laisse à V. Poutine la possibilité de se présenter encore pour deux mandats à partir de 2024.

[2] Selon les données du ministère de la Justice en août 2019, il n'y avait que quinze partis officiellement enregistrés en Bélarus.

le parti agraire (AP) et 19 sièges pour 4 autres partis. Quand la nouvelle Chambre de représentants sera formée après le référendum de novembre 1996, seuls 38 députés affiliés au parti communiste, parti agraire et parti libéral démocratique (LDPB) les plus loyaux à Loukachenko seront sélectionnés pour en faire partie. La proportion de députés appartenant à un parti politique ne cessera de baisser de 49 % en 1995 à 34 % en 1996 jusqu'à 5 % en 2012 (cf. tableau 2). Et les représentants des partis d'opposition n'en feront partie qu'à deux occasions après les élections de 2000 et celles de 2016, et encore ils ne seront que deux à chaque fois. Plusieurs partis d'opposition[1] boycotteront régulièrement ce qu'ils considèrent comme une mascarade électorale et leurs manifestations postélectorales pour dénoncer la fraude et l'injustice du processus électoral contrôlé par le gouvernement seront régulièrement et sévèrement réprimées.

[1] Parmi les principaux partis d'opposition on comptait le front populaire (BNF), le parti des communistes (PKB), le parti civique uni (OGP), le parti social-démocrate Gromada (BSDP-G), le parti social-démocrate (BSDP).

Tableau 2. Les résultats des élections parlementaires en Bélarus, 2000-2019

Dates	Nombre de candidats présentés/ enregistrés	Nombre de candidats de partis enregistrés	Nombre de représentants de partis politiques	Nombre de députés d'opposition	Taux de participation %	Vote anticipé
15-29/10/2000	768/578	239	16 (14,5 %)	2	61,1	nc
17/10/2004	692/359	151	12 (11 %)	-	90	17
28/09/2008	365/263	80	7 (6 %)	-	76,7	26
28/09/2012	494/363	204	5 (5 %)	-	74,6	26
18/09/2016	630/525	308	16 (14,5 %)	2	74,6	31
17/11/2019	703/562	337	21 (19 %)	-	77,4	36

Source : les données officielles disponibles sur le site de la Commission électorale : http://rec.gov.by/ru/arhiv-vybory.

Ce processus électoral est progressivement devenu de plus en plus uniforme. Une seule fois, il aurait fallu organiser deux tours des élections parlementaires quand uniquement 41 députés ont été élus au premier tour le 15 octobre 2000, et il a fallu organiser le second tour le 29 octobre 2000 pour rendre le parlement opérationnel. Lors des élections suivantes, la quasi-totalité des députés était élue dès le premier tour.

Selon la législation en vigueur, pour être élu en tant que député de la Chambre de représentants pour la durée de 4 ans, il faut être âgé de plus de 21 ans, avoir la nationalité bélarusse, résider de manière permanente en Bélarus et ne pas avoir de casier judiciaire. Les collectifs de travail de plus de 300 personnes, les partis politiques (sous condition de disposer d'une filiale sur le territoire de la circonscription concernée), les citoyens ayant recueilli plus de 1 000 signatures d'électeurs de la circonscription en leur faveur par un groupe d'initiative composé d'au moins 10 personnes peuvent présenter leurs candidats. Pour gagner, il faut obtenir plus de 50 % des voix sous condition que plus de 50 % des électeurs aient participé au vote.

À partir de 2012, les partis politiques peuvent présenter leurs candidats dans toutes les régions indépendamment du fait de disposer de filiales régionales, ce qui augmentera le nombre de candidats représentant les différents partis (voir tableau 2). Néanmoins, plusieurs candidats ne seront pas enregistrés sous prétexte d'irrégularités mineures (par exemple, erreurs dans les déclarations de revenus ou les listes de signatures).

Comme pour les élections présidentielles, ce sont les mêmes méthodes du contrôle sur le processus électoral qui sont utilisées pour éviter la présence de l'opposition au sein du parlement : sélection des candidats progouvernementaux et refus d'enregistrement des candidats de l'opposition, faible couverture médiatique de la campagne électorale et des élections parlementaires en général dans les médias officiels et falsifications de résultats par les commissions électorales. En revanche, le taux de participation n'atteindra 90 % qu'une seule fois en 2004, car le même jour se tenait le référendum permettant d'abolir la limitation du nombre de mandats. La proportion de votes anticipés, propice aux falsifications, ne cessera d'augmenter de 17 % en 2004 à 36 % en 2019. En dépit du nombre croissant des candidats présentés par les partis le nombre des députés représentant les partis politiques n'augmentera pas pour autant. À plusieurs reprises les partis d'opposition boycotteront les élections face aux entraves mises en place par l'administration électorale et les résultats de la plupart des élections parlementaires bélarusses ne seront pas reconnus par les pays de l'UE, les États-Unis et l'OSCE. Les premières élections dont les résultats seront reconnus par l'UE et l'OSCE sont celles de 2016 quand deux députés de l'opposition et de surcroît deux femmes seront élus[1].

---

[1] Il s'agit de la juriste Anna Kanopatskaïa du Parti civique uni (OGP) et de la linguiste Elena Anisim présidente de la société de la langue bélarusse (TBM).

On peut se poser la question pourquoi Loukachenko ne s'est pas investi dans la création d'un parti politique propésidentiel à l'image de la *Russie Unie* de Poutine qui lui aurait permis d'entretenir l'illusion de pluripartisme tout en disposant d'une majorité parlementaire. Il convient de noter qu'une organisation sociale, la *Rous' blanche* (*Belaia Rous'*) a été créée en 2007 pour soutenir A. Loukachenko et plusieurs députés du parlement (officiellement sans parti) en sont membres. C'est justement cette organisation secondée par l'Union des jeunes bélarusses (BRSM) et par des syndicats progouvernementaux qui participent de manière active à l'instrumentalisation des élections par le pouvoir aux côtés des organes de l'exécutif, en aidant les candidats progouvernementaux d'enregistrer leurs candidatures ainsi qu'en grossissant les rangs des membres des commissions électorales, de bureaux de vote et d'observateurs extérieurs. La question de sa transformation en parti politique semblait se poser quant au printemps 2019 la Présidente de la Commission électorale, L. Esrmoshina, a subitement annoncé le souhait de passer au scrutin proportionnel pour les élections parlementaires. Néanmoins, ce projet n'a pas eu le temps de se concrétiser, car le Président a pris la décision d'avancer d'une année la date des élections parlementaires (normalement prévues à l'automne de 2020) afin d'éviter qu'elles ne se superposent à l'élection présidentielle de 2020. Le passage du scrutin majoritaire au scrutin proportionnel risquait par ailleurs de remettre en question le dispositif existant du contrôle exercé par l'exécutif sur le processus électoral. Son réajustement aurait posé de nouveaux défis et les conséquences sur l'évolution du régime auraient été difficiles à prévoir.

Conclusion

L'analyse des différentes élections présidentielles et parlementaires en Bélarus nous montre que le régime autoritaire bélarusse cherche à donner une illusion de légalité en ayant recours à la tenue régulière de diverses échéances électorales. Néanmoins, la tenue de ces élections non concurrentielles se révèle difficile avec le temps dans une société où les couches de plus en plus larges de la population aspirent au respect de leurs libertés et droits politiques. Le décalage grandissant entre la baisse réelle de la popularité de Loukachenko et les résultats officiellement annoncés lors de sa dernière élection le 9 août 2020 a provoqué une profonde indignation des électeurs. La violence de la répression contre les manifestations postélectorales dénonçant la fraude électorale éhontée du Président sortant n'a fait que renforcer la mobilisation massive de la population qui réclame la tenue des élections de manière libre et transparente. Malgré l'acharnement de Loukachenko pour se maintenir à tout prix au pouvoir, la solidité de son régime autoritaire semble se fissurer, érodée par la vivacité et l'inventivité de la mobilisation contestataire en cours. L'exemple bélarusse montre ainsi à quel point il est difficile de maintenir dans la durée les pratiques autoritaires du pouvoir derrière la façade des institutions démocratiques. Ainsi, les élections peuvent devenir ce moment de rupture quand les électeurs ne veulent plus être dupés et se mettent à réclamer haut et fort l'application effective des règles inscrites dans la Constitution, et en particulier celle qui définit le peuple comme unique source de souveraineté et lui donne le droit de choisir ceux qui le gouvernent.

Dictature et élections au Brésil (1964-1985)

Arnaud Martin

> S'il fallait en quelques mots repérer l'aspect le plus frappant de la vie politique latino-américaine, à coup sûr ce ne seraient ni les coups d'État, ni les putschs, ou le *continuismo* de présidents viagers, ni la fraude électorale bien tempérée qu'il conviendrait de signaler, mais plutôt l'attachement indéfectible, platonique, aux institutions représentatives de la démocratie à l'occidentale. Alors même qu'on viole ou contourne les principes libéraux et les cadres constitutionnels, on se réclame des valeurs permanentes de l'ordre démocratique. Les marchands d'ordre nouveau ne font pas florès au sud du Rio Bravo. Civils et militaires ne se réfèrent guère qu'à la démocratie, et à aucune autre légitimité qu'à celle dominante du libéralisme[1].

Cette affirmation d'Alain Rouquié ne peut manquer de surprendre, tant nous sommes habitués à ne voir dans l'histoire politique du sous-continent latino-américain qu'une succession de coups d'État, de révolutions, de dictatures militaires et de gouvernements populistes, et de fragiles et rares périodes de démocratie. Pourtant, celle-ci est loin d'être anecdotique en Amérique latine. La plupart des pays de la région en ont connu de longues périodes et, même si certains traversent depuis quelques années des crises politiques d'une certaine gravité, le sous-continent semble avoir durablement adopté la démocratie.

D'ailleurs, lorsqu'en 1964, l'armée brésilienne renversa le président João Goulart, le peuple accueillit l'événement sans grande crainte[2] car il paraissait évident qu'elle rendrait rapidement le pouvoir aux civils et que l'ordre démocratique serait rétabli, après avoir corrigé un « virage à gauche » du pouvoir[3]. Mais les faits lui ont donné tort, et il est rapidement apparu que la « doctrine de la sécurité nationale[4] » allait conduire les militaires à conserver le pouvoir pendant une période particulièrement longue.

---

[1] A. Rouquié, *L'État militaire en Amérique latine*, Paris, Éditions du Seuil, 1982, p. 49.

[2] A. Rouquié, *Le Brésil au XXIe siècle : naissance d'un nouveau grand*, Paris, Fayard, 2006, p. 176.

[3] « Virage à gauche au Brésil », *Le Monde*, 19 mars 1964.

[4] Sur la question, voir J. Comblin, *A Ideologia da Segurança Nacional : O poder militar na América Latina*, Rio de Janeiro, Editora Civilização Brasileira, 3e éd., 1980.

La doctrine de la sécurité nationale[1], élaborée au début des années cinquante dans le cadre de l'École supérieure de guerre, reposait sur les deux impératifs complémentaires de sécurité et de développement[2]. La composante « sécurité nationale » était finalement secondaire, même si les militaires ont justifié en partie leur coup d'État par le péril communiste intérieur et le risque d'une guérilla, exploitant la crainte suscitée par le rapprochement suspect du gouvernement brésilien avec le régime castriste[3]. Quatre éléments composaient cette doctrine.

Premièrement, l'affrontement entre l'Orient communiste et l'Occident chrétien légitimait l'intervention de l'armée pour combattre la subversion interne, ce qui conduisit à considérer une grande partie de la société civile comme un ennemi intérieur potentiel.

Deuxièmement, l'État devait jouer un rôle essentiel dans cet affrontement, et il devait pouvoir obtenir des citoyens qu'ils renoncent temporairement à l'exercice d'une partie de leurs droits. Seule l'armée était en mesure de demander cet effort, dans la mesure où les partis politiques, dont est issu le pouvoir civil, étaient l'expression même des fractures idéologiques qu'il s'agissait de transcender.

Troisièmement, même si les États-Unis ont un rôle naturel à jouer sur le sous-continent latino-américain, l'indépendance nationale requérait de prendre ses distances vis-à-vis de l'encombrant voisin nord-américain.

Quatrièmement, la sécurité, et notamment la lutte contre la subversion communiste, ne pouvait être assurée sans le développement économique, ce qui supposait de mettre en place un capitalisme étatisant reposant sur une alliance de la bureaucratie militaire et de la technocratie civile, et sur le développement d'entreprises publiques, démarche qui conduisait à prendre quelques libertés avec le credo libéral défendu, notamment par les dictatures argentine et chilienne[4].

Cette doctrine pragmatique conduisit les militaires brésiliens à instaurer un régime autoritaire que l'on pourrait presque qualifier de modéré si on le compare aux autres régimes autoritaires qui se sont multipliés durant les années soixante et soixante-dix en Amérique latine. Ainsi, les militaires ont

---

[1] Les militaires brésiliens intégraient dans leur doctrine les éléments de leur formation reçue à l'étranger, notamment la doctrine du *containment* de guerre froide enseignée dans les académies militaires nord-américaines, les stratégies antisubversives développées par l'École de guerre française et des éléments de la culture politique nationale hérités du positivisme ou du *tenentismo*, la philosophie politique des jeunes officiers (du portugais « tenente », lieutenant) qui ont contribué de manière significative à la révolution brésilienne de 1930 conduite notamment par Getúlio Vargas.

[2] Sur la question, voir G. do Couto e Silva, *Aspects geopolíticos do Brasil*, Rio de Janeiro, Biblioteca do Exército, 1967.

[3] On peut noter que le rapprochement similaire du gouvernement de Salvador Allende avec le régime révolutionnaire cubain a précipité la chute de la démocratie chilienne en 1973.

[4] Sur la question, voir notamment B. Bennassar et R. Marin, *Histoire du Brésil*, 1500-2000, Paris, Fayard, 2000, p. 397.

interdit les partis politiques traditionnels, mais ils ont mis en place un bipartisme qui a permis à l'opposition modérée de se regrouper et de conserver un rôle secondaire dans la société. Les présidents qui se sont succédé ont toujours cherché à conserver un semblant de légitimité démocratique[1] fondée sur un constitutionnalisme illusoire, probablement pour garder le soutien des libéraux-conservateurs. De même ceux-ci se sont-ils bien gardés d'une personnalisation du pouvoir, contrairement aux autres régimes autoritaires de la région, et, durant les vingt et un ans de dictature, cinq présidents se sont succédé. Bien entendu, les libertés ont été foulées aux pieds, la censure, la torture et l'élimination des « ennemis de l'intérieur » ont été le quotidien des Brésiliens, mais le bilan humain de la dictature a été nettement moins lourd que dans d'autres pays latino-américains.

Le pouvoir « autoritaire devait assumer la position contradictoire de défendre la démocratie en la détruisant[2] ». Ils le firent en instrumentalisant les techniques de la démocratie pluraliste et en donnant l'illusion d'un maintien de celle-ci de 1964 à 1985. L'armée justifia son coup de force contre le gouvernement démocratiquement élu par la nécessité de défendre la démocratie des dangers qui la menaçaient. Ils instaurèrent ainsi une « démocratie relative » reposant sur le maintien d'élections périodiques et un pluripartisme très encadré qui rendirent la transition démocratique beaucoup plus facile lorsqu'il apparut évident que le régime militaire était usé et qu'il était temps de rendre le pouvoir aux civils.

L'instauration d'une « démocratie relative »

Pour un observateur occidental, habitué au fonctionnement normal d'une démocratie libérale, la participation des militaires à la vie politique peut paraître surprenante. La séparation du civil et du militaire semble aller de soi. Pourtant, en Amérique latine, celle-ci, non seulement n'est pas rare, mais peut même apparaître comme un fait, si ce n'est normal, du moins acceptable dans certaines circonstances.

Ainsi, l'armée brésilienne a toujours été présente dans la vie politique nationale, même si elle n'a que très ponctuellement exercé directement le pouvoir. C'est elle qui a établi la république en 1889 avant de laisser le pouvoir aux civils. C'est elle qui a renversé cette république en 1930. C'est elle qui a mis en place la dictature de l'*Estado novo* par Getulio Vargas en 1937, puis qui l'a chassé du pouvoir en 1945 avant de restaurer la démocratie. De même, elle s'est opposée aux institutions démocratiquement élues en 1954

---

[1] D'ailleurs, les militaires n'ont pas hésité à parler de « révolution démocratique », voire de « révolution rédemptrice », pour justifier le coup d'État. Voir M. Chirio, « Le pouvoir en un mot : les militaires brésiliens et la "révolution" du 31 mars 1964 », *Nuevo Mundo, Mundos Nuevos*, n° 7, 2007.

[2] Fr. D. McCann, *Brazil, Military Regime, 1964-1985*, Library of Congress Country Studies, 1997.

et 1961, mais elle a défendu la Constitution en 1955. En revanche, le coup d'État de 1964 marqua un tournant dans le rôle politique de l'armée puisque celle-ci abandonna sa fonction traditionnelle de régulatrice de la vie politique pour exercer directement le pouvoir[1]. Ainsi convient-il de ne pas perdre de vue qu'au Brésil, l'armée est un acteur politique à part entière, qu'elle pense en avoir la légitimité, mais que la conquête du pouvoir n'est pas pour elle une priorité dès lors que les civils lui semblent aptes à l'exercer. La lettre collective de 189 officiers adressée au général Alfonso de Albuquerque Lima, le 6 septembre 1969, est à ce titre révélatrice de la conception qu'a l'armée de son rôle politique :

> Face à la vie moderne, l'officier de l'Armée cesse d'être un simple artifice de la guerre pour devenir un citoyen conscient de ses responsabilités civiles devant la Nation. Il est doté de sentiments nationalistes beaucoup plus enracinés que précédemment. Il s'est politisé dans le bon sens du terme, pour pouvoir faire face aux ennemis internes et externes qui tentent de nous dévaster (…). Il est devenu un défenseur de nos institutions[2].

Ainsi, les différentes forces politiques du pays cherchent à avoir l'appui des militaires pour écarter le spectre d'un renversement[3] : c'est généralement du côté de l'armée qu'elles cherchent la solution aux crises politiques[4]. De même, au début des années soixante, l'IPES (Institut de recherches et d'études sociales) et l'IBAD (Institut brésilien d'action démocratique), financés principalement par des entreprises privées étrangères, ont développé leur action de propagande contre le gouvernement du président João Goulart, principalement dans les rangs de l'armée[5].

Par ailleurs, l'armée brésilienne reflète les tensions au sein de la société. Toutefois, son approche des questions économiques et sociales relève d'une logique qui lui est propre et qui peut parfois étonner, voire perturber ses alliés civils. C'est ainsi qu'au cours des années soixante, l'armée a progressivement pris ses distances par rapport à la doctrine libérale et est devenue de plus en plus interventionniste[6]. Ainsi, si l'armée participe pleinement à la vie politique

---

[1] Sur la question, voir A. Rouquié, « Les processus politiques dans les partis militaires au Brésil. Stratégie de recherche et dynamique institutionnelle », *in Les partis militaires au Brésil*, Paris, Presses de la FNSP, 1980, p. 10-11. Voir également « Les promesses du nouveau régime brésilien laissent planer de graves inquiétudes », *Le Monde*, 17 avril 1964.

[2] M. de Mendonça O'Reilly, *A ideologia da Corrente Militar « Revolucionário Nacionalista (1967-1969)*, master en histoire, Niterói, Universidade Federal Fluminense, 1985, p. 250 et s.

[3] Voir S. P. Huntington, *Political order in changing societies*, New Haven, Yale University Press, 1968, p. 80.

[4] Cf. Th. Skidmore, *Politics in Brazil (1930-1964). An experiment in democracy*, New York, Oxford University Press, 1967, p. 58.

[5] M. Bandeira, *O governo João Goulart, as lutas sociais no Brasil*, 1961-1964, Rio de Janeiro, Civilizaçao Brasileira, 1978, p. 66-67.

[6] Voir A. Rouquié, « État et pouvoir militaire en Amérique latine : le modèle brésilien », in *Mélanges de la Casa de Velázquez*, t. XIV, 1978, p. 625-639.

brésilienne, elle le fait souvent selon sa logique propre qui affecte sa cohérence apparente.

Enfin, si les militaires interviennent de façon autonome dans la vie politique, en tant qu'acteurs politiques à part entière, ils le font parfois conjointement avec les civils. En ce sens, la vie politique brésilienne n'est pas une succession de périodes civiles et militaires de l'exercice du pouvoir, mais relève davantage d'une action conjointe des civils et des militaires. Ainsi, si le coup d'État de 1964 a conduit à la conquête du pouvoir par les militaires, il n'a pas exclu les civils de toute responsabilité politique. Certes, les militaires se succédèrent à la présidence de la République, mais les gouvernements comportèrent toujours un certain nombre de ministres civils. Cette collaboration était nécessaire au maintien d'un minimum d'apparence de légitimité démocratique et de respectabilité vis-à-vis des gouvernements étrangers.

Le rapport étroit entretenu entre l'armée et une partie de la classe politique civile a favorisé l'émergence de clivages politiques au sein même de l'armée, lesquels ont permis l'apparition d'un bipartisme qui a pu donner l'illusion du maintien d'un relatif pluralisme politique et donc de l'existence au Brésil d'un régime autoritaire « tempéré » ou, comme les militaires eux-mêmes l'ont sous-entendu, d'une « démocratie relative ».

Une thématique classique dans la pensée conservatrice latino-américaine, et tout particulièrement dans la pensée autoritaire brésilienne, conduit à affirmer que les spécificités socio-économiques du sous-continent ou du pays empêchent d'appliquer de façon orthodoxe les préceptes de la démocratie libérale : la pauvreté, le bas niveau culturel et la faible conscience politique qui en résulte rendent vain tout espoir de développement d'une société authentiquement démocratique telle que l'entendent les théoriciens politiques occidentaux. Dès lors, un gouvernement autoritaire peut se prétendre démocratique… dans une certaine mesure.

Le général Ernesto Geisel, président de la République de 1974 à 1978, a ainsi pu dire :

> Quand on parle de démocratie, beaucoup considèrent la démocratie dans un sens absolu. Cette démocratie, je crois qu'elle n'existe nulle part. Toutes les choses du monde, sauf Dieu, sont relatives. Donc, la démocratie qui se pratique au Brésil ne peut pas être la même que celle qui se pratique aux États-Unis, en France, ou en Grande-Bretagne. Le Brésil a deux problèmes qui doivent avancer avec le politique : les problèmes liés au développement économique et au développement social. On ne peut pas penser à avoir une démocratie parfaite si l'on n'a pas un certain niveau économique et aussi si l'on n'a pas une certaine stabilité sociale. Alors, sans doute, le Brésil est un pays où existe la démocratie, où existe la liberté, mais cette démocratie ne peut être la même que la démocratie des autres pays. Elle doit prendre en compte les considérations économiques et sociales dans lesquelles nous vivons. Mais je crois que, de

manière générale, notre démocratie est effective : elle fonctionne avec certains problèmes et dans certaines circonstances, mais elle fonctionne[1].

Le régime autoritaire se justifie ainsi par le fait qu'il s'agit d'un choix par défaut, temporaire, et pouvant même permettre la réalisation de progrès nécessaires à l'instauration d'une authentique démocratie libérale. En attendant, il faut réaliser un « équilibre, d'ailleurs peu stable, entre les libertés du citoyen responsable et l'autorité responsable de l'État, entre les objectifs propres à chaque individu et les intérêts sociaux du groupe national[2] ». Cela a, par exemple, conduit le général Geisel à prendre un certain nombre de décisions qui ont pu déplaire à la frange plus radicale de l'armée, comme une politique économique interventionniste socialisante, le développement de nouveaux partenariats économiques avec des puissances étrangères peu favorables au régime autoritaire brésilien, ou encore la reconnaissance du nouveau gouvernement portugais issu de la révolution des Œillets ou de la République populaire de Chine en 1974[3].

La prise en compte du pluralisme au sein des rangs des militaires

Schématiquement, au-delà de l'accord des militaires sur la nécessité de déposer le pouvoir civil pour rétablir l'ordre, deux tendances se sont opposées dans l'armée : une tendance modérée, influencée par l'École supérieure de guerre, pour qui le passage de l'armée au pouvoir devait être bref et se limiter à la mise en œuvre d'un certain nombre de réformes avant de céder la place aux civils, et une tendance dure, qui n'excluait pas l'éventualité d'un exercice prolongé du pouvoir permettant la transformation en profondeur du pays.

Progressivement, le régime militaire s'est radicalisé, perdant la confiance des conservateurs qui avaient cru à une intervention ponctuelle de l'armée dans la politique, comme les militaires brésiliens en avaient donné l'habitude. Mais la décision, en juillet 1964, d'annuler l'élection présidentielle de 1965 et de proroger le mandat de Castelo Branco jusqu'en mars 1967, leva tous les doutes sur la véritable nature du régime. Les militaires eux-mêmes ne respectaient pas le premier acte institutionnel qui avait fixé au 31 janvier 1966 la date d'expiration du mandat présidentiel en cours. En réponse à ce coup de force, en octobre 1965, l'opposition remporta les élections dans cinq des onze états qui renouvelaient leur gouvernement[4]. Le pouvoir brésilien répliqua par

---

[1] EG pr 1978.00.00/CPDOC.

[2] S. Kalil Mathias, *A distensão no Brasil: o projeto militar (1973-1979)*, Campinas, Papirus, 1995, p. 97.

[3] M. Chirio, *La politique en uniforme. L'expérience brésilienne 1960-1980*, Rennes, Presses universitaires de Rennes, 2016, p. 173.

[4] M. Faure, « "Remettre la maison en ordre" avec Castelo Branco. 1964-1967 », *in* Michel Faure (dir.), *Une Histoire du Brésil. Naissance d'une nation*, Paris, Éditions Perrin, coll. « Synthèses Historiques », 2016, p. 309-318.

l'adoption, le 27 octobre 1965, de l'Acte institutionnel n° 2[1] qui instaurait l'élection présidentielle au suffrage indirect et autorisait le Président à proclamer l'état de siège sans consulter le Congrès. Un acte complémentaire supprima les treize partis politiques et établit un bipartisme, avec un grand parti officiel de gouvernement et un petit parti faisant office d'opposition formelle permettant de préserver les apparences de démocratie.

Deux grands partis furent créés : d'une part, l'Alliance rénovatrice nationale (ARENA), qui rassemblait des politiques venus de l'Union démocratique nationale (UDN) et du Parti social démocratique (PSD), d'autre part, un parti centriste, le Mouvement démocratique brésilien (MDB), organisé autour d'anciens membres du Parti travailliste brésilien (PTB), de centre gauche, et du Parti social démocratique. Les promoteurs de cette réforme avaient officiellement pour objectif de rendre plus clair le système partisan brésilien qui, à leurs yeux, avait été dévoyé par les enjeux politiques locaux. Il se trouve en effet que la frange dure de l'armée ainsi que plusieurs garnisons s'étaient rebellées contre le maréchal Humberto Castelo Branco, premier président de la République élu sous la dictature, à la suite de l'élection de deux gouverneurs membres du Parti travailliste brésilien qui n'avait pas encore été interdit, Israel Pinheiro et Francisco Negrão de Lima[2]. La démarche fut efficace, puisque lors des élections législatives du 15 novembre 1966, l'ARENA obtint 64 % des suffrages exprimés et 277 sièges, et le MDB 36 % des suffrages exprimés et 132 sièges.

Quant à l'élection présidentielle au suffrage indirect, elle donnait l'impression de renforcer les prérogatives du Congrès. En fait, ce dernier n'était sollicité que pour ratifier le choix opéré par la hiérarchie militaire : le Haut commandement des forces armées choisissait un candidat parmi les généraux quatre étoiles, la convention de l'ARENA le confirmait, et le Congrès, dominé par l'ARENA, l'entérinait par un vote à main levée en session publique, évitant ainsi les mauvaises surprises d'un vote à bulletins secrets.

En réponse, au cours de l'automne 1966, l'opposition parvint à constituer une large coalition sur un programme de « pleine restauration du régime démocratique », le *Frente ampla*, qui fut interdit en avril 1968.

L'opposition au régime militaire se montrant de plus en plus forte, celui-ci se radicalisa ; ce fut le début d'une période particulièrement sombre, les « années de plomb ». Le 13 décembre 1968, le Congrès ayant refusé de lever l'immunité parlementaire du député Marcio Moreira Alves, accusé de s'en être pris à la tribune à l'honneur de l'armée, le président Arthur Costa e Silva promulgua l'acte institutionnel n° 5 qui autorisait notamment le Président à ajourner les assemblées législatives, à intervenir dans les affaires des États

[1] Il y aura dix-sept actes institutionnels entre avril 1964 et octobre 1969.

[2] M. Chirio, « Le pouvoir en un mot : les militaires brésiliens et la "révolution" du 31 mars 1964 », *Nuevo Mundo, Mundos Nuevos*, n° 7, 2007.

fédérés et dans les municipes, à annuler les mandats électifs et à suspendre les droits civiques des citoyens pour une durée de dix ans et les garanties de l'*Habeas Corpus*. L'opposition était ainsi muselée. Dans la foulée, un nouveau Code de procédure pénale militaire autorisa l'armée et la police à arrêter et emprisonner, hors de tout contrôle judiciaire, tout « suspect ».

En août 1969, pour raisons médicales, Arthur Costa e Silva fut remplacé par une junte militaire qui assura l'intérim jusqu'à l'élection, le 25 octobre, par le Congrès qui avait été ajourné durant dix mois, d'Emílio Garrastazu Médici, le candidat imposé par le Haut commandement contre l'avis de la majorité de l'armée[1]. Le président Médici n'instaura pas une dictature personnelle, mais dirigea le Brésil en technocrate censé être apolitique et exerça le pouvoir d'une main de fer, épaulé par trois ministres aux très larges compétences dans les domaines des finances, de l'économie et de l'armée.

Probablement grâce à la répression, à la censure et à la propagande, mais aussi grâce à la prospérité économique retrouvée, et malgré une violence bien moindre que dans la plupart des régimes dictatoriaux de la région, le pouvoir connut une période de grande popularité, malgré l'émergence d'un mouvement de guérilla qui ne dépassa pas quelques milliers d'individus pour une population totale de 100 millions. Aux élections d'octobre 1970, l'ARENA remporta un succès dans 21 des 22 gouvernements. En novembre de la même année, le renouvellement partiel du Sénat et de la Chambre des députés fut également un grand succès, l'ARENA remportant 40 sièges de sénateurs contre 6 pour le MDB, et 220 sièges de députés contre 90 pour le MDB. En 1972, le parti de gouvernement confirma sa popularité, en remportant les élections municipales dans 80 % des communes.

Pour autant, les militaires étaient conscients du fait que l'argument de la défense de la démocratie contre le péril communiste ne pourrait plus longtemps faire illusion, et que leur départ du pouvoir était inéluctable. Plutôt que de faire face à un soulèvement populaire ou d'utiliser des méthodes de répression beaucoup plus radicales, mieux valait envisager une transition démocratique réussie. Celle-ci fut rendue possible par le maintien d'un minimum de règles du jeu démocratique, à savoir les élections périodiques et le pluralisme partisan encadré :

> Au Brésil (…) la dictature avait préservé certaines formes représentatives, avec une constitution qui établissait une démocratie restreinte, des élections, au moins deux partis distincts… À partir de là, le passage à la démocratie a été plus facile et même parfaitement indolore puisque le premier président de la démocratie, M. Sarney, était issu du parti des militaires[2].

[1] M. Chirio, « La politique des militaires, 1961-1978. Mobilisations et révoltes d'officiers sous la dictature brésilienne », *Bulletin de l'Institut Pierre Renouvin*, 33 (1) 2011, p. 109-113.
[2] A. Rouquié et J. Joana, « Amérique latine : l'État militaire à l'épreuve des transitions », *RIPC*, n° 15, 2008, p. 156.

Une transition démocratique pacifique

Il est difficile de dater précisément le début de la transition démocratique brésilienne : est-ce 1974 et l'élection du général Ernesto Geisel, 1979 et celle de l'élection du général João Figueiredo, ou encore 1982 et les élections générales[1] ? En fait, si la transition démocratique est souvent un long processus qui voit les institutions et les pratiques politiques changer progressivement, la transition démocratique brésilienne se caractérise également par une valse-hésitation dans le choix même du régime politique, un peu comme une transition dans la transition[2].

En ce sens, on peut considérer que la transition démocratique brésilienne, une longue et chaotique transition de dix ans, commença en 1974, et se poursuivit au rythme décidé par les militaires en partie sous la pression de la population. Le modèle économique donnait alors des signes d'essoufflement, et le contexte international — notamment le premier choc pétrolier — aggravait la situation. Le mécontentement populaire était de plus en plus perceptible malgré la censure et la répression. Aussi, le président Ernesto Geisel mit en œuvre une politique de libéralisation, la « détente », « *distensão* », dès le début de son mandat, le 15 mars 1974. Son entreprise fut poursuivie par son successeur, le général João Batista Figueiredo.

Le processus de libéralisation se devait d'être prudent pour ne pas braquer les partisans d'un maintien du régime militaire. D'ailleurs, au cours de la campagne électorale, le général Ernesto Geisel, président de la République, insista sur le fait qu'à ses yeux le maintien au Brésil d'un système bipartisan était indispensable pour assurer le progrès de la démocratie parlementaire dans le pays. Il déclara notamment que le développement économique et social du Brésil ne pouvait être obtenu que dans un climat de sécurité, où tous les citoyens observent un comportement modéré. On peut noter au passage que si les candidats du MDB jouèrent un rôle d'opposants modérés en réclamant un meilleur respect des libertés publiques et en critiquant la politique sociale et économique du Gouvernement. On pouvait difficilement faire moins si l'on voulait que le bipartisme fasse illusion, mais on pouvait difficilement faire plus sans risquer l'interdiction du parti.

Le début de libéralisation du régime fut jugé trop timide par la majorité de la population qui fit porter massivement ses voix sur les candidats du MDB lors des élections législatives du 15 novembre 1974, alors que la victoire de l'ARENA semblait être acquise d'avance. Le MDB qui, depuis le début des années soixante-dix, se montrait de plus en plus sévère à l'égard du pouvoir militaire, obtint ainsi 54 % des suffrages exprimés, et remporta 16 sièges au

---

[1] Dater la fin de la transition démocratique est encore plus délicate, puisque l'on peut retenir 1985 et le premier gouvernement civil, 1989 et le retour de l'élection présidentielle au suffrage universel direct, ou encore 2002 et la conquête du pouvoir par un parti politique de gauche.

[2] Sur la question, v. A. Codato, « Una história política da transiçao brasileira: da ditadura militar à democracia », *Revista de Sociologia e Política*, 2005, n° 25, p. 83.

Sénat et 160 à la Chambre des députés, contre 6 et 204 à l'ARENA. Ses meilleurs résultats furent enregistrés dans 79 des 90 villes de plus de 100 000 habitants.

L'ARENA demeurait majoritaire, mais son avance s'érodait dangereusement. Aussi, en juillet 1976, afin d'éviter une nouvelle défaite électorale, le ministre de la Justice fit voter une loi interdisant toute propagande politique à la télévision et à la radio durant la période électorale. Le résultat fut médiocre, l'ARENA recueillant 15,2 millions de voix contre 12,7 millions pour le MDB, ce dernier étant vainqueur dans dix des quinze grandes capitales d'États fédérés.

En réponse à ce résultat jugé décevant, et pour éviter un échec aux élections législatives de 1978, le pouvoir décida de modifier la réglementation électorale. En outre, le 1er avril 1977, devant le refus du Congrès national de voter le projet de réforme qui créait de nouveaux tribunaux militaires spéciaux et renforçait le contrôle de l'exécutif sur le judiciaire, le Président mit le Parlement en congé et, durant deux semaines, il gouverna en appliquant les pouvoirs exceptionnels prévus par l'Acte constitutionnel n° 5. Il prit un ensemble de mesures totalement contraires à la volonté affichée d'une libéralisation du régime : l'allongement du mandat présidentiel à six ans, pérennisation de l'élection des gouverneurs au suffrage indirect, réforme de la carte électorale et désignation indirecte d'un certain nombre de sénateurs. Cet ensemble de réformes permit à l'ARENA de conserver la majorité au Congrès aux élections du 15 novembre 1978, avec 231 députés contre 189 pour le MDB, et 15 sénateurs contre 8. Mais ce ne fut qu'une victoire en trompe-l'œil, car l'opposition recueillit 53 % des suffrages exprimés, ce qui constitue un résultat d'autant plus satisfaisant qu'elle était interdite d'antenne, tant à la télévision qu'à la radio.

Ces élections eurent lieu dans un contexte politique très troublé. Le pays était traversé par de grandes grèves ouvrières, et des millions de Brésiliens réclamaient ouvertement une politique d'amnistie, l'élection d'une assemblée constituante et le retour à l'État de droit. Le Président répondit à ces manifestations de mécontentement en faisant approuver par le Congrès un amendement constitutionnel abrogeant l'Amendement institutionnel n° 5. Dès lors, le pouvoir exécutif ne pouvait plus suspendre le Congrès, annuler les mandats électoraux ou priver des citoyens de leurs droits politiques, et l'*Habeas corpus* fut intégralement rétabli. Mais le Président conserva la possibilité de prendre par décret des « mesures d'urgence » sans l'approbation du Congrès.

Finalement, lors de sa prise de fonction, le 15 mars 1979, le général Figueiredo fit le serment de restaurer pleinement la démocratie. En août, après des mois de mobilisation populaire, le Congrès approuva le projet d'amnistie politique, et de nombreuses personnalités exilées revinrent au Brésil. En novembre, le multipartisme fut restauré. Le gouvernement espérait voir ainsi le MDB se morceler en plusieurs partis de petite taille et faibles. En quelques mois, six nouveaux partis furent créés : deux partis populistes, le Parti travailliste brésilien (PTB) d'Ivete Vargas et le Parti démocratique travailliste (PDT) de Leonel Brizola ; un parti libéral centriste et modéré, le Parti populaire de Magalhães Pinto et Tancredo Neves ; le nouveau parti du gouvernement, le Parti démocratique social (PDS) ; le successeur du MDB, le Parti du mouvement démocratique brésilien (PMDB) ; et enfin un parti ouvrier lié à la Centrale unique des travailleurs (CUT) et bénéficiant d'une partie du clergé et des intellectuels de gauche, le Parti des travailleurs (PT), un parti prenant ses distances vis-à-vis de l'Union soviétique — critiquant notamment l'intervention militaire en Afghanistan et soutenant Solidarność en Pologne — mais soutenant la guérilla sandiniste au Nicaragua et le régime de Fidel Castro.

Les élections générales du 15 novembre 1982 représentèrent un enjeu politique considérable[1]. Elles devaient déterminer très largement la composition du collège électoral qui désignerait le successeur du général Figueiredo ; ledit collège comportait, outre les membres du Congrès national, six délégués du parti majoritaire pour chaque assemblée législative d'État fédéré. Pour affaiblir l'opposition et obtenir la restauration d'un système bipartisan autour du PDS et du PMDB, de nouvelles dispositions électorales furent adoptées : les électeurs se virent obligés, sous peine d'annulation du suffrage, de voter pour un seul parti à tous les niveaux de représentation, et les alliances pour l'élection des gouverneurs furent interdites. En outre, le PDS acheta les voix en échange de livraison d'eau potable dans des régions où il n'avait pas plu depuis quatre ans[2]. Mais rien n'y fit pour priver l'opposition d'un nouveau succès électoral, celle-ci obtenant la majorité à la Chambre des députés tout en restant minoritaire au Sénat, et l'élection de dix gouverneurs sur vingt-deux, dont ceux de São Paulo, Minas, et surtout celui de Rio de Janeiro, Leonel Brizola, le principal opposant au régime militaire. Mais le PDS conserva la majorité du collège électoral en raison de son implantation dans les municipes.

En mars 1983, le député fédéral Dante de Oliveira, du Parti du Mouvement démocratique brésilien, déposa devant le Congrès une proposition d'amendement constitutionnel pour rétablir l'élection du président de la République au suffrage universel direct. L'idée semblait si difficile à mettre en œuvre que, dans un premier temps, personne n'y prêta vraiment attention. Pourtant, un mouvement populaire en faveur de l'élection du Président au suffrage universel direct se développa progressivement. De grandes manifestations rassemblant plusieurs millions de personnes furent organisées dans les principales villes du pays, notamment en avril 1984, comme à Rio de

---

[1] A. Peralva, « Violence urbaine, démocratie et changement culturel : l'expérience brésilienne (Partie 1) », *Cultures & Conflits*, n° 29-30, 1998, p. 395-420.

[2] H. Moreira Alves, *Estado e oposiçao no Brasil (1964-1984)*, Petropolis, Editora Vozes, 1984, p. 284.

Janeiro (500 000 personnes) ou à São Paulo (1,5 million de participants)[1]. Cette entreprise se solda par un échec et, le 25 avril 1984, un amendement institutionnel visant à restaurer l'élection présidentielle au suffrage universel direct fut rejeté par le Congrès, la majorité des deux tiers des voix n'ayant pu être atteinte. Pour autant, ce ne fut pas totalement une défaite. Pour faire échouer le projet, le gouvernement dut décréter l'état de siège et interdire toute nouvelle manifestation. En réponse, les organisateurs de la campagne appelèrent les automobilistes de Rio de Janeiro à faire un concert de klaxons autour du Congrès, le jour du vote. Contre ledit concert, le général Newton Cruz, commandant de la région militaire, furieux, alla à cheval à la rencontre des automobilistes manifestants et distribua des coups de cravache sur le capot des voitures. La scène, grotesque, symbolisait la perte de contrôle totale des militaires et leur impuissance. L'amendement fut rejeté, mais la dictature touchait vraiment à sa fin.

Finalement, l'alternance politique fut le fruit d'une grande maladresse du PDS qui, lors de la convention, désigna comme candidat Paulo Maluf, un riche industriel libanais, ancien maire et gouverneur de São Paulo, corrompu et autoritaire, totalement à contre-courant de l'évolution politique du pays et des aspirations de la majorité du peuple brésilien. Cette désignation provoqua la scission du parti, dont une minorité créa le Parti du front libéral, qui décida de s'allier avec l'opposition. Parmi les membres du nouveau parti figuraient notamment le vice-président de la République, Auréliano Chaves, et le président du PDS, José Sarney.

José Sarney fut désigné comme candidat à la vice-présidence, aux côtés de Tancredo Neves, ancien ministre de la Justice de Getúlio Vargas (1953-1954) et Premier ministre de João Goulart en 1962. Tancredo Neves jouissait d'une grande popularité car modéré et n'ayant jamais transigé avec le pouvoir autoritaire. Il bénéficiait notamment du soutien d'une partie de l'armée, des milieux d'affaires, et de la presse. Le 15 janvier 1985, il fut confortablement élu avec 480 voix sur les 686 du collège électoral, obtenant même l'appui d'une partie du PDS, mais ne bénéficiant pas des voix du Parti des travailleurs qui ne voulait pas cautionner une élection qu'il jugeait antidémocratique et reposant sur un arrangement au sein des élites politiques.

Tancredo Neves tomba gravement malade le 14 mars, la veille de son entrée en fonction, et mourut le 21 avril. José Sarney accéda ainsi à la présidence de la République. Il revenait à celui qui, quelques semaines auparavant, dirigeait le parti des militaires, et qui n'avait qu'une très faible légitimité populaire, de conduire le processus de transition démocratique.

L'élection présidentielle au suffrage universel direct ne fut donc une réalité qu'en 1989.

---

[1] R. Kotscho, *Explode um novo Brasil : diário da campanha das diretas*, São Paulo, Brasiliense, 1984.

Conclusion

Le maintien d'élections périodiques et l'instauration d'un bipartisme maintenant un minimum de représentation à l'opposition modérée permirent de conserver un semblant de respectabilité démocratique. Au-delà du caractère illusoire de l'emploi des mécanismes de la démocratie libérale, la continuité des élections a permis, au milieu des années soixante-dix, que la dynamique partisane, électorale et parlementaire prenne la forme d'une résistance démocratique, par opposition à la lutte armée qui avait échoué[1] ; elle facilita ainsi la transition démocratique. Certes, l'épuisement de la dictature était une réalité. L'échec de la politique économique, l'impossibilité de mettre en œuvre les méthodes répressives radicales nécessaires au maintien au pouvoir sans perdre tout semblant de légitimité, et la logique même du régime militaire qui ne pouvait faire taire complétement l'opposition modérée sans se désavouer ont conduit à transformer le projet initial d'« ouverture » en un processus de transition démocratique[2].

L'Acte institutionnel n° 1 de 1964 présentait ainsi les militaires comme l'émanation de la souveraineté populaire, malgré leur intervention aboutissant à la destitution du président élu :

> La révolution victorieuse s'investit de l'exercice du pouvoir constituant. Celui-ci se manifeste par l'élection populaire ou par la révolution. C'est la forme la plus radicale du pouvoir constituant (...). Les chefs de la révolution victorieuse, grâce à l'action des forces armées et à l'appui sans équivoque de la Nation, représentent le peuple et en son nom exercent le pouvoir constituant, duquel le peuple est l'unique titulaire.

Ainsi, dès leur conquête du pouvoir, les militaires étaient pris eux-mêmes dans leur propre piège. Censés avoir une légitimité à exercer le pouvoir, ils ne pouvaient s'y maintenir durablement alors que le peuple s'y opposait. Ainsi, le choix initial de maintenir des élections périodiques et le refus d'instaurer un parti unique ont, non seulement conditionné dès 1964 l'exercice du pouvoir, mais aussi conduit à l'avènement du processus de transition démocratique.

---

[1] B. Lamounier (dir.), *Voto de desconfiança: eleições e mudanças políticas no Brasil*, Rio de Janeiro, Vozes, 1980 ; E. Diniz, « O ciclo autoritário: a lógica partidário-eleitoral e a erosão do regime », *in* O. Brasil de Lima Junior (dir.), *O balanço do poder : formas de dominação e representação*, Rio de Janeiro-Rio Fundo, Iuperj, 1990.
[2] E. Diniz, « A transição política no Brasil: uma reavaliação da dinâmica da abertura », *Dados*, 28 (3), 1985, p. 329-346.

DICTATURE ET CONSULTATIONS ÉLECTORALES : LE CAS DU CHILI (1973-1988/1990)

Carolina CERDA-GUZMAN

Étudier la manière dont les dictatures passées ont fait usage des consultations électorales pourrait être perçu comme une analyse d'arrière-garde. Qu'auraient les dictatures à nous enseigner sur la manière dont elles ont consulté le peuple ? Rien *a priori*, ou alors si peu. Pourtant, cette réponse lapidaire, qui semble relever de l'évidence, est en réalité bien trompeuse. Les dictatures enseignent énormément non seulement sur la manière dont le droit peut être utilisé et contourné, mais dans certains cas l'étude des usages dictatoriaux des consultations populaires est même nécessaire pour comprendre une réalité très actuelle. Cela est notamment le cas au Chili. Ce pays vit depuis le 7 octobre 2019 un mouvement social d'une ampleur inégalée dans son histoire et la compréhension fine de ce mouvement ne peut être faite sans revenir en détail sur la manière dont les consultations électorales ont été utilisées sous la dictature d'Augusto Pinochet.

Il est vrai que, contrairement à d'autres mouvements populaires, comme le « Printemps arabe » ou la « Révolution des parapluies », la mobilisation chilienne (appelée la « Révolution d'octobre », le « Printemps chilien » ou la « Révolution des 30 pesos ») ne vise pas à renverser un régime dictatorial ou autoritaire. Le Chili n'est pas en dictature. Ou précisément, le Chili n'est plus officiellement en dictature depuis 1990. Bien au contraire, ce pays est souvent présenté comme un modèle de transition démocratique réussie, car faite en évitant un bain de sang et débouchant sur une belle et rassurante croissance économique. Ainsi, vu de l'extérieur, il avait semblé que le Chili était parvenu à effacer toutes les cicatrices de la dictature et que les revendications portées par la mobilisation actuelle étaient d'un tout ordre. Pourtant, l'ombre de la dictature n'est pas loin. Les demandes formulées par les manifestants, qu'il s'agisse d'une augmentation des retraites, d'une meilleure prise en charge des soins de santé, d'une éducation publique financée, ont leurs origines dans le passé dictatorial du Chili, car leur source se trouve dans la Constitution de 1980 mise en place sous la dictature d'Augusto Pinochet ; une Constitution, certes révisée à plusieurs reprises depuis, mais toujours en vigueur. Pour comprendre cette crispation constitutionnelle et le lien avec les consultations électorales, il est nécessaire de revenir aux origines du mal, à savoir la dictature militaire qui a sévi au Chili de 1973 à 1990, car précisément, c'est durant ce régime que l'actuelle Constitution chilienne a été adoptée et ratifiée par référendum.

La dictature chilienne fait partie de celles qui ont marqué l'histoire mondiale. Alors que le Chili est un petit pays, qui aurait pu passer inaperçu, son histoire contemporaine est largement connue du fait précisément du contexte et de la spécificité de sa dictature. Tout débute par un coup d'État organisé le 11 septembre 1973, par les chefs d'État-major des différents corps de l'Armée chilienne. Ce coup d'État a énormément marqué les esprits et ce pour diverses raisons. La première raison est la cible de ce coup d'État, à savoir le président de la République de l'époque : Salvador Allende. Ce Président constituait une figure historique dans la mesure où son élection démocratique en 1970 constituait la première élection, dans l'histoire mondiale, d'un président de la République socialiste. Il y avait déjà eu des chefs d'États socialistes dans d'autres pays avant 1970, bien évidemment, mais aucun n'avait accédé au pouvoir par la voie des urnes et par une élection populaire respectant les standards démocratiques. Le second élément qui marque cette dictature est le fait que le coup d'État n'ait pas été dirigé par l'opposition politique, mais par des militaires, qui ne bénéficient d'aucune légitimité démocratique, et avec le soutien avéré des États-Unis, donc avec l'appui de forces étrangères. Cette double illégitimité à renverser un pouvoir démocratiquement élu renforce la réprobation à l'égard de ce coup d'État, dont l'image symbolique et marquante restera le bombardement aérien du Palais présidentiel de la Moneda par l'aviation chilienne ce jour du 11 septembre 1973.

Dès la prise du pouvoir, un quatuor de militaires (Augusto Pinochet, José Toribio Merino, Gustavo Leigh[1] et César Mendoza) s'organise sous la forme d'une Junte militaire, au sein de laquelle, Augusto Pinochet prend rapidement le *leadership*. Une forte répression est mise en place, qui cible initialement les membres du gouvernement socialiste et les membres des partis et syndicats qui soutenaient le régime d'Allende. Durant ces dix-sept ans de dictature, on décompte plus de 3 200 morts et disparus et autour de 38 000 personnes torturées. Si cette dictature fut violente dans sa forme, elle eut également des incidences fortes du point de vue économique. Ce coup d'État était clairement un coup d'État antimarxiste. Dès lors, aux yeux des militaires, et notamment d'Augusto Pinochet, il était important non seulement d'éradiquer le marxisme dans les esprits, mais aussi dans l'économie. De ce fait, la dictature chilienne

---

[1] Gustavo Leigh sera remplacé Fernand Matthei après sa démission forcée le 24 juillet 1978. Cette démission serait liée à des désaccords forts au sein de la Junte nés à la suite de l'attentat d'Orlando Letelier aux États-Unis. Gustavo Leigh aurait alors affirmé, lors d'un entretien avec le journal italien *Corriere della Serra*, que la démocratie devait être restaurée dans un délai de cinq ans et que s'il disposait des preuves de la participation du gouvernement à l'assassinat d'Orlando Letelier, il reconsidèrerait la participation des Forces aériennes au sein de la Junte. V. R. Barros, *La junta militar. Pinochet y la Constitución de 1980*, Santiago, Chili, Editorial Sudamericana, coll. « Todo es Historia », 2005, p. 261.

est également connue pour avoir été l'occasion de faire de ce pays un laboratoire de l'économie libérale de marché. Sous l'impulsion de ce que l'on appelle les *Chicago Boys*, école de pensée néolibérale inspirée des conceptions économiques de Milton Friedman, de nombreuses privatisations ont eu lieu, et notamment la privatisation de l'eau, de l'éducation, des retraites et de la santé. Celles-ci furent consolidées par la Constitution de 1980 qui établit, par exemple, à son article 19, n° 24, que les personnes privées peuvent détenir des droits de propriété sur les eaux. Or, il s'agit précisément d'un des points nodaux de la contestation sociale actuelle.

Si le maintien des fondements constitutionnels économiques issus de la dictature même après le départ d'Augusto Pinochet peut être expliqué par divers facteurs, le contexte de naissance de cette Constitution et la manière dont Pinochet a fait usage des consultations électorales durant la dictature constituent un élément de compréhension non négligeable et encore trop peu étudié. Certes, la dictature chilienne a fait l'objet de nombreuses études, notamment économiques ou sociologiques, mais peu d'études se sont focalisées sur son fonctionnement institutionnel. Pourtant, du fait de sa durée (dix-sept ans) et du fait de sa nature (essentiellement militaire) la question de son institutionnalisation est cruciale. Comment cette Junte militaire a-t-elle fait pour durer au pouvoir sans légitimité politique et démocratique ? Cette question est loin d'être purement rhétorique puisqu'il s'agissait d'une préoccupation très présente au sein de la Junte, dès les premières heures de la dictature. Et précisément, bien que leur usage fût très modéré, la manière dont ont été utilisées les consultations populaires explique à la fois le maintien au pouvoir de la Junte, mais aussi les difficultés rencontrées par les partis de la transition pour réformer ultérieurement cette Constitution.

A priori, on aurait envie de penser que toute dictature rejette nécessairement toute utilisation de la consultation populaire. Or les choses sont toujours un peu plus complexes. Dans le cas chilien, il est clair que la dictature chilienne s'est reposée sur une négation frontale et claire du principe électif. Même au moment où une Constitution a été instaurée, la méthode suivie a visé à contourner les procédures démocratiques. Mais l'exemple chilien montre également l'impossibilité pour un régime, quel qu'il soit, de totalement évincer la question électorale ou la consultation du peuple. Que cela soit pour renforcer la personnalisation du pouvoir, mais aussi pour assurer sa pérennité, la consultation populaire dispose d'un attrait indéniable. Cet attrait est tel qu'il en devient incontournable y compris si cela peut entraîner sa chute, comme l'illustre également le cas chilien. Pour analyser ce double mouvement, il est nécessaire dans un premier temps de revenir sur le rejet profond du principe électif sous la dictature chilienne, puis dans un second temps d'analyser l'utilisation qu'a pu être faite, malgré tout, des consultations populaires, et en particulier du référendum.

Le rejet profond du principe électif

L'image du bombardement du palais présidentiel par l'aviation chilienne permet à elle seule de résumer la philosophie de la Junte militaire. Il était clair que pour les militaires chiliens, la légitimité des urnes n'en était pas une et que l'ordre ne pouvait être instauré que par un rejet du modèle démocratique en vigueur jusqu'alors. Selon eux, le coup d'État devait conduire à établir un nouveau régime fondé sur deux principes : celui d'une démocratie autoritaire et protégée, qui rejette la légitimité élective, et celui d'un pluralisme limité, qui réfute l'expression politique[1].

L'illégitimité élective des pouvoirs : une démocratie « protégée »

Dans le cas du Chili, aucune élection ne fut organisée sous la dictature d'Augusto Pinochet. Cette absence complète d'élection a concerné aussi bien les institutions centrales que locales (puisque les maires étaient nommés par le pouvoir exécutif central[2]) et même syndicales. Afin d'acter l'absence d'élection, tous les registres électoraux furent supprimés. Dès le 13 novembre 1973[3], la Junte militaire a décrété la caducité des registres électoraux existants et suspendu tout processus d'inscription sur de nouveaux registres. Ainsi, il n'est pas excessif de dire que la dictature a fonctionné sur la base d'un rejet catégorique des mécanismes de bases d'une démocratie. Cependant, ce simple constat ne peut suffire pour essayer de comprendre cette dictature. Dans le cas de l'exemple chilien, il est nécessaire de pousser la réflexion plus loin et de voir comment ces pouvoirs se sont organisés en l'absence de légitimité élective.

L'élaboration d'une théorie globale des pouvoirs publics par la Junte militaire n'a pas été, il faut le reconnaître, la préoccupation première. Les premiers jours suivant le coup d'État sont peu solides du point de vue du droit. Le Chili est alors gouverné par des ordres ou actes militaires (dits *bandos*), en lieu et place des lois civiles et pénales ordinaires, et qui ne reposaient sur aucun fondement constitutionnel[4]. Le principal texte adopté est le décret-loi n° 1 du 11 septembre 1973[5] qui institue formellement la Junte militaire comme la source du pouvoir étatique. Ce texte, bien qu'important, ne définit que peu la portée et les attributions du nouveau gouvernement militaire. Ce texte indique seulement que les Forces armées se sont arrogé le « Mandat suprême de la Nation » et ont formé une Junte de gouvernement. Le 12 novembre 1973, un décret-loi vient préciser le contenu de ce « mandat

---

[1] H. Nogueira Alcalá, « La evolución político-constitucional de Chile. 1976-2005 », *Estudios constitucionales*, n° 2, 2008, p. 327.
[2] R. Barros, *La junta militar. Pinochet y la Constitución de 1980*, *op. cit.*, p. 212.
[3] Décret-loi n°130 du 13 novembre 1973, *Diario Oficial*, 19 novembre 1973.
[4] R. Barros, *La junta militar. Pinochet y la Constitución de 1980*, *op. cit.*, p. 68.
[5] Décret-loi n°1 du 11 septembre 1973, *Diario Oficial*, 18 septembre 1973.

suprême[1] ». Celui-ci implique l'exercice des pouvoirs exécutif (décrets suprêmes et résolutions), législatif (décrets-lois) et constituant. À cette concentration du pouvoir entre les mains de la Junte militaire s'ajoute une mise au ban des institutions de la Constitution précédente, à savoir celle de 1925. Après la mort du Président Salvador Allende, la Junte prononce dès le 13 septembre 1973, la dissolution du Congrès[2]. La coupure avec la légitimité démocratique est donc claire et nette.

Pour autant, la Junte militaire n'a pas entièrement rejeté la Constitution de 1925. Elle souhaite, d'un point de vue formel maintenir ce texte, en précisant toutefois qu'il ne sera respecté que si la situation du pays le permet[3]. La Constitution demeure donc en vigueur, mais sa suprématie est subordonnée à l'état d'exception tel que défini par la Junte ainsi qu'à d'autres textes qui tentent d'adapter l'organisation des pouvoirs publics au nouveau contexte[4]. Toutefois, même dé-constitutionnalisée, le maintien de ce fantôme de Constitution apparaît très vite encombrant pour la Junte, et la nécessité d'adopter un tout nouveau texte constitutionnel se fait rapidement sentir.

Une commission est alors mise en place. Cette commission, dite Commission Ortúzar, composée de constitutionnalistes et d'hommes de droite et du centre droit[5], est chargée de préparer un avant-projet de Constitution. Les travaux de cette commission seront longs et aboutissent, le 5 octobre 1978, à la rédaction d'un avant-projet de Constitution politique[6]. Cette commission reçut à certaines occasions des instructions de la part de la Junte. Le 10 novembre 1977, Augusto Pinochet lui a notamment adressé un mémorandum dans lequel il appelle la Commission à configurer une « nouvelle démocratie, dont j'ai synthétisé les caractères plus importants sous les termes d'autoritaire, protégée, intégratrice, technicisée et avec une authentique participation sociale[7] ». Augusto Pinochet met notamment l'accent sur le renforcement d'un système présidentiel chilien à travers une autorité forte et l'établissement de systèmes électoraux qui empêchent les partis politiques de se transformer en conducteurs monopolistiques de la participation citoyenne[8].

---

[1] Décret-loi n° 128 du 12 novembre 1973, *Diario Oficial*, 16 novembre 1973.

[2] Cette dissolution sera prononcée à deux reprises : une première fois avec l'ordre militaire n° 29 du 13 septembre 1973, puis par un décret-loi n° 27 du 21 septembre 1973, *Diario Oficial*, 24 septembre 1973.

[3] Article 3 du décret-loi n° 1 du 11 septembre 1973, *Diario Oficial*, 18 septembre 1973.

[4] R. Barros, *op. cit.*, p. 115.

[5] Enrique Ortúzar Escobar, Sergio Diez Urzúa, Jaime Guzmán Errázuriz et Jorge Ovalle Quiroz (pour la droite) et Gustavo Lorca Rojas, Enrique Evans de la Cuadra et Alejandro Silva Bascuñán (pour les démocrates-chrétiens). Cette commission est officialisée par le décret suprême n° 1 064 du 25 octobre 1973, *Diario Oficial*, 12 novembre 1973.

[6] H. Nogueira Alcalá, « La evolución político-constitucional de Chile. 1976-2005 », *préc.*, p. 328.

[7] *Idem.*

[8] *Idem.*

Les discussions au sein de cette Commission sont longues et ce n'est qu'en 1978 que la Junte militaire aboutit à un texte composé de 120 articles permanents et 29 dispositions transitoires[1]. À la lecture du texte, il apparaît clairement que celui-ci contient en réalité deux constitutions en une[2], puisque les 29 dispositions prévoient une période de transition de huit ans avant l'application pleine et entière de la Constitution. Au terme de cette période de transition devra être présenté, pour une ratification populaire, le nom du chef de l'État qui pourra alors présider pendant un nouveau mandat de huit ans[3]. Cette période transitoire devait donc se clôturer par un plébiscite qui permettrait d'avoir un président (élu d'une manière quelque peu étrange), mais qui devait permettre l'entrée en vigueur pleine et entière des dispositions permanentes de la Constitution de 1980. Du fait de cette très longue période transitoire, la Constitution fut dans l'immédiat davantage un outil de stabilisation dictatoriale qu'un outil de transition démocratique[4].

Bien que les dispositions permanentes de la Constitution prévoient des institutions élues démocratiquement (notamment un pouvoir législatif bicaméral élu, ainsi qu'un Président élu), ces institutions ne sont pas instituées immédiatement, confirmant à nouveau la méfiance de la Junte à l'égard du jeu démocratique. Cette méfiance peut également se constater au regard de la composition du Sénat, telle que prévue par la Constitution de 1980, puisque cette assemblée devait comporter un tiers de sénateurs non élus, dont certains seraient désignés par le président de la République pour un mandat de huit ans, et d'autres seraient des sénateurs à vie, une fonction dévolue aux anciens présidents de la République. De même, on remarque que dans sa version initiale, la Constitution de 1980 est particulièrement silencieuse en ce qui concerne l'organisation et la supervision des élections[5] ou la nature du système électoral. Toutes ces questions étaient laissées au législateur organique. En réalité, il n'y avait pas d'accord au sein de la Commission et de la Junte sur le système idéal. La plupart des membres concordaient avec l'idée qu'il fallait rompre avec le monopole des partis sur ces élections, et de ce fait, le scrutin proportionnel était vu d'un mauvais œil (les partis maîtrisant la composition de ces listes)[6]. Mais aucun consensus ne s'est formé à ce sujet.

Ainsi, sur le plan des textes et dans la pratique du pouvoir, le rejet du principe électif apparaît au cœur du fonctionnement de la dictature chilienne et il apparaît bien difficile de parler de « démocratie » même affublée des adjectifs « autoritaire » et « protégée ». Ce positionnement se trouve renforcé

---

[1] Décret-Loi n° 3 464 du 8 août 1980, *Diario Oficial*, 11 août 1980. Puis convocation à un référendum par le décret-loi n°3 465 du 8 août 1980, *Diario Oficial*, 12 août 1980.

[2] R. Barros, *La junta militar. Pinochet y la Constitución de 1980*, *op. cit.*, p. 209.

[3] H. Nogueira Alcalá, H. Nogueira Alcalá, « La evolución político-constitucional de Chile. 1976-2005 », *préc.*, p. 330.

[4] R. Barros, *La junta militar. Pinochet y la Constitución de 1980*, *op. cit.*, p. 208 et 209.

[5] *Ibid.*, p. 292.

[6] *Ibid.*, p. 294.

par un refus net du pluralisme politique, qui, de ce point de vue, révèle la violence de la pratique du pouvoir par la Junte militaire.

Le refus du pluralisme politique : le pluralisme « limité »

Si les membres de la Junte militaire refusent le principe électif, ce n'est pas tant du fait d'une méfiance à l'égard du suffrage universel (une méfiance qui a pu se retrouver chez certains conseillers, mais qui ne se retrouve pas parmi tous les dirigeants de la Junte), mais davantage d'un mépris réel et poussé à l'égard des partis politiques. En effet, dans la pratique du pouvoir dictatorial, ce qui marque le plus n'est pas tant l'illégitimité de l'exercice du pouvoir, mais la volonté d'effacer, d'éradiquer, toute action des partis politiques et donc tout pluralisme politique, lequel est pourtant une des conditions du fonctionnement d'une démocratie.

Ce rejet à l'égard des partis politiques peut être illustré par différentes mesures. Dès le 8 octobre 1973, la Junte militaire adopte un décret-loi prohibant tous les partis marxistes ou socialistes[1]. Huit partis politiques sont nommément listés dont le Parti communiste, le Parti socialiste et le Parti de la gauche chrétienne. Ce décret-loi prévoit également que tout groupement, association, société ou entreprise géré ou appartenant à ces partis est dissous, conduisant ainsi à fermer tout journal ou moyen de communication de ces partis. L'article 2 de ce décret rend délictuel le fait de promouvoir ces partis illicites. L'article 3 prohibe toute action de propagande marxiste ou de toute autre doctrine « substantiellement concordante avec ses principes ou objectifs ». Ce décret-loi restera en vigueur tout au long de la dictature et ne sera supprimé qu'en 1991 (donc même après la phase de transition démocratique)[2]. Si cette méfiance concerne initialement les partis qualifiés de marxistes par la Junte, elle s'étend au fur et à mesure à tous les autres partis. Ainsi, le décret-loi n° 78 du 11 octobre 1973[3] déclare que tous les autres partis politiques non cités dans le décret-loi n° 77 sont en pause (*receso*). Cette pause était entendue de manière plus ou moins souple selon les partis. Par exemple, les partis de droite ou du centre (notamment les démocrates-chrétiens) voyaient leurs activités sérieusement réduites sans pour autant être totalement prohibées[4]. Puis, en 1977, à la suite d'un réchauffement des liens entre le Parti démocrate-chrétien chilien et le Gouvernement des États-Unis, Augusto Pinochet parvient à convaincre les autres membres de la Junte militaire d'officiellement dissoudre tous les partis politiques. Le décret-loi du 11 mars

---

[1] Décret-loi n° 77 du 8 octobre 1973, *Diario Oficial*, 13 octobre 1973.

[2] Article 8 de la loi n° 19047 qui modifie divers textes légaux indiqués afin de garantir de meilleure façon les droits des personnes, du 1er février 1991, *Diario Oficial*, 14 février 1991.

[3] Décret-loi n° 78 du 11 octobre 1973, *Diario Oficial*, 17 octobre 1973. Décret qui sera également abrogé par la loi n° 19047, *préc.*

[4] O. Ulianova, « El despliegue de un antagonismo : el ex presidente Frei Montalva y el dictador Pinochet en los archivos estadounidenses (1973-1982) », *Historia*, n° 47, vol. II, juillet-décembre 2014, p. 426.

1977 non seulement dissout ces partis, mais interdit également toute activité politique ou militante, quelle qu'elle soit[1].

Cette absence de pluralisme politique se trouve renforcée par le cadre juridique appliqué durant les premiers temps de la dictature, à savoir l'état de siège. Alors même que le Chili ne se trouvait pas en guerre contre un État étranger et qu'il n'y avait pas d'insurrection armée[2], la Junte militaire a instauré cet état d'exception, dans tout le pays, dès le 11 septembre 1973[3]. Ce régime d'exception permet de confier l'ordre public et la justice[4] aux autorités militaires. Plus concrètement, il permet de contrôler tous les moyens de communication, ainsi que de restreindre la liberté personnelle des citoyens en décidant du transfert d'individus d'un département à un autre ou d'ordonner des assignations de résidence[5]. Cet état de siège étant très critiqué au niveau international, la Junte militaire prit l'habitude à partir de 1974 et tous les ans, aux alentours du mois de septembre (pour anticiper l'Assemblée générale de l'ONU[6]), de modifier par décret-loi les larges pouvoirs prévus dans ces états d'exception. La stratégie fut alors de créer de nouveaux états d'exception, qui apparaissaient comme étant de rang inférieur, mais qui en réalité ne l'étaient pas[7]. Par exemple, le 11 septembre 1974[8], la Junte militaire a annoncé que l'état de siège en « temps de guerre » était terminé et qu'il allait être réduit au grade de « défense Interne », grade qui venait juste d'être créé, mais dont le contenu était exactement le même[9]. Finalement, l'état de siège ne sera levé qu'en octobre 1978[10], puis réinstauré temporairement, au moment d'une tentative d'assassinat contre Augusto Pinochet, le 7 septembre 1986.

Si ce régime d'exception, du fait du contrôle marqué qu'il permet sur les moyens de communication, ne permet pas de favoriser une diffusion libre des idées, et donc un pluralisme politique, ce contrôle sur l'expression politique est présent même hors du cadre du régime d'exception, comme en attestent les dispositions de la Constitution de 1980. Dans le cadre de cette Constitution, et notamment ses dispositions permanentes, la question des

---

[1] Décret-loi n°1 697 du 11 mars 1977, *Diario Oficial*, 12 mars 1977, décret qui sera également abrogé par la loi n° 19 047, préc.

[2] R. Barros, *La junta militar. Pinochet y la Constitución de 1980*, *op. cit.*, p. 154.

[3] Décret-loi n° 3 du 11 septembre 1973, *Diario Oficial*, 18 septembre 1973.

[4] Dans les faits, la justice militaire fut confiée aux commandants de division et de brigade (décret-loi n° 8 du 12 septembre, *Diario Oficial,* 19 septembre 1973).

[5] R. Barros, *La junta militar. Pinochet y la Constitución de 1980*, *op. cit.*, p. 175.

[6] *Ibid.*, p. 188.

[7] *Ibid.*, p. 189.

[8] Décret-loi n° 641 du 2 septembre 1974, *Diario Oficial*, 11 septembre 1974. Voir *Ibid.*, p. 204.

[9] Décret-loi n° 640 du 2 septembre 1974, *Diario Oficial*, 10 septembre 1974. Ce décret indique qu'il existe six régimes d'exception : 1) l'état de guerre externe ou interne, 2) l'état d'assemblée, 3) l'état de siège (qui comporte quatre degrés : état de siège pour situation de guerre interne ou externe, état de siège « Défense interne », état de siège « Sécurité intérieure » et état de siège « Simple commotion intérieure »), 4) les compétences extraordinaires, 5) la zone ou état d'urgence et 6) les directions de place.

[10] R. Barros, *La junta militar. Pinochet y la Constitución de 1980*, *op. cit.*, p. 181.

partis politiques n'est pas réellement abordée. L'article 8 de la Constitution confirme l'interdiction des partis marxistes. Lors des discussions sur l'élaboration de cette Constitution, il fut envisagé pendant un temps que cet article ne puisse pas faire l'objet d'une révision constitutionnelle, mais cette proposition ne fut finalement pas retenue[1]. Hormis cette disposition, la Constitution de 1980 ne tranche pas clairement la question du rôle et de l'organisation des partis politiques. Cette question devait alors relever du domaine législatif. À la fin de l'année 1984, les membres de la Junte et leurs assesseurs avaient étudié et préparé quatre différents avant-projets de loi sur les partis politiques. Mais aucun ne faisait consensus. Un des projets de loi rendait pratiquement impossible que l'opposition puisse créer des partis politiques[2], puisque le texte exigeait l'obtention de 150 000 signatures pour constituer un parti politique (2,5 % de l'électorat). La discussion sur ce sujet se débloqua sous l'impulsion du Tribunal constitutionnel, une des rares instances mentionnées dans les dispositions permanentes de la Constitution de 1980, et qui fut mise en place durant la période transitoire. À l'occasion de l'examen d'un texte législatif portant sur le Tribunal Qualificateur des Élections, le tribunal chargé de contrôler les élections qui seraient mises en place après la fin de la période transitoire, le Tribunal constitutionnel censura, le 24 septembre 1985[3], de nombreuses dispositions de cette loi. Cette décision fut une bombe politique, puisqu'elle obligeait le gouvernement à adopter une série de mesures qu'il rechignait à prendre (notamment instaurer des registres électoraux) et toutes ces mesures (puisqu'elles sont du domaine de la loi organique constitutionnelle) devaient passer par un contrôle par le Tribunal constitutionnel. Les règles du jeu électoral n'étaient donc plus entre les mains des militaires, lesquels devaient nécessairement permettre la mise en place d'un minimum de pluralisme politique. Durant les années 86-88 fut finalement adoptée une série de lois organiques constitutionnelles relatives aux inscriptions électorales et le service électoral[4], les partis politiques[5], les votes et les recomptages[6], qui certes n'instaurent pas un pluralisme parfait car

---

[1] *Ibid.*, p. 268.
[2] *Ibid.*, p. 338.
[3] Tribunal constitutionnel du Chili, 24 septembre 1985, Rol n° 33, *Diario Oficial*, 3 octobre 1985.
[4] Loi organique constitutionnelle sur le système d'inscriptions électorales et service électoral n° 18556 approuvée par la Junte le 7 août 1986, *Diario Oficial,* 1er octobre 1986.
[5] Loi organique constitutionnelle n° 18603 sur les partis politiques, *Diario Oficial*, 23 mars 1987, loi approuvée par la Junte le 15 janvier 1987 et qui fit l'objet d'importantes censures par le Tribunal constitutionnel du Chili (24 février 1987, Rol n° 43, *Diario oficial,* 7 mars 1987) pour atteinte à la liberté d'association, du fait de dispositions régulant de manière précise l'organisation interne des partis ou permettant de suspendre temporairement la procédure de formation d'un parti car ce parti serait soupçonné de poursuivre des objectifs décrits à l'article 8 de la Constitution.
[6] Loi organique constitutionnelle n° 18700 sur les votes populaires et les scrutins du 19 avril 1988, *Diario Oficial*, 6 mai 1988. Dans sa décision du 5 avril 1988 (Rol n° 53, *Diario Oficial*,

limité (du fait de l'interdiction de certains partis politiques), mais plus ouvert que la situation connue jusqu'alors.

Si durant la dictature chilienne, tout a été fait pour réduire l'expression politique, en supprimant toute élection ou tout pluralisme politique, il ne faut pas en conclure pour autant qu'il n'y a pas eu de consultation populaire. En effet, au fil du temps, la Junte militaire s'est retrouvée forcée de consulter le peuple. Bien que ces consultations fussent rares et très limitées, elles ont joué un rôle décisif dans la structuration du pouvoir dictatorial. Si elles ont permis initialement de conforter la figure dictatoriale d'Augusto Pinochet, elles ont à terme permis de contribuer à la fin de ses pouvoirs.

L'attirance fatale de l'arme plébiscitaire

La dictature chilienne a duré dix-sept ans. Pour parvenir à rester au pouvoir pendant une si longue durée, mais aussi afin de faire face aux critiques internationales au regard de son manque de légitimité, la Junte militaire s'est résignée, au bout d'un certain temps à organiser des plébiscites. Il y en a eu quatre entre 1973 et 1989. Si les deux premiers plébiscites, à l'organisation très discutable, ont dans un premier temps permis de renforcer le pouvoir d'Augusto Pinochet, les deux suivants ont permis de conduire à son éviction du pouvoir et à la fin de la dictature.

L'attrait à l'égard des consultations populaires : un peuple manipulé

La première consultation populaire fut organisée après quatre ans de dictature et dans une certaine précipitation. La Junte était, à la fin de l'année 1977, soumise à une certaine pression internationale. Le 16 décembre 1977, l'Assemblée générale des Nations Unies avait formellement condamné le régime et des sanctions économiques étaient donc à prévoir. Pour les éviter, Augusto Pinochet propose, contre la volonté des autres membres de la Junte et en plein état de siège, de consulter la population chilienne afin de pouvoir montrer, au reste du monde, le soutien du peuple chilien à sa politique. Le 21 décembre 1977, Augusto Pinochet annonce à la télévision chilienne la tenue de ce référendum qui sera mis en œuvre le 4 janvier 1978. Le « oui » l'emporte à 75,04 %[1]. Comme s'en doutaient eux-mêmes certains membres de la junte militaire (dont le Général Leigh), le résultat positif de cette

---

13 avril 1988), le Tribunal constitutionnel a censuré des dispositions et a enjoint le gouvernement à adopter diverses mesures législatives ordinaires qui permettent notamment de garantir un temps égal et gratuit d'accès à la télévision aux deux parties du plébiscite ainsi qu'un accès non discriminatoire à la presse et à la radio (cons. 10), notamment pour les indépendants (cons. 19).

[1] Les résultats officiels et finaux de la Consultation nationale ont été publiés par *El Cronista*, le 19 janvier 1978 : https://web.archive.org/web/20190527191614/https://archivo.servel.cl/uploads/r/null/1/9/8/1987715a1969d0b298a6cdd615a353fbd004c0c3d1f1c6e1033342b3faa45d48/SFMI-10.pdf.

consultation n'a pas du tout conduit la communauté internationale à revoir sa position à l'égard du Chili[1], mais elle a permis à Augusto Pinochet de renforcer sa position politique au sein du quatuor de la Junte militaire.

Le « succès » obtenu lors de cette première consultation permet ensuite de balayer les doutes de la Junte quant à l'utilité d'une telle technique et une deuxième consultation est organisée, mais avec cette fois-ci des conséquences réelles : à savoir la ratification de la Constitution de 1980. Compte tenu du caractère autoritaire de la rédaction, la Junte souhaitait que le texte de cette Constitution soit ratifié par le peuple chilien, afin d'éviter toute discussion sur sa légitimité. Ce référendum, organisé le 11 septembre 1980[2], a vu le « oui » l'emporter à 67,04 %. Ces résultats ont non seulement permis de faire approuver la Constitution, mais aussi et surtout d'enclencher une période transitoire durant laquelle la fonction de président de la République est confiée nommément à Augusto Pinochet. Ainsi, loin de se limiter à une simple ratification de Constitution, cette consultation a constitué le moyen pour Augusto Pinochet de s'assurer le maintien au pouvoir pendant une durée transitoire d'au moins huit ans, l'approbation populaire permettant, d'après les conseillers du dictateur, d'invalider toute demande d'un nouveau plébiscite ou d'une élection générale, avant la fin de la période transitoire[3].

Si, pour la Junte militaire, ces deux premières opérations consultatives ont constitué une réussite, leur mise en place soulève de nombreuses critiques, notamment au regard de la légalité et des standards démocratiques. Tout d'abord, des critiques peuvent être formulées quant à la légalité de leur mise en œuvre. Par exemple concernant le référendum de 1978, organisé en réaction à la condamnation du Chili par l'Assemblée générale de l'ONU, la décision de son organisation a été prise par Augusto Pinochet, alors même qu'aucun acte ne reconnaissait de compétence au chef de la junte militaire pour décider seul de l'organisation d'une telle consultation. D'une part, le terme « consultation » n'apparaissait dans aucun des actes constitutionnels adoptés jusqu'alors, et d'autre part, une telle innovation aurait dû être prise avec l'accord de l'ensemble de la Junte militaire. Or, deux membres de la junte militaire (José Toribio Merino et Gustavo Leigh) étaient très opposés à cette consultation[4]. Cette faille a notamment été soulevée par le Directeur de la *Contraloría General de la República* (institution chargée d'assurer le conseil juridique de l'administration d'État), dans un avis du 28 décembre

[1] Voir document des archives de P. Aylwin Azócar : Auteur inconnu, Rapport « La Consulta Nacional del 4 de enero de 1978 », p. 11 : **Erreur ! Référence de lien hypertexte non valide..**

[2] Décret-loi n° 3465 de convocation au référendum du 8 août 1980, *Diario Oficial*, 12 août 1980.

[3] R. Barros, *La junta militar. Pinochet y la Constitución de 1980*, *op. cit.*, p. 246.

[4] Voir document des archives de P. Aylwin Azócar : Auteur inconnu, Rapport « La Consulta Nacional del 4 de enero de 1978 », *préc.*, p. 7.

1977[1]. Pour contourner cet obstacle, Augusto Pinochet décida d'accélérer le départ à la retraite de ce directeur et de le remplacer par un homme de confiance, qui approuva l'acte de convocation à la Consultation, quarante-huit heures avant qu'elle n'ait lieu[2].

Outre ces questions de fondement juridique, d'autres critiques peuvent être formulées à l'encontre de ces consultations et qui tiennent à l'absence de règles permettant de s'assurer de la fidélité, de la sincérité et de la transparence du vote. Par exemple, il convient de rappeler que ces consultations ont été organisées alors même qu'il n'existait plus de registre électoral. Si l'absence de registre électoral n'était pas problématique aux yeux d'Augusto Pinochet pour la première consultation, puisque de son propre aveu, il ne s'agissait pas d'un véritable référendum, mais d'une simple consultation[3], elle le devenait beaucoup plus concernant le référendum visant à ratifier la nouvelle Constitution. Dans le cadre de ces deux consultations, les décrets convoquaient toutes les personnes résidant sur le territoire chilien de plus de 18 ans à voter, y compris les personnes de nationalité étrangère. La seule preuve d'identité qui était demandée était la présentation de la carte d'identité, quelle que soit sa date d'expiration[4]. Par ailleurs, les électeurs pouvaient voter et se présenter à n'importe quel bureau de vote (quel que soit le lieu de résidence)[5], multipliant ainsi les risques de fraude.

L'autre critique que l'on peut formuler à l'égard de ces deux consultations porte sur le caractère obligatoire de ce vote et de ses incidences. Dans le cas de la consultation de 1978, la première version du décret de convocation indiquait que la consultation présentait un caractère obligatoire pour les résidents de nationalité chilienne, et facultatif pour les étrangers. Mais la veille de la consultation, le décret est modifié afin de supprimer cette obligation. Or, cette modification ne fut pas communiquée à la population[6], conduisant ainsi à altérer le processus de vote. Dans le cas du plébiscite de 1980, le décret fut quant à lui plus précis et indiquait clairement que la participation était obligatoire pour les Chiliens, sauf s'ils avaient un empêchement physique,

---

[1] « La convocatoria del referéndum declarada anticonstitucional », *El País*, 29 décembre 1977 : https://elpais.com/diario/1977/12/29/internacional/252198011_850 215.html ; voir document des archives de P. Aylwin Azócar : Auteur inconnu, Rapport « La Consulta Nacional del 4 de enero de 1978 », *préc.*, p. 5 ; R. Barros, *op. cit.*, p. 141.

[2] Finalement, le décret convoquant à la Consultation nationale, bien que rédigé le 27 décembre 1977, fut publié dans le *Diario Oficial* le 3 janvier 1978. Voir document des archives de P. Aylwin Azócar : Auteur inconnu, Rapport « La Consulta Nacional del 4 de enero de 1978 », *préc.*, p. 7.

[3] *Ibid.*, p.13.

[4] Voir article 3 du décret n° 1308 du 27 décembre 1977 (*Diario Oficial*, 3 janvier 1978) et article 4 du décret-loi n°3465 du 8 août 1980 (*Diario Oficial*, 12 août 1980).

[5] R. Barros, *La junta militar. Pinochet y la Constitución de 1980*, *op. cit.*, p. 212.

[6] Voir document des archives de P. Aylwin Azócar : Auteur inconnu, Rapport « La Consulta Nacional del 4 de enero de 1978 », *préc.*, p. 7 et 33, 34.

mental ou étaient privés de liberté[1]. En cas de non-respect de cette obligation de vote, les autorités pouvaient prononcer une peine de prison qui pouvait être commuée en une amende (100 pesos par jour de prison)[2]. Surtout, les deux textes régulant les opérations de vote indiquaient qu'après chaque vote, le président du bureau de vote avait pour tâche de couper « légèrement » le coin supérieur droit de la carte d'identité du votant et de coller sur la carte un sceau émis par l'État. Cette procédure visait donc à accroître la pression autour du vote, puisque même après le vote, tout contrôle d'identité pouvait conduire à une sanction[3].

L'autre critique tient à la formulation des questions posées ou aux différentes techniques utilisées pour biaiser le vote des citoyens. D'ailleurs, il ne s'agissait jamais d'une question, mais toujours d'une affirmation, à laquelle les électeurs devaient répondre « oui » ou « non ». Dans le cas de la consultation de 1978, le bulletin de vote comportait la phrase suivante[4] : « Face à l'agression internationale déchaînée contre le Gouvernement de notre Patrie, je soutiens le Président Pinochet dans sa défense de la dignité du Chili, et je réaffirme la légitimité du Gouvernement de la République pour mener souverainement le processus d'institutionnalisation du pays ». Comme on peut le constater, la formulation choisie est extrêmement biaisée puisqu'elle implique une forte personnalisation de la question autour de la figure de Pinochet. Cette transformation de la consultation en plébiscite est précisément la raison pour laquelle les autres membres de la Junte militaire y étaient très opposés[5]. Si, quelques jours avant le vote, Augusto Pinochet n'a eu de cesse de déclarer que ce vote était uniquement une consultation et non un plébiscite afin d'écarter tout objectif personnel[6], insistant sur le fait qu'il n'était qu'un « oiseau de passage dans le Gouvernement »[7], la formulation du bulletin de vote atteste du contraire. Dans le cas de la consultation de 1980, la formulation du bulletin fut à l'inverse extrêmement sobre : « Plébiscite national. Nouvelle Constitution politique de la République du Chili. 1980 ». Puis, deux options

---

[1] Article 3 du décret-loi n° 3 465 du 8 août 1980, *Diario Oficial*, 12 août 1980.

[2] Article 31 décret-loi n° 3465 du 8 août 1980, *Diario Oficial*, 12 août 1980.

[3] Il est à noter qu'initialement, dans le cadre du plébiscite de 1978, il était prévu que dès le lendemain du vote, toute carte d'identité qui n'aurait pas été coupée et qui ne disposerait pas du sceau officiel de l'Etat serait considérée comme non valide. Cependant, cette règle fut supprimée dans la dernière version du décret n° 1308 du 27 décembre 1977, *Diario Oficial*, 3 janvier 1978. Néanmoins, ce changement ne fut pas communiqué à la population qui est allée voter en pensant que sa carte d'identité serait invalide si elle n'était pas coupée. Concernant la seconde consultation, voir : article 16 décret-loi n° 3465 du 8 août 1980, *Diario Oficial*, 12 août 1980.

[4] Article 2 du n° 1308 du 27 décembre 1977, *Diario Oficial*, 3 janvier 1978.

[5] Voir document des archives de P. Aylwin Azócar : Auteur inconnu, Rapport « La Consulta Nacional del 4 de enero de 1978 », *préc.*, p. 8.

[6] *Ibid.*, p. 9.

[7] *Ibid.*, p. 13.

s'ouvraient : « oui » ou « non »[1]. Si le caractère très concis de la question pouvait plaider en sa faveur, elle s'avérait en réalité extrêmement trompeuse. Car ici le « oui » ou le « non » ne portait pas uniquement sur l'adoption de la nouvelle Constitution, mais il impliquait également l'approbation ou non de la période transitoire instaurée par le texte et donc le maintien d'Augusto Pinochet comme président de la République pendant une durée de huit ans[2].

À ces problèmes de formulation s'ajoutent des critiques quant à la présentation des bulletins, conçue de manière à influencer le vote. Pour le plébiscite de 1978, un drapeau national était placé à côté du vote « oui » sur les bulletins de vote. Au côté du vote « non » était placé un rectangle grisé. Ces dessins rudimentaires permettaient clairement d'indiquer que le vote « oui » était le vote en faveur du Chili et que le vote « non » était celui du chaos[3]. Pour le plébiscite de 1980, les rectangles furent remplacés par des symboles. Le « oui » était précédé d'une étoile (comme sur le drapeau national) et le « non » était précédé d'un cercle. Officiellement, ces symboles avaient été disposés de la sorte afin de rendre possible le vote des analphabètes, cependant, ils permettent de manière indirecte de guider le choix des votants.

L'autre source de critique réside dans l'absence de garantie de transparence des opérations de vote. Dans ces deux consultations, les bureaux de vote étaient gérés par des personnes désignées par les maires (eux-mêmes nommés par la Junte militaire), et placés sous le contrôle d'un chef de local, nommé par l'autorité militaire[4]. Dans le cas de la consultation de 1978, le décret indiquait même que les électeurs non-voyants seraient accompagnés par le président du bureau de vote dans l'isoloir, mettant ainsi clairement en cause l'indépendance du vote[5]. Cette mainmise sur les bureaux de vote a conduit nécessairement à de nombreuses irrégularités : des urnes non scellées, absence de dépouillement public dans certains bureaux de vote ou encore l'obligation faite à des électeurs de voter devant les membres du bureau de vote et non dans l'isoloir[6].

Enfin, concernant les opérations de dépouillement, il est intéressant de relever que le décret-loi régulant le plébiscite de 1980 indiquait que tous les bulletins blancs, c'est-à-dire ceux qui ne contenaient aucune indication ou

---

[1] Article 5 décret-loi n° 3465 du 8 août 1980, *Diario Oficial*, 12 août 1980.

[2] H. Nogueira Alcalá, « La evolución político-constitucional de Chile. 1976-2005 », *préc.*, p. 330.

[3] Voir document des archives de P. Aylwin Azócar : Auteur inconnu, Rapport « La Consulta Nacional del 4 de enero de 1978 », *préc.*, p. 25.

[4] Articles 4 et 5 du décret n° 1308 du 27 décembre 1977 (*Diario Oficial*, 3 janvier 1978) et articles 10 et 23 du décret-loi n° 3465 du 8 août 1980 (*Diario Oficial*, 12 août 1980).

[5] Article 9 du décret n° 1308 du 27 décembre 1977, *Diario Oficial*, 3 janvier 1978.

[6] Voir document des archives de P. Aylwin Azócar : Auteur inconnu, Rapport « La Consulta Nacional del 4 de enero de 1978 », *préc.*, p. 37.

préférence de la part du votant, devaient être comptabilisés comme étant des votes en faveur du « oui »[1].

En réalité, la litanie des irrégularités pourrait extrêmement longue. Il serait également possible par exemple d'évoquer la brièveté des campagnes électorales (qui ne fut officiellement que d'une journée dans le cas du plébiscite de 1978) et l'absence de pluralisme politique (puisque les partis politiques sont considérés comme illégaux durant ces deux consultations). Cet état de fait permet de mieux comprendre la réticence que l'on peut avoir à qualifier ces deux consultations comme deux « référendums », et donc la préférence pour le terme « plébiscite ». Si ces deux consultations furent des parodies d'exercice démocratique, elles ne furent pas sans intérêt pour le devenir de cette dictature, car enivrée par ces succès, la Junte militaire réitère l'exercice en 1988, avec des résultats moins favorables.

Les risques de toute consultation populaire : une dictature renversée

La Constitution de 1980 prévoyait qu'au terme de la période transitoire de huit ans[2], la Junte propose au pays de ratifier par référendum le nom de la personne qui occuperait la fonction de président de la République pour un nouveau mandat de huit ans. En cas de validation du nom proposé par la population, cette personne assurerait les fonctions de président de la République pour un mandat plein de huit ans. En cas de refus par la population, les dispositions transitoires de la Constitution précisaient que le mandat présidentiel d'Augusto Pinochet devait être prorogé de plein droit d'un an, le temps d'organiser des élections parlementaires et présidentielles. C'est donc en parfaite application de ces articles transitoires qu'un référendum fut organisé le 5 octobre 1988.

Du point de vue formel, ce référendum ne remplissait pas à la perfection les exigences démocratiques. Par exemple, au regard de la question posée, on peut considérer cette consultation davantage comme une élection présidentielle déguisée visant à éviter toute concurrence, qu'un véritable référendum. En outre, il convient de rappeler que durant cette consultation, certains partis politiques étaient toujours prohibés. Cependant, il faut admettre que des améliorations avaient été apportées par rapport aux deux consultations précédentes.

Les bulletins ne comportaient plus de petits symboles visant à influencer les votes. Surtout, à la demande du Tribunal constitutionnel, des textes législatifs avaient été adoptés pour permettre la création de registres électoraux[3] et de jeter les bases d'une plus grande diversité politique. Cette

---

[1] Article 20 du décret n°3 465 du 8 août 1980, *Diario Oficial*, 12 août 1980. Voir H. Nogueira Alcalá, « La evolución político-constitucional de Chile. 1976-2005 », *préc.*, p. 330.

[2] Dispositions transitoires 27 à 29 de la Constitution de 1980.

[3] La loi organique constitutionnelle sur le système d'inscriptions électorales et service électoral n° 18556, approuvée par la Junte le 7 août 1986, *Diario Oficial*, 1er octobre 1986.

législation permettait notamment un égal accès aux médias pour les différents courants politiques. C'est donc grâce à cette législation exigée par le Tribunal constitutionnel que les partis politiques de l'opposition purent être reformés et surtout diffuser des spots de campagne en faveur du « non » au référendum.

La Junte militaire qui avait minimisé l'importance de ces quelques éléments fut bien évidemment surprise par les résultats, qui marquèrent la victoire du « non » (55,9 %). Selon les mémoires de Fernando Matthei (commandant en chef des forces aériennes du Chili), Augusto Pinochet aurait présenté à la Junte militaire le soir des résultats un décret dans lequel il assumait tout le pouvoir afin de ne pas reconnaître les résultats du plébiscite. Ce décret aurait rendu furieux les membres de la Junte, notamment Fernando Matthei, qui affirme avoir déchiré de ses propres mains le document, obligeant ainsi le dictateur à reconnaître sa défaite.

Si cette victoire du « non » annonçait la fin du pouvoir d'Augusto Pinochet, elle n'a pas impliqué la fin immédiate du régime militaire, puisque conformément aux dispositions transitoires de la Constitution de 1980 (article n° 29), des élections présidentielles et démocratiques devaient être organisées dans un délai maximum d'un an ; délai durant lequel Augusto Pinochet demeurait président de la République.

La Concertation des partis de l'opposition mit à profit ce délai pour négocier avec la Junte militaire une réforme constitutionnelle, dans l'objectif de l'épurer de ses principales enclaves autoritaires, notamment les dispositions relatives à l'interdiction des partis marxistes (mais d'autres furent maintenues comme le maintien des sénateurs à vie). Un plébiscite est convoqué pour le 30 juillet 1989, afin de faire ratifier ces révisions par la population[1]. Le « oui » l'emporte très largement, avec 91,25 % des suffrages. À la fin de l'année 1989, des élections présidentielles et parlementaires sont organisées. Patricio Aylwin est élu président de la République. Le 11 mars 1990, Augusto Pinochet quitte enfin ses fonctions de Président. Certes, il restera pendant encore huit ans, le commandant en chef de l'Armée de terre, mais on considère qu'à partir de cette date débute la transition démocratique au Chili.

Cette transition démocratique fut bien plus longue que l'on imagine, car précisément le plein accès à la démocratie fut entravé par le maintien de la Constitution de 1980. Cette Constitution fut certes révisée, en 1989, 1990 et surtout en 2005. Ces réformes ont permis une plus grande démocratie locale, de réduire la durée du mandat présidentiel ou d'éliminer les sénateurs nommés et les sénateurs à vie. Pour autant, il s'agit de retouches qui n'ont pas permis la remise en cause de certains piliers de ce texte, en particulier toutes les dispositions permettant de protéger de manière renforcée les droits économiques et commerciaux. Le maintien de régimes d'exception

[1] Décret n° 939 du 15 juin 1989, *Diario Oficial*, 16 juin 1989.

particulièrement forts au bénéfice des militaires est également un héritage de l'époque dictatoriale.

Les actuels défenseurs de cette Constitution, qui estiment qu'elle doit être maintenue encore aujourd'hui, fondent leur argumentation sur sa légitimité populaire. À leurs yeux, le plébiscite de 1980, mais aussi et surtout le plébiscite de 1989, attestent de la volonté du peuple chilien de valider ce texte constitutionnel. Cependant, une telle analyse ne peut être que rejetée. D'une part, il apparaît difficile de parler de « légitimité populaire » tant la volonté du peuple chilien a été viciée durant ces consultations. D'autre part, il convient de ne pas faire dire au peuple chilien ce qu'il n'a pas dit. En 1989, la question posée au peuple portait sur son accord sur le contenu des réformes apportées à la Constitution. En aucun cas, il lui a été demandé s'il souhaitait maintenir cette Constitution. Aujourd'hui, du fait du mouvement social, la question est enfin posée. Le référendum, initialement prévu pour le 26 avril 2020, a été repoussé du fait de la pandémie de COVID-19, au 25 octobre 2020. Le peuple chilien pourra donc enfin récupérer son pouvoir constituant et indiquer s'il souhaite « oui » ou « non » une nouvelle Constitution et quel organisme doit être chargé de sa rédaction éventuelle. En cas de victoire du « oui », il sera alors possible de considérer que le Chili aura définitivement achevé par référendum sa transition démocratique, et donc par une vraie consultation populaire fermer les pages d'une vraie dictature.

Processus révolutionnaire et élections à Cuba : quels enjeux ?

Éric Dubesset

À l'heure où la démocratie représentative semble avoir déçu, aussi bien dans les Amériques qu'en Europe, les attentes de nombre de citoyens en raison notamment de l'aggravation des inégalités (sociales, spatiales, numériques, etc.) et de la montée de l'insécurité sur fond de crise des partis politiques, l'étude des « élections pas comme les autres[1] », c'est-à-dire pas comme les nôtres, possède une incontestable utilité scientifique. Elle est propre en effet à faire progresser la compréhension globale des mécanismes électoraux et à actualiser l'état des connaissances sur la portée et la rationalité des élections non concurrentielles ou semi-concurrentielles. De ce point de vue, le cas de Cuba peut être éclairant. En l'absence de forme partisane d'opposition et de compétition politique ouverte à l'extérieur du Parti communiste, la question des enjeux du scrutin n'est évidemment pas dénuée d'intérêt, les élections « sans choix[2] » et « sans surprise » pouvant apparaître, en première lecture, comme purement formelles, sinon ornementales. Qu'en est-il réellement ? On ne saurait répondre à cette interrogation de manière univoque et définitive, d'autant que la recherche sur la vie institutionnelle et politique cubaine est encore balbutiante. En effet, bien que la production scientifique ait considérablement évolué ces dernières années, la difficulté principale réside dans la rareté des données disponibles et des publications relevant de ce champ d'études. Un second écueil majeur tient aux considérations idéologiques qui ont longtemps imprégné les travaux des « cubanologues » français et étrangers[3]. Les prises de position oscillent souvent entre deux pôles contraires : d'un côté, une vision romantique du processus révolutionnaire ; de l'autre, une critique dénonciatrice de celui-ci. Pour les thuriféraires du régime castriste, l'expérience cubaine est un modèle de démocratie participative et de résistance à l'impérialisme états-unien, alors que pour ses

[1] G. Hermet, A. Rouquié, J. J. Linz, *Des élections pas comme les autres*, Paris, Presses de la Fondation nationale des sciences politiques, 1978.

[2] A. Rouquié, « Conclusion », *in* G. Hermet, A. Rouquié, Juan Linz, *Des élections pas comme les autres*, *op. cit.*, p. 169.

[3] M.-L. Geoffray, S. Testa, « De la révolution à la réforme : Cuba par-delà les polémiques idéologiques », *Cahiers des Amériques latines*, 2009, p. 57-58.

détracteurs, elle est une anomalie politique, un totalitarisme parfois qualifié de version tropicale des anciens régimes du Bloc de l'Est.

À distance de ces conceptions antinomiques, sinon antagoniques, l'analyse ici proposée porte sur les enjeux du système électif cubain depuis l'avènement de la révolution castriste en 1959 jusqu'à l'adoption de la nouvelle Constitution en 2019. Plus spécifiquement, il s'agit de mettre en lumière et en perspective les vicissitudes du processus électoral au cours des six dernières décennies en faisant ressortir ses spécificités et, le cas échéant, ses principales (dys)fonctions. Concrètement, pour appréhender la réalité électorale cubaine dans sa profondeur historique, la présente contribution s'attachera à caractériser, dans un premier temps, le régime cubain au cours de la période 1959-1975 marquée notamment par la quête de légitimité historique et par l'absence d'élections nationales. Dans un second temps, elle se concentrera sur les principales raisons de la mise en place de procédures électorales dans la Constitution de 1976 et sur la direction des principaux changements introduits par les réformes constitutionnelles successives.

La légitimation historique et personnelle du pouvoir révolutionnaire

Fidel Castro, l'« Élu »

Les Cubains n'ont pas connu d'élections concurrentielles, libres et pluralistes depuis les présidentielles de 1948 à l'occasion desquelles quatre formations politiques étaient en lice. Deux d'entre elles étaient des coalitions de partis : *Auténtico-Republicana* d'une part et *Liberales-Demócratas* d'autre part. Les deux autres forces partisanes en compétition étaient les *Ortodoxos* et le *Partido Socialista Popular* (PSP)[1]. Pourtant programmées, les élections nationales de 1952 n'auront pas lieu, ayant été annulées en pleine campagne électorale à la suite du coup d'État perpétré le 10 mars 1952 par Fulgencio Batista pour empêcher le parti orthodoxe d'accéder au pouvoir[2]. L'opposition à ce coup de force est diverse. Des courants politiques très hétérogènes réclament le retour de la Constitution de 1940[3] et l'organisation d'élections

---

[1] J. I. Domínguez, « Después de lo que no ha ocurrido: Los futuros partidos políticos de Cuba », *Revista Foro Cubano*, 1 (1), julio-diciembre, 2020.

[2] Fulgencio Batista fait ses premières armes en 1933 lors de la « Révolution des sergents » qui met fin à la dictature de Machado 1925-1933. Encouragé par les États-Unis, il prend le pouvoir dès 1934. En 1940, après la promulgation d'une nouvelle constitution considérée comme progressiste pour son époque, Batista devenu général se fait élire — avec le soutien de l'armée, de la bourgeoisie d'affaires, des syndicalistes et des communistes — pour quatre ans Président de la République. Son mandat terminé, il se retire aux États-Unis, en 1944 après avoir été battu aux élections par le chef de file des libéraux, Grau San Martin, auquel succède Carlos Prio Socarrás.

[3] En 1940, une Assemblée constituante vote un texte qui consacre le respect des libertés fondamentales, l'indépendance du pouvoir judiciaire, la liberté d'association, celle de la presse et nombre de droits sociaux. La peine de mort est abolie. Lire à ce sujet J. Cohen et F. Moulin-

libres. De son côté, Fidel Castro, jeune avocat, dépose symboliquement un recours juridique contre le gouvernement[1]. Sans surprise, sa demande est déboutée. La voie légale ayant été épuisée, il est convaincu de la nécessité de la lutte armée en milieu rural pour renverser le dictateur. Le 26 juillet 1953, en plein carnaval, il prend la tête d'un groupe d'environ 150 hommes et femmes qui attaquent simultanément plusieurs bâtiments stratégiques, dont la caserne Moncada à Santiago de Cuba. L'assaut est un échec. De nombreux assaillants sont tués. Les deux chefs de l'opération, Fidel et Raul Castro sont faits prisonniers. Au cours du procès public qui s'ouvre deux mois plus tard à Santiago de Cuba, Fidel assure sa propre défense en dénonçant le viol de la Constitution de 1940 par Batista et la tyrannie de son régime corrompu. Il conclut sa plaidoirie-réquisitoire par une phrase devenue célèbre : « Condamnez-moi, cela n'importe guère. L'Histoire m'acquittera. » Une peine d'emprisonnement de quinze années est prononcée à son encontre.

Cet épisode devient un mythe fondateur. Il signe le commencement de la révolution castriste. Pour tenter de faire oublier l'usurpation du pouvoir de 1952, Batista annonce des « élections libres » pour le 1er novembre 1954. Il est déclaré président élu en tant que candidat unique, Grau San Martin, son seul adversaire, s'étant retiré avant l'élection. En quête de popularité, il signe le 13 mai 1955 une loi d'amnistie dont profite Fidel Castro pour s'exiler au Mexique où il rencontre l'Argentin Ernesto Che Guevara et crée le Mouvement du 26 juillet (M26)[2]. F. Castro réunit des fonds auprès de Cubains résidants aux États-Unis et rassemble une troupe de 82 hommes. Ensemble ils débarquent le 2 décembre 1956 à bord du yacht *Granma* dans l'Orient cubain. Surprise par l'armée, une douzaine d'entre eux parvient à s'enfuir et se cache dans la Sierra Maestra d'où F. Castro dirige les opérations pendant deux ans. Au fur et à mesure de ses succès militaires, il s'impose comme le dirigeant incontesté de l'opposition à F. Batista[3].

Au lendemain de la fuite du dictateur et de l'entrée des *Barbudos*[4] à La Havane en janvier 1959, le pouvoir révolutionnaire se met rapidement en place autour de Fidel Castro. Simple commandant en chef des forces armées,

---

Civil (dir.), *Cuba sous le régime de la Constitution de 1940, Politique, pensée critique, littérature*, Paris, L'Harmattan, 1998.

[1] C'est à l'université que Fidel Castro entre en politique. Il s'engage alors dans l'opposition au sein du parti orthodoxe et fait ses premières armes de militant révolutionnaire.

[2] La date de l'assaut de la caserne Moncada à Santiago de Cuba donne son nom au Mouvement du 26 juillet (M-26) et devient le jour de la fête nationale cubaine.

[3] En mai 1958, après l'échec d'une grève générale dans les villes, Batista échoue dans une opération de grande envergure pour en finir avec les rebelles. F. Castro lance alors vers l'ouest deux colonnes commandées par Camilo Cienfuegos et Guevara. Le 31 décembre 1958, la prise de Santa Clara et la fuite de Batista le 1er janvier 1959 scellent leur victoire. Che Guevara et Cienfuegos entrent le 2 janvier 1959 à La Havane, rejoints par Castro le 7 janvier.

[4] Surnom abondamment utilisé par la presse internationale pour désigner les rebelles cubains dont la barbe avait poussé durant leur retranchement dans la Sierra Maestra.

il devient dès le 13 février 1959, Premier ministre[1] dans un gouvernement réformiste plutôt modéré présidé par le Dr Manuel Urrutia, juriste et avocat. Dans l'un de ses discours, F. Castro annonce la liberté pour tous et le rétablissement de la démocratie par la mise en place d'élections démocratiques « dès que possible »[2]. Mais en avril 1959, il indique que celles-ci seraient organisées lorsque le chômage et l'analphabétisme auraient disparu. Puis le 1er mai 1960, il fait marche arrière en déclarant : « Des élections ? Pour quoi faire ? Une révolution exprimant la volonté du peuple est une élection chaque jour [...] Le peuple a-t-il le temps de faire des élections ? Non ! La révolution n'a pas de temps à perdre avec de telles folies[3] ». Une fois abandonnée la promesse d'organiser les élections, le pays est gouverné, sans véritable programme ni institutions, par le *Líder Máximo* et ses proches. En deux ans, ses compagnons de route occupent les postes clés du régime. Son frère Raoul prend en charge le ministère de la Défense, Ramiro Valdés l'Intérieur et Ernesto Guevara dit le *Che*[4] devient président de la Banque nationale.

Dans une culture de l'oralité comme celle de Cuba, la relation paternaliste du *Comandante en jefe* avec le peuple est constamment entretenue à l'occasion des longs discours qu'il prononce lors des grands rassemblements. Doté d'un charisme naturel et d'un sens aigu de la communication, il se donne à voir comme la figure cardinale de la politique révolutionnaire et l'Élu d'une autorité surnaturelle. La (mise en) scène symbolique de la colombe se posant sur son épaule lors de son discours du 8 janvier 1959 donne à voir que son destin providentiel ne dépend pas des suffrages de ses partisans, mais d'un dessein divin ou d'une force historique qui l'aurait désigné pour accomplir une mission. C'est l'Histoire qui l'aurait choisi pour mettre fin au régime de Batista et pour gouverner le pays face à l'adversité. Fidel, comme l'appellent les Cubains, devient dès lors le père de la révolution et son incarnation. En caudillo thaumaturge, l'homme providentiel s'adresse au peuple — et non à des adhérents d'un parti politique. En se fixant comme but de « forger la nation », il renvoie également sa propre légitimité à l'autorité charismatique des héros des guerres d'indépendance du XIXe siècle ainsi qu'aux martyrs des dictatures de Machado et de Batista au XXe siècle[5]. C'est ainsi que le récit de la révolution s'écrit d'emblée dans le sillage des revendications indépendantistes de Carlos Manuel de Céspedes, d'Antonio Maceo, de

[1] Fidel Castro succède à Miró Cardena dans ses fonctions de Premier ministre.

[2] O. Languepin, *La faillite d'une utopie*, Paris, Folio, 2007, p. 30.

[3] P. Rigoulot, *Coucher de soleil sur La Havane: La Cuba de Castro 1959-2007*, Paris, Flammarion, coll. « Sciences humaines & sociales », 2007, p. 154.

[4] L. Abrassart, *Che Guevara. Itinéraires d'un révolutionnaire*, Paris, Éd. Milan, coll. « Les essentiels », 2007.

[5] R. Rodriguez, *La forja de una nación*, t. II : « La ruta de los héroes », La Habana, Editorial de Ciencias Sociales, 1998.

Máximo Gómez ou de José Martí[1], non moins que dans la continuité des combats de militants tombés au combat tels que Julio Antonio Mellá (1929) et Frank País (1957) ou de rebelles disparus comme Camilo Cienfuegos (1959).

La mobilisation populaire

Pour légitimer sa révolution en marche, le jeune pouvoir cherche à forger l'unité du peuple autour des valeurs de celle-ci en rompant avec la situation politique et sociale préexistante. Pour ce faire, il s'emploie à délégitimer le régime de Batista et les hommes qui l'ont incarné en dénonçant les violences commises et les pratiques mafieuses. Les premières mesures d'urgence sont radicales. Les casinos et les lieux de prostitution sont fermés, des maisons de l'élite batistienne sont confisquées. Le Congrès élu sous Batista et les cours criminelles sont dissous, les partis politiques interdits. Tous ceux ayant fait acte de candidature, à quelque fonction que ce soit, lors des élections de 1954 ou de 1958, sont proscrits de la vie politique. Des tribunaux spéciaux sont mis en place pour juger les sbires du dictateur déchu. Les personnes impliquées dans la répression sont condamnées ou poussées à l'exil[2]. La peine de mort est rétablie[3].

La quête d'une légitimation de la révolution[4] passe ensuite par la mise en œuvre d'un projet de souveraineté nationale, de justice sociale, d'égalité et de redistribution des terres[5]. La culture, le sport, la santé et l'habitat deviennent des secteurs prioritaires du gouvernement. L'effort se porte également sur l'éradication de la pauvreté dans les campagnes et l'éducation[6]. La puissance de séduction de la révolution est telle qu'à l'étranger, nombreux sont aussi les intellectuels et les artistes fascinés par les réalisations entreprises par la révolution depuis les nationalisations massives jusqu'aux politiques publiques progressistes en passant par l'émancipation politique et économique des femmes[7] ou la démocratisation culturelle. Certains comme l'Argentin Julio Cortázar, le Mexicain Carlos Fuentes, le Colombien Gabriel García Márquez, le Péruvien Mario Vargas Llosa ou les intellectuels français Jean-Paul Sartre

---

[1] J. Lamore, *José Marti. La liberté de Cuba et de l'Amérique latine*, Paris, Ellipses poche, 2017.

[2] Entre 1959 et 1964, 220.000 Cubains quittent précipitamment l'île et s'installent principalement aux Etats-Unis.

[3] G. Bataillon, « La prise de pouvoir par Fidel Castro », *L'Histoire*, 2009, n° 338.

[4] P. Vayssière, « Quelques remarques à propos de la légitimation des pouvoirs à Cuba et au Nicaragua », *in* D. Van Eeuwen (dir.), *La transformation de l'État en Amérique latine. Légitimation et intégration*, Paris, Karthala - Crealc, 1994, p. 114.

[5] La première réforme agraire est proclamée le 17 mai 1959. Elle limite la surface des exploitations agricoles et redistribue des terres à des coopératives ou en propriétés individuelles.

[6] À la suite de l'Année de l'éducation (1961), le taux d'illettrisme passe sous la barre des 5 % de la population, l'espérance de vie dépasse les 75 ans et le niveau de mortalité infantile devient le plus bas du continent américain après le Canada.

[7] É. Dubesset, « Participación laboral femenina en el escenario cubano. Segunda mitad del siglo XX », *Mujeres de Cuba*, Santiago de Cuba, Instituto Cubano del Libro, 2002, p. 220-236.

ou Simone de Beauvoir n'hésitent pas à faire le voyage à La Havane pour rencontrer le *Líder Máximo* dont la capacité à mettre en scène ses moindres faits d'armes et à construire son image humaniste et anti-impérialiste lui permet d'atteindre rapidement une envergure internationale sans précédent. La personnalité du *Che* et sa conscience révolutionnaire confèrent également une dimension romantique à la révolution[1].

Les réussites sociales du régime sont à la base du pacte social cubain et du soutien de la population à la révolution et à son leader. En s'attaquant à tous les maux de la société, le nouveau pouvoir cherche l'implication directe de la population et son adhésion au processus révolutionnaire.[2] La mobilisation populaire est néanmoins fortement militarisée et encadrée. Une milice nationale révolutionnaire de 100 000 hommes et des organisations de masse voient le jour dans les premiers mois de la révolution, en particulier lors des campagnes de vaccination, d'alphabétisation ou encore lors de la récolte de la canne à sucre (*zafra*). Elles assurent en outre une fonction de protection civile en cas de cyclone ou d'inondation. C'est particulièrement le cas des Comités de défense de la révolution (CDR). Créés en septembre 1960, ils deviennent une pièce maîtresse du système politique cubain. Dans le cadre d'un système de surveillance collective et de lutte contre les sabotages et les menées contre-révolutionnaires, les CDR sont organisés à l'échelle du quartier ou du pâté de maisons (*cuadra*). Organe hiérarchisé de mobilisation permanente de la population, ils veillent à la bonne application des mesures prises par le pouvoir révolutionnaire.

Une nouvelle étape est franchie avec la création du Parti communiste cubain (PCC). Continuateur du Parti révolutionnaire cubain (PRC) fondé en 1892 par José Martí[3], pour libérer l'île de la colonisation espagnole et prévenir l'expansionnisme états-unien, il naît en 1961 de la fusion du Mouvement du 26 juillet (M-26), du Parti social populaire (PSP) et du Directoire révolutionnaire du 13 mars[4]. D'abord nommé Organisation révolutionnaire intégrée puis Parti unifié de la révolution socialiste cubaine, il adopte son nom actuel en 1965. Présenté comme l'avant-garde du peuple, le PCC devient la

---

[1] Lors de son discours sur « Les devoirs du Parti » (1963), Che Guevara considère que « l'incitation matérielle n'aura plus aucune place dans la nouvelle société ; nous devons nous y préparer par la stimulation morale, par la valorisation du devoir accompli et par l'instauration d'une nouvelle conscience révolutionnaire ».

[2] En 1961, plus de 200 000 volontaires participent dans tout le pays à la campagne d'alphabétisation.

[3] José Martí (1853-1895) est la figure la plus importante du XIXe siècle cubain. A la fois poète, critique littéraire et journaliste, l'« apôtre de l'indépendance » est l'inspirateur de la révolution cubaine. Il est à l'origine de la création au XIXe siècle de la conscience continentale d'une Amérique métisse, celle qu'il nomma « Notre Amérique », par opposition à l'Amérique anglo-saxonne du Nord. Mort au combat contre les Espagnols, il est considéré depuis comme martyr et un mythe de l'indépendance de Cuba et de l'Amérique latine.

[4] Les trois quotidiens du PSP (*Hoy*), du M-26 (*Revolución*) et du Directoire révolutionnaire (*El Mundo*) fusionnent pour devenir *Granma*, journal du Comité central du PCC.

structure dirigeante supérieure de la société et de l'État. Sa force réside dans ses capacités d'encadrement, à travers les organisations de masses que sont notamment l'UJC (Union des jeunesses communistes) la FAC (Fédération des femmes cubaines), la FEU (Fédération des étudiants) ou la TC (Centrale des travailleurs cubains)[1]. C'est le PCC qui sélectionne les cadres politiques et qui fournit les hauts responsables de l'État. La sélection de ses membres est fondée sur le « critère éminemment léniniste de la consultation démocratique de tous les travailleurs [...] »[2].

En juillet 1965, Fidel Castro déclare : « Nous avons un parti qui représente uniquement les ouvriers et nous ne voulons pas de partis politiques qui représentent ceux qui les exploitent. » Le régime justifie également le choix d'un parti unique en excipant de raisons d'ordre sécuritaire et politique. Pour lui, la politique expansionniste des États-Unis constitue une menace permanente qui requiert, pour s'en protéger, une solidarité populaire infrangible. L'unité nationale et le patriotisme sont ainsi constamment invoqués en son sein[3]. Au nom du respect de l'indépendance et de la souveraineté nationales déjà défendues par J. Martí, les divergences de critères et de projets politiques sont ainsi proscrites. Pour canaliser les efforts de résistance face à la domination impériale, seul est donc autorisé le PPC selon le schéma suivant : un seul objectif, un seul projet, un seul Parti[4].

La légalité institutionnelle du pouvoir révolutionnaire (1976-2019)

Un nouveau cadre légal

Lors du discours du 26 juillet 1970, Fidel Castro analyse les effets de la centralisation des décisions politiques et de la planification. Le rigorisme bureaucratique et l'idéalisme politique l'ont conduit à fixer des objectifs économiques démesurés. Malgré la mobilisation massive de la population et la généralisation du travail volontaire, l'industrialisation et la diversification sont un échec. La production est coûteuse et de qualité médiocre, obligeant l'île à accroître ses importations au mépris de l'embargo nord-américain. La course à la productivité agricole est également une déception. En 1970, « la *zafra* des 10 millions[5] » n'est pas atteinte. Les pénuries et l'apparition d'une nouvelle classe de privilégiés ont raison de l'enthousiasme d'une part

[1] Le PCC compte moins de 50 000 militants et aspirants en 1965 puis quelque 100 000 en 1970, Les aspirants ne sont admis comme militants qu'après une phase plus ou moins longue d'une durée minimale d'un an.

[2] J. Lamore, *Cuba*, Paris, PUF, coll. « Que sais-je ? », n° 1395, 1998, p. 74.

[3] Cette idée était déjà défendue par le héros de l'indépendance cubaine, José Martí, dirigeant du Parti révolutionnaire cubain (PRC).

[4] F. Castro, *Un objetivo, un pensamiento*, tomo III, La Habana, Editora política, 2016.

[5] La grande récolte de la canne à sucre (*Zafra*) de 1970 devait produire 10 millions de tonnes. Elle n'en produira que 8,5.

grandissante de la population et la ferveur révolutionnaire perd de sa vigueur.[1] Fidel Castro reconnaît alors sa part de responsabilité dans cet échec. Son autocritique marque un tournant majeur dans la vie politique cubaine.

D'abord, sur le plan international, le virage de la politique extérieure de Cuba vers l'Union soviétique et le bloc socialiste se produit au début des années 1970. Après un voyage de Fidel Castro à Moscou (1972), le pays devient membre du Conseil d'assistance économique mutuelle (CAEM ou COMECON). Il bénéficie dès lors d'un marché stable et régulier, les prix fixés sur le long terme étant très avantageux[2]. Sur le plan interne, la principale mesure adoptée consiste à dissocier le Parti de l'État. F. Castro annonce alors que « *le Parti doit signaler les déficiences, les erreurs, etc., mais il ne doit pas dire à l'administration d'une usine ce qu'elle doit faire* ».[3] Désormais le PCC est chargé de l'élaboration des directives générales, et indique, le cas échéant, les rectifications à apporter, mais sans s'immiscer dans le travail de l'administration[4]. Pour ce faire, celle-ci se voit dotée progressivement de structures juridiques formelles[5] et davantage de place est accordée aux organisations de masse et aux municipalités dans la détermination de la politique du pays.

C'est dans cette perspective qu'est menée, à titre expérimental, en 1973, dans la province de Matanzas, une politique de décentralisation via l'introduction d'élections municipales au suffrage universel. Cette expérience électorale locale s'étend ensuite à tout le pays[6]. En 1974, une nouvelle organisation politico-administrative est établie. Le territoire comprend désormais quatorze provinces, subdivisées en 169 municipalités, auxquelles s'ajoute une commune spéciale dans l'Île de la Jeunesse. L'année suivante, le PCC tient son premier Congrès. Le processus officiel d'institutionnalisation de la révolution est alors inauguré[7]. Les élections deviennent indispensables pour garantir la légalité institutionnelle du régime et pour permettre l'édification d'une démocratie socialiste. Les premières élections générales

---

[1] Sur le plan international, la militarisation du régime et de l'économie, l'approbation de l'invasion de la Tchécoslovaquie en août 1968 et l'affaire Padilla en mars 1971 entraînent une détérioration de l'image de la révolution au sein d'une partie de l'intelligentsia occidentale. Pour Pierre Vayssière, « *on passait ainsi d'une image d'Épinal — l'« Île de la liberté », dans laquelle une société fraternelle, égalitaire et vertueuse était en marche vers son développement sous la houlette de son leader charismatique — à la perception d'une société dominée par un caudillisme autoritaire bureaucratique* ». v. P. Vayssière, *Fidel Castro, l'éternel révolté,* Paris, Payot, 2011.

[2] É. Dubesset, « Continuité et changements de la politique extérieure cubaine », *Questions internationales,* Dossier Cuba après Fidel, n° 84, mars-avril 2017, p. 58-73.

[3] Cité par J. Lamore, *Cuba, op. cit.*, p. 74.

[4] *Ibid.*, p. 71.

[5] O. Languepin, *La faillite d'une utopie, op. cit.*, p. 61.

[6] J. Lamore, *Cuba, op. cit.*, p. 72.

[7] Au cours de ce premier Congrès, le mode de fonctionnement du PCC est précisé et un programme quinquennal est adopté.

visant à faire adopter une nouvelle Constitution socialiste se tiennent le 15 février 1976. Approuvée par référendum national avec 97,7 % des voix, la charte est promulguée le 24 février 1976. Elle institue le suffrage universel, égalitaire et secret. Le vote représente un « droit, un devoir et une fonction ». Ce droit est conféré à tous les Cubains âgés d'au moins 16 ans, y compris les militaires. Aussitôt, des élections générales ont lieu dans toute l'île pour élire les délégués municipaux et provinciaux, puis le 2 décembre 1976, les 481 députés à l'Assemblée nationale du Pouvoir populaire (ANPP)[1]. Le Conseil d'État est ensuite constitué en son sein, Fidel Castro en est élu président[2]. Dès lors le pouvoir assumé par le gouvernement révolutionnaire pendant dix-huit ans est transféré à l'ANPP.

Dans sa forme originale, la Constitution cubaine de 1976 est calquée sur celle de l'Union soviétique, avec un système vertical et pyramidal d'élections, celles-ci ayant lieu « de bas en haut ». À la base, c'est le peuple qui se constitue en assemblée populaire pour désigner les candidats en fonction de leurs qualités civiques et professionnelles. Les délégués des Assemblées municipales du Pouvoir populaire (AMPP) sont élus ensuite au suffrage universel direct et secret tous les deux ans et demi. Une fois élus, les délégués municipaux élisent à leur tour les délégués des Assemblées provinciales (vote indirect) ; les candidats aux postes de députés de l'Assemblée nationale du pouvoir populaire (ANPP), organe unicaméral non permanent, sont élus par les représentants des assemblées locales. Enfin, les députés élisent les membres du Conseil d'État. Une fois élu, son président nomme ensuite le Conseil des ministres, les juges du Tribunal suprême et le procureur général.

La révision constitutionnelle de 1992

Dans un contexte de récession économique majeure consécutive à l'effondrement du bloc soviétique, la Charte constitutionnelle de 1976 est révisée et « désoviétisée » en 1992. Cette révision est approuvée massivement à la suite d'un référendum. Dès lors, les références à l'Union soviétique et aux pays de l'Est, au matérialisme historique et à l'internationalisme prolétarien sont éliminées. Bien que les réformes ne touchent pratiquement pas l'organisation du pouvoir central, des changements interviennent. Le Parti communiste n'est plus défini comme « l'avant-garde marxiste-léniniste de la classe ouvrière », mais comme « l'avant-garde de la Nation cubaine ». Une nouvelle loi électorale est élaborée (loi 72), puis approuvée en octobre 1992. Pour donner davantage de pouvoir aux citoyens de base, elle consacre l'introduction du suffrage volontaire, libre, direct et secret pour l'élection des

---

[1] J. Lamore, *Cuba*, *op. cit.*, p. 64.

[2] L'Assemblée nationale est le principal organe de gouvernement. Elle se réunit deux fois par an. Ses membres sont élus par la population. Il y a autant de sièges que de candidats, sélectionnées au préalable par une commission de candidatures supervisée par le PCC. L'Assemblée élit le Conseil d'État et son président, poste occupé par Fidel Castro de 1976 à 2006.

députés de l'Assemblée nationale du Pouvoir populaire. Ces élections générales ont lieu tous les cinq ans, mais des élections intermédiaires dites partielles sont organisées tous les deux ans et demi pour renouveler les délégués des assemblées municipales.[1]

Lors des consultations locales, les candidats — un par siège à pourvoir — sont choisis par les citoyens et par une commission électorale nationale constituée de membres désignés par la Centrale des travailleurs cubains (TC), la Fédération des femmes cubaines (FAC) et les Comités de défense de la Révolution (CDR). La sélection s'opère sur la base de critères comme le mérite, le patriotisme et les valeurs morales. Toute campagne électorale étant interdite, seules la biographie et la photographie des candidats permettent d'identifier, le matin même des élections, ceux qui ont été sélectionnés par les commissions de candidature. Chaque électeur a ensuite le choix entre approuver ou rejeter l'ensemble de la liste des candidats ou bien encore rayer certains noms. Le vote s'effectue à bulletin secret sous le regard d'observateurs mineurs. Par tradition, les urnes sont en effet placées sous la surveillance de jeunes écoliers cubains de moins de 16 ans, âge minimum légal du droit de vote. Dans la pratique, les délégués municipaux sont élus dans la plupart des circonscriptions dès le premier tour[2].

Le régime de la « révocation permanente » des mandats est institué[3]. Héritée de la conception « martinienne » et marxiste-léniniste de la représentation politique, cette procédure de présentation des comptes vaut à tous les niveaux. La Loi de Révocation pour les charges du Pouvoir populaire fixe la procédure à suivre pour révoquer n'importe quel membre de l'Assemblée nationale. Cette disposition vise à responsabiliser les députés. Il suffit que 20 % d'entre eux le demandent pour qu'une procédure de révocation de l'un des leurs soit engagée. Mais c'est surtout au niveau municipal que la possibilité de révoquer des élus est utilisée. Tout délégué a le devoir de rendre des comptes devant l'assemblée de sa circonscription, deux fois par an. En cas de manquement grave ou d'insatisfaction, il peut être destitué de ses fonctions à tout moment (art. 68). L'élu est ainsi lié juridiquement à ses électeurs. Toutefois, dans la pratique, le recours à ce droit des électeurs est rare, en raison de la complexité de sa mise en œuvre[4]. En outre, l'absence de programme électoral des candidats ne contraint les élus à tenir des promesses non faites et ne génère pas d'horizon d'attentes particulières chez les électeurs.

---

[1] E. Jos, « *Perfectionamiento* et démocratisation : regard sur la Constitution cubaine après la réforme de 1992 », *Pouvoirs dans la Caraïbe*, n° 11 1999, p. 37.

[2] *Ibidem*, p. 37.

[3] F. Peña Barrios Raudiel, « La revocatoria de mandato en Cuba: una historia de encuentros y desencuentros », *Derecho y Critica Social*, 3 (2), 2017, p. 241.

[4] Depuis 1997, ce droit est limité car seuls les délégués municipaux et depuis 2000 (loi n°91), les délégués des circonscriptions peuvent être révoqués ; les représentants au niveau provincial et national échappent à ce mécanisme. Par ailleurs, les charges se limitent, le cas échéant, à la conduite personnelle des représentants et non à leur gestion.

Le référendum constitutionnel de 2019

Les deux dernières évolutions constitutionnelles datent de 2002 et de 2019. En 2002, un référendum officiel massivement approuvé permet d'amender à la marge la Constitution. Bien que plusieurs articles soient abrogés ou remplacés, le socialisme est proclamé irrévocable et le PCC reste le « Parti de la nation », rendant nulle et non avenue la proposition de changements politiques du porteur du Projet Varela, Oswaldo Payá[1]. Sa demande d'un référendum sur l'instauration du pluripartisme, l'organisation d'élections libres et l'octroi de davantage de libertés individuelles, politiques et économiques sur l'île tourne court[2]. Il faut attendre 2018 pour que les changements institutionnels et politiques soient notables. À la suite de l'élection du nouveau chef d'État en avril 2018, Miguel Diaz-Canel[3], un nouveau projet de Constitution voit le jour. Après un débat public qui se tient pendant trois mois dans tout le pays, il est adopté par l'Assemblée nationale le 23 juillet 2018, puis approuvé par référendum le 24 février 2019, avec 86 % des voix.$[4]. La consultation populaire mobilise plus de 7 millions de citoyens[5]. Pour la première fois, 1,4 million de Cubains vivant à l'étranger, dont la majorité aux États-Unis, sont invités à participer au débat via Internet.

La nouvelle Constitution vient parachever l'effort de réorganisation institutionnelle rendu nécessaire par les revers économiques et géopolitiques[6] des années antérieures et par les mesures prises par l'administration de Donald Trump pour renforcer l'embargo sur Cuba. Elle réaffirme le rôle cardinal du Parti communiste de Cuba (PCC) comme « force politique dirigeante supérieure de la société et de l'État » et consacre le caractère « irrévocable » du socialisme[7]. Elle reconnaît comme nécessaires le marché, la propriété privée et les investissements étrangers pour relancer la croissance d'un pays miné par les pénuries et marqué par le creusement des inégalités d'ordre

[1] J. Habel, « Pourquoi vote-t-on à Cuba ? », *in* J.-M. Blanquer et *al.* (dir.), *Voter dans les Amériques*, Paris, Editions de l'Institut des Amériques, 2005, p. 201.

[2] S'appuyant sur une disposition constitutionnelle prévoyant la possibilité d'une consultation populaire à partir de 11 000 signatures, la pétition qu'Oswaldo Payá porte dans le cadre du Projet Varela réunit plus de 25 000 signatures.

[3] En avril 2018, Miguel Diaz-Canel est élu président des Conseils d'État et des ministres. Il succède au Général d'Armée Raul Castro (2006-2018). Celui-ci continue d'exercer les fonctions de Premier secrétaire du Comité Central du Parti Communiste de Cuba jusqu'en avril 2021.

[4] La nouvelle charte constitutionnelle est rédigée par une commission composée de 33 députés et présidée par Raul Castro, premier secrétaire du comité central du PCC.

[5] J. Raúl Gallego, « Análisis del proyecto constitucional de 2018 en medios cubanos no estatales », *Revista Foro Cubano*, 1 (1), julio-diciembre 2020.

[6] Vers la fin des années 2010, le panorama géopolitique latino-américain a changé. Les crises vénézuélienne, nicaraguayenne, brésilienne et argentine limitent l'espace économique et diplomatique dont le régime cubain avait bénéficié durant la première décennie du XXIe siècle.

[7] Lors du VIIIe congrès du PCC qui se tient du 16 au 19 avril 2021, le président de la République Miguel Diaz-Canel devient le premier secrétaire du Comité central du Parti en remplacement de Raúl Castro.

économique, social, ethnique, générationnel et territorial. La Loi fondamentale prévoit également le renforcement de la gestion autonome des municipalités. La stimulation du développement économique du pays à partir des collectivités locales constitue en effet l'une des orientations majeures du gouvernement. Elle entérine ainsi les transformations économiques et sociales lancées depuis 2010 sous la présidence de Raul Castro[1].

Le rôle dirigeant du PCC est certes maintenu dans la nouvelle charte, mais des changements politiques majeurs sont néanmoins introduits par rapport au texte antérieur[2]. Pour permettre une certaine déconcentration du pouvoir, la fonction exécutive est profondément restructurée. La nouvelle hiérarchie institutionnelle comprend un président de la République et un vice-président élus parmi les députés de l'Assemblée nationale pour un mandat de cinq ans, renouvelable une fois. Un Premier ministre, choisi également parmi les députés, puis nommé par le président de la République, dirige l'action du gouvernement. Par ailleurs, le nombre de députés passe de 605 à 474 et le Conseil d'État, placé désormais sous l'autorité du président de l'Assemblée nationale, est réduit de 31 à 21 membres[3]. Le nouveau cadre légal vise en outre le développement des procédures de consultation et de participation populaires[4]. Il consacre diverses formes de participation directe des citoyens via les élections régulières et les référendums, étant entendu que seule l'Assemblée nationale peut activer ces derniers.

Spécificités du vote

La nouvelle charte n'a pas modifié substantiellement la réalité du vote, de sorte que Cuba, au regard des autres États du continent américain, conserve ses spécificités en la matière. Au premier rang des particularités électorales et politiques cubaines à l'échelle des Amériques, figure l'absence de référence à l'appartenance ethnique. Alors qu'aux États-Unis, la question hispanique, ou dans les pays latino-américains, la question amérindienne et/ou afro-américaine, constitue souvent une donnée majeure dans la formation des choix politiques, la dimension raciale est totalement absente du champ politique cubain. Il en va de même du facteur religieux. Dans l'île caribéenne, bien qu'elle soit une actrice incontournable de la vie sociale et possède une presse indépendante comme la revue *Espacio Laical*, l'Église catholique a fait le choix de ne pas s'opposer au régime ni de s'immiscer dans le processus électoral, condition *sine qua non* pour pouvoir exister et acquérir plus d'influence. Or, partout ailleurs, que ce soit en Amérique du Nord, en

---

[1] É. Dubesset, « Réformes à Cuba : la persistance dans le changement », *Diplomatie, Affaires stratégiques et relations internationales*, n° 64, 2013, p. 23.
[2] Il modifie 113 articles, en ajoute 87 et en supprime 11.
[3] Ces changements n'entreront en vigueur qu'à la fin du mandat des députés en 2024.
[4] R. Hernandez, « Changement d'époque ? Notes sur la Constitution pour penser au jour d'après », cité par *Cuba coopération France*, 24 février 2019, https://oncubanews.com

Amérique centrale ou en Amérique du Sud, particulièrement au Pérou ou au Brésil, le rôle croissant des Églises, notamment protestantes, dans le procédé électoral demeure une variable importante[1].

L'idiosyncrasie du vote cubain peut également s'exprimer en termes de concurrence et de participation électorale. Tandis que les États du continent américain s'inscrivent, de longue date, dans un grand mouvement politique qui a fait prévaloir le pluralisme, le système politique cubain, non pluraliste, continue de rejeter la compétition ouverte pour le pouvoir. En refusant l'instauration de partis politiques organisés à des fins électorales, l'opposition n'a pas cours et les centres du pouvoir ne sont pas mis en jeu électoralement. Pour autant, la compétition existe. Elle est en effet une réalité dans les instances du PCC entre les différentes tendances, depuis les plus conservatrices jusqu'aux plus modérées. La participation massive aux élections partielles et générales constitue une particularité additionnelle de la vie politique cubaine. Alors que le vote n'est pas obligatoire, le taux de participation est souvent supérieur à 90 % et les votes nuls ou blancs restent assez limités.[2] Entre 1976 et 2010, la participation électorale a oscillé entre 95,2 % et 95,9 % et les votes blancs ou nuls n'ont guère dépassé 7 %. Selon la cubanologue Janette Habel, la raison est certainement à rechercher dans la pression sociale mise en œuvre au sein des Comités de défense de la révolution [CDR] pour inciter les habitants du quartier à aller voter d'une part, et dans l'automatisme du geste électoral d'autre part.[3] Pour certaines catégories de la population préoccupée à résoudre les problèmes du quotidien, le vote est dénué de signification réelle et sa portée politique est trop limitée, les résultats des scrutins nationaux ne permettant guère de désigner le chef de l'État ni d'infléchir les orientations politiques du gouvernement.

*

* *

L'exploration empirique de l'évolution de la réalité électorale à Cuba au cours des soixante dernières années permet de disposer d'une nouvelle étude de cas et d'accéder ainsi à une montée en généralité pour contribuer, dans une optique comparatiste, à une meilleure compréhension du rôle, des formes et

---

[1] J. I. Domínguez, « Después de lo que no ha ocurrido : Los futuros partidos políticos de Cuba », *préc.*, p. 101.

[2] Cf. J. C. Guanche, *Estado, participación y representación políticas en Cuba. Diseño institucional y práctica políticas tras la reforma constitucional de 1992*, La Habana, Instituto cubano del libro, 2015, p. 75.

[3] J. Habel, « Pourquoi vote-t-on à Cuba ? », *préc.*, p. 201.

des significations des élections populaires dans des régimes politiques de parti unique. Depuis 1976, la procédure électorale mise en œuvre par le régime castriste s'est inscrite dans le projet politique de substitution de la légitimité révolutionnaire gagnée en 1959 par une légalité institutionnelle qui s'est résolument consolidée à grand renfort de réformes constitutionnelles. Bien qu'elles ne soient pas à l'origine de l'instauration du castrisme — ni de sa récente finitude —, les consultations électorales ont rythmé, à échéance régulière, la vie politique cubaine. En entretenant une illusion d'unité et d'unanimité face à l'adversité et aux agressions extérieures, la fréquence et la régularité de ces opérations électorales [partielles et générales] et référendaires ont été de nature à renforcer, plusieurs décennies durant, le prestige personnel du leader et à servir l'intérêt du régime à perdurer pour bâtir une démocratie socialiste. Mais la nouvelle donne géopolitique, économique et sanitaire pourrait bien remettre en question la viabilité de la formule électorale retenue. Relayée massivement par les médias internationaux et les réseaux sociaux, la poussée contestataire dans l'île en juillet 2021 est susceptible d'interroger la fonctionnalité démocratique du système politique non pluraliste et l'autonomisation politique des citoyens.

Bibliographie

J. Dominguez, « La democracia en Cuba: ¿Cuál es el modelo deseable ? », *in* H. Dilla (dir.), *La democracia en Cuba y el diferendo con los Estados Unidos*, La Habana Editorial de Ciencias Sociales / Centro de Estudios sobre América, 1996.

E. Dubesset, et M. Moreau (dir.), *Cuba dans les Amériques. Relire José Marti au seuil du XXIe siècle*, Bordeaux, PUB, Coll. MPI, Série « Amériques », 2015.

M. Duverger, *Manuel d'Institutions politiques*, tome I, *Les grands systèmes politiques*, Paris, PUF, coll. « Thémis », 17e éd. consultée, 1988, 4e partie : « Les dictatures socialistes », p. 471-584.

J. C. Guanche, *Estado, participación y representación políticas en Cuba. Diseño institucional y práctica políticas tras la reforma constitucional de 1992*, La Habana, Instituto cubano del libro, 2015.

J. Mendez Lopez et D. Cutie Mustelier, Daniela, « La constitución cubana de 1976: entre la estabilidad y el cambio », *in* Álvarez Tabio Albo, Matilla Correa Andry (coord.), *El derecho público en Cuba a comienzos del siglo XXI, Homenaje al Dr Fernando Álvarez Tabio*, Universidad de La Habana, 2011, p. 157-168.

L. Suarez Salazar, « El sistema electoral cubano. Apuntes para una crítica », *in* Haraldo Dilla (dir.), *La democracia en Cuba y el diferendo con los Estados Unidos*, La Habana Editorial de Ciencias Sociales / Centro de Estudios sobre América, 1996.

J. Valdes Paz, « Notas sobre el sistema político cubano », *in* Haraldo Dilla (dir.), *La democracia en Cuba y el diferendo con los Estados Unidos*, La Habana Editorial de Ciencias Sociales, 1996.

LE VENEZUELA (1999-2017) : PARANGON D'UNE DÉRIVE AUTORITAIRE PAR LES URNES

Alexis LE QUINIO[1]

Les éléments permettant d'identifier un État en tant que dictature ont fait couler beaucoup d'encre et varient selon les auteurs. Certains critères peuvent paraître objectifs, tel que l'absence d'élections ou une limitation considérable des libertés individuelles tandis que d'autres peuvent sembler plus subjectifs et dépendront de la personne qui observe la situation[2].

Si l'on regarde la situation actuelle au Venezuela, il apparaît clairement que nous ne sommes pas en présence d'un régime démocratique et prospère. Les Vénézuéliens ont des difficultés pour accéder à l'eau potable ou à se fournir en carburant (ce qui est un comble pour l'un des principaux producteurs de pétrole dans le monde), la distribution d'électricité est erratique et la plupart des services publics peine à subvenir aux besoins fondamentaux des habitants, « l'expérience chaviste s'achève sur un échec si radical que la société, l'économie et l'État vont tout droit à un effondrement dramatique[3] ». Dans un autre registre, le nombre d'homicides a été multiplié par quatre ces trente dernières années et le gouvernement de Nicolás Maduro a reconnu qu'entre 2016 et 2019, plus de dix-huit mille exécutions extrajudiciaires avaient été commises. Là où Hugo Chávez est arrivé au pouvoir par la voie des urnes, Maduro s'y maintient par la répression et l'autoritarisme, « la dérive autoritaire s'est transformée en un gouvernement franchement dictatorial [...] et sa légitimation, qui auparavant était de nature charismatique, s'est changée en une légitimation de nature patrimoniale[4] ».

Nous le voyons, indépendamment de toute réflexion théorique, le Venezuela est un pays « affaibli et divisé[5] » qui est gouverné de manière dictatoriale. Et pourtant, malgré la situation quotidienne imposée aux habitants de ce pays, il s'avère que des élections et des votations sont

[1] La forme orale de l'intervention a été conservée.

[2] A. Rouquié, « Dictature et légitimité dans les Etats de l'Amérique latine contemporaine », in M. Duverger (dir.), *Dictatures et légitimité*, Paris, PUF, 1982, p. 401-413.

[3] M. López Maya, « L'échec du chavisme. Origine, effondrement, tendances à ce jour », *Les Temps Modernes*, 2018/1, n° 697, p. 34.

[4] *Ibid.*, p. 51.

[5] P. de Charentenay, « Le Venzuela, un pays affaibli et divisé », *Études*, n° 7, 2015, p. 7-19.

régulièrement organisées. Or, l'organisation d'élections libres et régulières est généralement présentée comme la caractéristique principale et la condition *sine qua non* d'un régime démocratique.

Il convient toutefois de rappeler le statut particulier des élections en Amérique latine. Dans le chapitre introductif de son ouvrage intitulé *Réinventer la démocratie, le défi latino-américain*[1], Georges Couffignal se demandait « à quoi sert de voter en Amérique latine ? » et constatait notamment que la fonction de représentation par l'élection avait toujours été limitée dans cette région du monde[2]. Dans un ouvrage paru en 2007, Olivier Dabène allait encore plus loin et se demandait si en Amérique latine, les élections ne jouaient pas contre la démocratie[3]. En effet, au regard de la situation récente dans plusieurs pays de cette aire culturelle[4], force est de constater que les élections, après avoir participé à l'installation de régimes démocratiques, alimenteraient « une spirale de la déception[5] » propice au retour de régimes plus autoritaires. Ce lien particulier entre les élections et les potentielles dérives autoritaires d'un régime est particulièrement visible au Venezuela depuis l'arrivée au pouvoir de Hugo Chávez[6].

Olivier Dabène, en s'appuyant sur les statistiques du latinobaromètre[7] montre qu'entre 1995 et 2004, l'insatisfaction vis-à-vis du régime démocratique n'a fait qu'augmenter en Amérique latine[8]. Le pourcentage des personnes interrogées qui ont répondu « oui » à la question « la démocratie est-elle préférable à toute autre forme de régime ? » n'a fait que diminuer dans la majorité des pays d'Amérique latine, en moyenne de 8 %. La seule notable exception est le Venezuela où les réponses favorables sont passées de 62 à 74 % entre 1996 et 2004.

Si l'on regarde les chiffres plus récents, on s'aperçoit qu'en 2017, ce taux de soutien à la démocratie était toujours de 78 %, soulignant l'aspiration de la

---

[1] G. Couffignal, *Réinventer la démocratie. Le défi latino-américain*, Paris, Presses de la Fondation nationale des sciences politiques, 1992, 320 p.

[2] G. Couffignal, « A quoi sert de voter en Amérique latine ? », *in* G. Couffignal, (dir.), *Réinventer la démocratie. Le défi latino-américain*, Paris, Presses de la Fondation nationale des sciences politiques, 1992, p. 36.

[3] O. Dabène, (dir.), *Amérique latine, les élections contre la démocratie ?*, Paris, Sciences Po, Les Presses, 2007, 381 p.

[4] Th. Posado, « Régressions démocratiques en Amérique latine. La tentation de la démocrature », *Pouvoirs*, n° 169, 2019/2, p. 97-106.

[5] O. Dabène, « Les élections contre la démocratie ? L'année 2006 en perspective », *in* O. Dabène, (dir.), *Amérique latine, les élections contre la démocratie ?*, Paris, Sciences Po, Les Presses, 2007, p. 16.

[6] J. E. Romero Jimenez, *La Venezuela de Hugo Chávez: Elecciones y democracia (1998-2010). Del voto como esclavitud dela poder a la democracia obediencial*, Editorial académica española, 2011, 108 p.

[7] http://www.latinobarometro.org.

[8] O. Dabène, « Les élections contre la démocratie ? L'année 2006 en perspective », *in* O. Dabène, (dir.), *Amérique latine, les élections contre la démocratie ?*, Paris, Sciences Po, Les Presses, 2007, p. 16.

population du Venezuela. Néanmoins, si l'on se détache de cette position de principe et que l'on regarde la réponse à une autre question relative au jugement par les citoyens du caractère démocratique de leur propre système, l'évolution est différente et très explicite (voir tableau ci-après).

Tableau 1. Appréciation sur le caractère démocratique du régime[1]

Venezuela	*En general, ¿Diría Ud. que está que está muy satisfecho, más bien satisfecho, no muy satisfecho o nada satisfecho con el funcionamiento de la democracia en (país)?*						
	2000	2004	2006	2009	2013	2015	2018
Muy satisfecho	27.6	18.9	31.6	17.5	19.8	10	4.8
Más bien satisfecho	27	23.3	25.5	29.6	22.6	19.8	7.6
No muy satisfecho	36,1	35,1	29,4	36,8	34,8	30,2	25,8
Nada satisfecho	7,3	19,3	9,7	14,7	21,7	39,5	60,5

Si l'adhésion au régime démocratique demeure très forte et a connu une progression constante depuis vingt-cinq ans, le soutien au régime en place s'est très clairement effondré à la suite de l'arrivée au pouvoir de Nicolás Maduro[2].

Au regard de la démarcation temporelle de notre étude, ce sont essentiellement les années durant lesquelles le Venezuela était dirigé par Hugo Chávez qui nous intéresse. Cette période est délimitée par des « élections constituantes ». En 1999, quelques mois après l'élection de Hugo Chávez, une assemblée constituante est élue et élabore la nouvelle Constitution adoptée la même année ; en 2017, Nicolás Maduro décide d'organiser des élections constituantes afin que l'Assemblée constituante élue remplace, *de facto*, l'Assemblée nationale dominée par l'opposition depuis les élections législatives de 2015. L'usurpation du pouvoir législatif par une nouvelle

---

[1] Les années retenues correspondent à des événements particuliers : 2000 : année suivant la révision constitutionnelle chaviste ; 2004 : échec de la procédure de révocation populaire à l'encontre de Chávez ; 2006 : réélection de Chávez avec 63% des voix ; 2009 : révision constitutionnelle permettant la réélection indéfinie de Chávez ; 2013 : mort de Chávez et élection de Nicolás Maduro ; 2015 : victoire de l'opposition aux législatives ; 2018 : derniers chiffres disponibles.

[2] La conception autoritaire du régime et l'attention apportée aux garanties constitutionnelles par Nicolás Maduro étaient très claires dès le lendemain du décès d'Hugo Chávez. En effet, Maduro fut nommé Président intérimaire, alors même que d'après l'article 233 de la Constitution de 1999, c'est Diosdado Cabello, le président de l'Assemblée nationale qui aurait dû assurer cette charge.

assemblée issue du parti progouvernemental souligna, de manière assumée, la transformation autocratique du régime qui, jusque-là, malgré tous les indices de dérive autoritaire, avait cherché à conserver — au moins en apparence — sa légitimité par la voie des urnes.

Si Hugo Chávez est bien arrivé au pouvoir et s'y est maintenu grâce aux urnes, il ne faut pas oublier que son leadership n'est pas, contrairement à une idée répandue, issu d'une mobilisation sociale (tout du moins, au début), mais bien d'un mouvement conduit au sein de l'armée vénézuélienne qui œuvrait dans la clandestinité afin de conquérir le pouvoir. Et ce n'est qu'à la suite de sa tentative avortée de coup d'État en 1992 que sa démarche est devenue politique puis électorale.

La question électorale a toujours été au cœur du régime chaviste et du fonctionnement de la société vénézuélienne. La Constitution bolivarienne du Venezuela de 1999 établie par le régime chaviste va d'ailleurs consacrer en son sein l'existence d'un véritable pouvoir électoral chargé d'interpréter les lois électorales, d'encadrer le financement des campagnes, d'organiser, de contrôler voire d'annuler les élections, d'assurer la tenue du registre d'état civil, etc.[1]

Le régime consacré par la Constitution de 1999 est, dans son principe, participatif. En effet, la Constitution consacre une pluralité de mécanismes de démocratie directe et participative qui viennent compléter les institutions représentatives traditionnelles afin de lutter contre les inégalités et donner davantage de place au citoyen[2].

L'exercice du pouvoir par Chávez peut être divisé en trois périodes. La première (1999-2000) marque son arrivée au pouvoir et couvre ses deux premières années de mandat. La deuxième période (2000-2004) est celle de la consolidation du régime durant laquelle Chávez va résister à une tentative de coup d'État et à une procédure de révocation populaire menée à son encontre. La troisième période (2004-2013) marque le durcissement du régime et l'accaparement progressif de l'ensemble du pouvoir conduisant à la mise en place d'un régime autoritaire. Ce renforcement du régime s'est accompagné d'une radicalisation des idées, particulièrement au niveau des relations internationales et de la politique extérieure. Lors de son premier mandat, Chávez n'était pas hostile aux pays du Nord ou à l'entrée de capitaux étrangers et il n'était pas non plus particulièrement proche du régime de Cuba qu'il qualifiait volontiers de dictature[3]. Ce n'est qu'à partir de 2002 que son

---

[1] Art. 293 C (1999).

[2] Le préambule de la Constitution de 1999 consacre la démocratie directe comme véritable forme de gouvernement. La Constitution de 1999 mentionne également plusieurs procédures de démocratie directe ou participative : le référendum d'initiative citoyenne (art. 27, 71 & 204 C) ; le référendum abrogatif (art. 74 C) ; la révocation de mandat (art. 72 & 197 C).

[3] A. Gales, L. Dapelo, « Venezuela : Chavisme & Révolution », *Ballast*, 2016/1, n° 4, p. 81.

discours va se radicaliser en s'appuyant sur de nouvelles bases : le christianisme, l'anti-impérialisme et le socialisme[1].

À partir d'un texte constitutionnel qui était présenté comme un modèle de démocratie articulé autour de l'idée de participation citoyenne, le régime a progressivement évolué, par petites touches, vers un régime autoritaire. De ce point de vue, l'évolution du régime vénézuélien depuis vingt ans fournit une véritable feuille de route de la dérive autoritaire d'un régime telle qu'elle a pu être observée dans d'autres pays. Parmi les « standards » de ce glissement autoritaire des régimes populistes apparaissent notamment des modifications du mandat du chef de l'État, la maîtrise des institutions de contrôle du processus électoral, le contrôle des médias, la remise en cause du caractère compétitif de l'élection, etc.

Cette évolution peut être présentée en différentes étapes, d'importance inégale, qui permettent de dresser une sorte de guide de la transition autoritaire.

Étape 1 : une arrivée au pouvoir « démocratique »

Hugo Chávez est, certes, arrivé au pouvoir de manière démocratique[2], mais il convient de rappeler le contexte de ce succès. En effet, il s'est d'abord fait connaître du grand public à la suite d'une tentative de coup d'État militaire en 1992, l'opération « Zamora »[3], qui lui a valu de passer deux ans en prison. Néanmoins, la déclaration qu'il fit à ce moment-là, en direct devant les caméras de télévision[4] le rendit célèbre et lui assura, malgré les circonstances et l'échec de sa tentative, une popularité politique certaine. La volonté déclarée des putschistes était de mettre fin à la corruption des élites du pays[5] et au pacte de *Punto Fijo*[6] qui, depuis l'entrée en vigueur de la Constitution de 1961 à la suite de la dictature de Marcos Pérez Jiménez, permettait aux

---

[1] *Id.*

[2] Hugo Chávez est arrivé en tête lors de l'élection présidentielle du 6 décembre 1998 avec 56,20% des voix.

[3] Le nom de l'opération était un hommage à Ezequiel Zamora, un militaire défenseur de l'idée fédérale qui s'était battu pour défendre une réforme agraire en faveur des paysans et qui est mort au combat en 1860.

[4] « Les objectifs que nous nous sommes fixés n'ont, pour l'instant, pas été atteints. Le pays doit définitivement cheminer vers un destin meilleur », cité par A. Gales, L. Dapelo, « Venezuela : Chavisme & Révolution », *Ballast*, 2016/1, n° 4, p. 72.

[5] L'un de ses principaux arguments, qui sera au cœur de sa campagne reposait sur la volonté de faire profiter toute la population, les plus pauvres en particulier, de la richesse pétrolière dont les revenus avaient été monopolisés par les élites en place dans une logique clientéliste.

[6] La dénomination de ce pacte vient du nom de la résidence familiale de Rafael Caldera, le fondateur du COPEI où a été conclu l'accord le 18 octobre 1958 entre les trois grands partis vénézuéliens (AD, *Acción Democratica ;* COPEI, *Comité de Organización Política Electoral Independiente* ; URD, *Unión Republicana Democrática*). Ce pacte prévoyait l'accord de principe de ces trois partis à respecter les résultats de l'élection de décembre 1958 afin de pérenniser le processus démocratique. L'URD quitta la coalition en 1962, laissant les deux autres partis se partager le pouvoir jusqu'à la fin du siècle et l'arrivée de Chávez.

sociaux-démocrates et aux démocrates-chrétiens de se partager le pouvoir par alternance.

Après avoir fondé le Mouvement Cinquième République (ci-après MVR), Chávez s'est porté candidat aux élections de 1998 en se présentant comme le fléau de l'oligarchie et le héros des pauvres. À la tête d'une coalition de partis de gauche, les accents populistes de sa campagne rencontrèrent un franc succès auprès d'une population qui vivait à près de 80 % dans la pauvreté.

Le schéma dont a pu bénéficier Hugo Chávez dans son accès aux responsabilités s'est reproduit dans de nombreux pays qui ont porté au pouvoir des chefs d'État démagogues et populistes qui ont surfé sur le rejet des partis traditionnels ou des élites accusées de corruption[1] en affichant une volonté de rendre le pouvoir au peuple.

Étape 2 : une modification « démocratique », mais « encadrée » du régime

Après son élection et en contradiction avec les formes prévues par la Constitution de 1961[2], Chávez convoqua une assemblée nationale constituante avec l'objectif de préparer une nouvelle constitution socialiste et participative. Le caractère populaire de cette procédure doit être relativisé puisque sur les 131 membres de la constituante, 125 étaient directement soutenus par Chávez[3]. Les modalités électorales mises en place spécifiquement pour ce scrutin permettent d'ailleurs en grande partie d'expliquer ce franc succès[4].

Au surplus, si la nouvelle Constitution a bien été approuvée par référendum avec 92,4 % des voix, l'abstention était de 62,2 %. Ainsi, même si ce texte présente, sur le papier, toutes les caractéristiques d'une constitution démocratique, il a été préparé, rédigé et dans une certaine mesure, voté, par les seuls chavistes.

Néanmoins, la recherche par Chávez, au moment de son arrivée au pouvoir, de la légitimité démocratique ne peut être niée puisque dès l'année suivant l'adoption de cette nouvelle loi fondamentale, il convoqua des élections générales et renvoya tous les élus, lui y compris, devant les électeurs. Cette légitimation par les urnes avait vocation à faire écho à sa volonté affichée de mettre en place un régime fondé sur l'idée de participation populaire.

---

[1] Pour un éclairage pertinent des ressorts de ce type d'évolution, y compris à travers le cas vénézuélien, voir S. Levitsky, D. Ziblatt, *La mort des démocraties*, Paris, Calmann-Lévy, coll. « Liberté de l'esprit », 2019, 339 p.

[2] Art. 245 à 249 C (1961).

[3] Les candidats soutenus par Chávez (les candidats du *Polo Patriótico*) avaient obtenu, au niveau fédéral avec 65% des voix, 84% des sièges. Au niveau des régions, le *Polo Patriótico* a gagné 98% des sièges avec 56% des voix.

[4] Voir *infra*.

Étape 3 : un programme, en apparence, démocratique et populaire

Le projet politique annoncé par Hugo Chávez, d'inspiration et de qualification socialiste a connu un accueil favorable de la part de la population. Ce projet reposait sur une promotion de la démocratie participative et du pouvoir citoyen[1] qui devaient notamment s'incarner dans le développement des conseils communaux et des missions sociales[2].

Ces différentes initiatives devaient être financées par l'importante manne pétrolière du pays[3] que Chávez avait promis de redistribuer de manière plus significative et plus juste. L'une des premières initiatives, le plan *Bolivar 2000*, au-delà des traditionnels investissements en matière de travaux publics et de logements, avait notamment permis le déploiement d'une partie de l'armée dans les quartiers défavorisés pour procéder à des campagnes de vaccinations et à de la distribution de nourriture. Si le programme ne dura que de 1999 à 2001, notamment au regard des nombreuses allégations de corruption, il avait vocation à montrer dans quelle direction le régime souhaitait être orienté. Le projet de Chávez ne se limitait pas aux seules questions de politique intérieure, au contraire.

Sur le plan diplomatique, son discours reposait sur la critique d'un ordre international devenu unipolaire et sur la volonté de libérer l'Amérique latine de la domination exercée par les États-Unis. Cette diplomatie, fondée sur une logique multipolaire, impliquait la défense et la promotion d'une certaine solidarité internationale. Cette solidarité constituait l'un des grands axes du projet chaviste et serait portée par la mise en place d'une économie sociale[4], d'un pouvoir politique fondé sur la démocratie participative, l'ensemble reposant sur un parti unique qui incarnerait l'unité révolutionnaire et qui assurerait le contrôle politique des réformes.

L'intitulé du texte constitutionnel, « République bolivarienne », avait vocation à mettre en relief l'idéologie venant au soutien de ce texte. En plus des différentes procédures de participation citoyenne consacrées, le droit de vote fait l'objet d'une reconnaissance renforcée à l'article 63 de la Constitution qui dispose : « Le suffrage universel est un droit. Il s'exerce au

---

[1] L'article 136 al. 1er de la Constitution de 1999 dispose que le pouvoir est divisé en cinq branches : législative, exécutive, judiciaire, citoyenne et électorale.

[2] C. Berjaud, « Les missions bolivariennes au Venezuela. Les *policy feedbacks* au prisme des gouvernés », Gouvernement et action publique, vol. 8, n° 1, 2019, p. 61-85 ; J. Lévy, « démocratiser la démocratie vénézuélienne par des politiques sociales participatives », *in* O. Dabène (dir.), *La Gauche en Amérique latine, 1998-2012*, Paris, Presses de Sciences Po, coll. « Académique », 2012, p. 237-266.

[3] Le Venezuela, qui était l'un des cinq plus gros producteurs de pétrole dans le monde a vu sa production diminuer par trois depuis dix ans, essentiellement pour des raisons liées à la corruption, à l'absence d'investissements au niveau des infrastructures et à la mauvaise exploitation des réserves.

[4] Après le tournant autoritaire, Chávez prétendait être à l'origine des principes du socialisme du XXIe siècle.

moyen de votes libres, universels directs et secrets. La loi garantira le principe de la personnalisation du suffrage et la représentation proportionnelle[1]. » La nouvelle séparation des pouvoirs, reconnaissant le pouvoir citoyen et le pouvoir électoral[2], la consécration du référendum révocatoire et de nouveaux droits fondamentaux (la gratuité et la qualité des soins[3], l'accès à l'éducation[4], la protection de l'environnement[5]) sont autant de marqueurs de la volonté de donner un caractère populaire au régime.

Si cette réforme semble être essentiellement orientée vers les citoyens, certains signaux dénotent une volonté de personnalisation du régime autour de la figure présidentielle.

Étape 4 : le renforcement des pouvoirs du chef de l'État

Si la domination du présidentialisme dans les États latino-américains est déjà forte[6], le chavisme n'a fait qu'affermir ce phénomène au Venezuela. Au-delà de la cristallisation de toute la vie politique autour de la figure du Président et du soutien populaire dont il bénéficiait, le mandat du chef de l'État proprement dit a été modifié. En effet, sa durée a été rallongée pour passer de cinq à six ans à l'occasion de l'adoption de la Constitution de 1999. Quant à l'interdiction de se représenter à l'issue de son mandat, consacrée à l'article 184 de la Constitution de 1961 (qui permettait la réélection du Président après une période de dix ans) puis assouplie par l'article 230 de la Constitution de 1999 pour limiter à deux le nombre de mandats consécutifs, elle a finalement été abrogée à l'occasion de la révision constitutionnelle de janvier 2009 pour permettre la réélection illimitée du chef de l'État.

En outre, les prérogatives du président de la République ont été renforcées, notamment dans la perspective des rapports avec les autres pouvoirs traditionnels. Le Président est désormais compétent pour dissoudre par décret[7] l'Assemblée nationale, devenue monocamérale dans la nouvelle Constitution, contribuant d'autant à l'affaiblir. L'organisation de l'administration publique est prononcée par le chef de l'État[8] et non plus par l'intermédiaire d'une loi organique. Le chef de l'État voit également ses pouvoirs étendus en matière d'adoption de décrets-lois[9], participant d'autant à la prééminence exercée par

---

1 Art. 63 C (1999).

2 Sur cette séparation particulière, voir F. González Cruz, « La penta división del poder en Venezuela », *Revista Brasileira de Direito Constitucional*, n° 10, 2007, p. 113-123.

3 Art. 83-85 C (1999).

4 Art. 102-104 C (1999).

5 Art. 127-129 C (1999).

6 A. Martin, *Président et régime présidentialiste en Amérique latine*, Paris, L'Harmattan, coll. « Droit comparé », 2018, 296 p. ; F. Moderne, « Les avatars du présidentialisme dans les États latino-américains », *Pouvoirs*, n° 98, « L'Amérique latine », 2001, p. 63-87.

7 Art. 236-21 & 240§2 C (1999).

8 Art. 236-20 C (1999).

9 Art. 236-8 C (1999). Il se servira largement de cette compétence, notamment en novembre 2001 lorsqu'il promulgua quarante-neuf décrets-lois.

ce dernier dans le régime nouvellement constitué. Le pouvoir législatif n'est pas le seul à être affecté par la Constitution de 1999, la division verticale des pouvoirs est également réduite, l'autonomie des États fédérés a été limitée, notamment au niveau des compétences législatives.

La nouvelle constitution, si elle était présentée avant tout comme participative, était essentiellement axée sur une centralisation du pouvoir autour de la figure du chef de l'État, tant horizontalement que verticalement. Le monocamérisme est de ce point de vue le changement le plus exemplaire puisqu'il affaiblit à la fois l'institution législative et par ricochet, les États fédérés qui ne sont plus directement représentés au sein d'une chambre, mais seulement consultés sur les lois les concernant.

Si la légitimité historique du pouvoir chaviste était électorale, le régime s'est progressivement durci et s'est servi des votations pour asseoir sa domination sur les institutions et le pays. Évidemment, Chávez était sorti renforcé de la tentative de coup d'État avortée qui avait vu son arrestation le 11 avril 2002 puis sa libération deux jours après sous la pression populaire. Chaque événement, chaque élection a constitué un moyen de renforcer le pouvoir. Le culte du chef a rendu le régime plébiscitaire, chaque élection ou votation devenait, pour l'électeur, une façon de répondre à la question : pour ou contre Hugo Chávez ?

Étape 5 : la radicalisation progressive du programme initial

Ce tournant peut s'expliquer pour des raisons politiques. Au regard de l'ampleur de la victoire du régime aux élections de 2004 et de 2005 et du niveau d'abstention record, il apparaît clairement que pour le Venezuela, « les dés sont jetés ». Chávez a pris le contrôle du pays, l'opposition a perdu et a abandonné ses velléités de résistance, donc sa mission nationale est accomplie, le pays est sauvé par le socialisme du XXIe siècle[1]. Il appartient donc au messie qu'est Chávez de se projeter à une autre échelle et de réorienter son projet de révolution bolivarienne dans une dimension internationale.

Le régime s'est donc durci dans son contrôle du pays, mais il s'est également radicalisé au niveau de sa politique internationale. Après le coup d'État et le référendum, Hugo Chávez a intensifié ses prises de position et ses déclarations sur la scène internationale afin de s'opposer à la domination et à l'impérialisme des États-Unis. Cette défense d'un monde multipolaire s'incarnait pour lui dans le rapprochement avec les pays connaissant les relations diplomatiques les plus « tendues » avec les États-Unis. Ces provocations ont pu prendre des formes différentes : rapprochement avec Cuba, promotion de l'OPEP et tournée dans les pays du golfe, prise de position anti-israélienne, encouragement d'une véritable révolution socialiste régionale, etc. Une telle posture à l'encontre des États-Unis, qui lui permettait

---

[1] F. Langue, « De la Révolution bolivarienne au socialisme du XXIe siècle. Héritage prétorien et populisme au Venezuela », *Problèmes d'Amérique latine*, vol. 71, n° 1, 2009, p. 27-45.

d'incarner une forme de *leadership* international contre la plus grande puissance du monde ne manquait pas de flatter l'ego des Vénézuéliens, phénomène que l'on retrouve dans la majorité des pays autoritaires.

Alors que le projet initial reposait sur la volonté de mettre en place une démocratie socialiste populaire et participative, le régime a progressivement laissé la place à un État centralisé et autoritaire. Cette logique de concentration du pouvoir a été permise par la remise en cause progressive de l'État de droit, de la séparation des pouvoirs, des principes de la démocratie représentative, de la décentralisation ou de l'alternance politique.

Force est de constater que l'opposition a joué un rôle de premier plan dans cette évolution rapide du régime. S'il ne fait guère de doutes que Chávez nourrissait des velléités autoritaires, l'accentuation extrêmement rapide de sa mainmise sur le pouvoir a été permise grâce à la radicalité des attaques dont il a pu faire l'objet. L'opposition s'est progressivement décrédibilisée et a perdu ses soutiens. En soutenant un coup d'État, l'opposition n'est plus perçue comme le groupement démocratique qui s'oppose au populiste. En soutenant la grève générale en 2002, elle affaiblit l'économie du pays et s'aliène une partie du soutien populaire dont elle bénéficiait. Enfin, en initiant une procédure de révocation en 2004 et en boycottant les élections de 2005, elle assure la légitimité électorale du régime chaviste qui apparaît comme le grand vainqueur de cette séquence. L'opposition a pu donner l'impression que Chávez s'était radicalisé seulement par réaction, ce qui l'a renforcé[1]. Ce qui lui permet, par voie de conséquence, de renforcer son pouvoir, y compris en matière électorale.

Étape 6 : le cercle vicieux des succès électoraux

La domination du chavisme s'est clairement inscrite dans les urnes. Entre l'arrivée au pouvoir en 1998 et le décès de son leader historique en 2013, le chavisme a remporté 16 des 17 scrutins organisés durant cette période. Cette domination électorale apparaissait tant au niveau national que lors des élections locales[2].

Ces victoires successives constituèrent autant d'étapes dans le durcissement du régime chaviste. Les succès électoraux constituant la source de la légitimité d'un pouvoir qui se veut populaire, tous les moyens devaient être utilisés pour garantir la victoire dans les urnes afin de pérenniser le régime en place.

---

[1] Le risque d'instrumentalisation par le leader populiste est très important, ce dernier se faisant passer pour une victime (en l'occurrence, des États-Unis, du capitalisme, des puissances de l'argent, etc.). Dans un autre contexte, cela a pu expliquer la réticence de Nancy Pelosi à enclencher une procédure de destitution, qu'elle savait vouée à l'échec, à l'encontre de Donald Trump.

[2] Voir le tableau en fin d'étude.

Le référendum révocatoire initié à son encontre en 2004 sur le fondement de l'article 72 de la Constitution de 1999[1] s'est transformé en plébiscite et a marqué un tournant de la dynamique électorale. Le Conseil national électoral, après plusieurs soubresauts procéduraux et des manifestations qui conduisirent à la mort de neuf personnes, valida le chiffre de 2 436 830 signatures (le seuil de 20 % des électeurs exigé par l'article 72 de la Constitution représentait environ 2,4 millions de personnes) et autorisa la tenue du référendum révocatoire qui fût organisé le 15 août 2004.

Le lendemain du scrutin, le Conseil national électoral annonçait la victoire du « non » à la révocation avec un score d'environ 58 % des voix, révisé deux jours plus tard à 59,1 % avec une abstention d'environ 30 %.

Cette légitimation par les urnes, malgré les nombreuses suspicions et accusations de fraude électorale[2], conforta, après le coup d'État, le régime chaviste et renforça le Président en place. Les manifestations et les émeutes contre le régime s'arrêtèrent dans l'ensemble du pays, l'opposition se divisa, plusieurs groupes se rangèrent du côté du régime et certains médias jusque-là d'opposition cessèrent de critiquer le régime. Cette forme de résignation de l'opposition à la suite de ses deux tentatives avortées de renverser le pouvoir s'observa également dans les urnes, notamment par l'augmentation du taux d'abstention. En effet, après être passé sous la barre des 50 % lors des élections locales organisées dans la foulée du référendum, c'est à l'occasion des élections législatives de 2005 que le taux le plus bas fut observé avec une abstention record de 75 %. Un tel niveau d'abstention — indépendamment de l'appel au boycottage par l'opposition — dénote à la fois la démotivation des opposants, mais également une forme de lassitude chez certains partisans qui considèrent que l'élection est jouée et que leur voix est inutile. Cette faiblesse de l'opposition, notamment du point de vue idéologique, associée à la perception ambivalente du régime par les électeurs a participé à la continuité du régime pendant toutes ces années[3].

La dynamique de l'évolution du régime vénézuélien reposait sur un cercle vicieux. Hugo Chávez engrange les succès électoraux qui lui permettent de gagner ses batailles politiques en affaiblissant les institutions représentatives et en contrôlant le pouvoir judiciaire. Et ses victoires politiques qui

---

[1] Cet article prévoit que toutes les fonctions électives peuvent faire l'objet d'un référendum révocatoire. Cette procédure ne peut intervenir que durant la deuxième moitié du mandat et elle doit être demandée par au moins 20% des électeurs inscrits dans la circonscription de l'élu visé par la demande (pour le Chef de l'Etat, il faut donc réunir des signatures représentant 20% de l'ensemble du corps électoral).

[2] Plusieurs déclarations et travaux, notamment statistiques, laissent à penser que les résultats publiés ont été « inversés » par rapport au vote des vénézuéliens qui n'auraient été que 40% des votants à se prononcer en faveur du maintien au pouvoir de Chávez (voir *infra*).

[3] J. Cyr, « Que veinte años no es nada: Hugo Chávez, las elecciones de 2012 y el continuismo político venezolano », *Revista de ciencia política*, vol. 33, n° 1, 2013, p. 375-391.

accentuaient la personnalisation du régime et la concentration des pouvoirs lui permettaient ensuite de gagner les élections. Et ainsi de suite.

Étape 7 : la personnalisation de la question électorale

Le comportement de Chávez participait à la dérive du régime. Un des éléments les plus significatifs, même s'il pouvait sembler relever de l'anecdote, résidait dans l'émission « *Alo Présidente* »[1], que le chef de l'État présentait le dimanche sur la télévision publique (*Venezolana de Televisión*) et qui était diffusée sur toutes les autres chaînes du pays. Dans cette émission, qui a été diffusée pendant treize ans (entre 1999 et 2012) et trois cent soixante-dix-huit épisodes, Chávez avait commencé par répondre aux questions téléphoniques de citoyens mécontents avant de progressivement la transformer en tribune durant laquelle il abordait les sujets de son choix, parfois personnels, et montrait sur site les réalisations du régime. L'émission était très suivie, car elle constituait souvent l'occasion pour le Président d'annoncer la distribution de nouvelles aides. Le programme durait tant que le Président le souhaitait, la plus longue émission étant celle du 23 septembre 2007 qui dura plus de huit heures.

Comme dans nombre de pays connaissant une dérive autoritaire autour de la seule personne du chef de l'État, ce dernier surenchérissait régulièrement dans l'exagération et le registre viril. Hugo Chávez n'hésitait pas, dans son émission comme dans ses autres discours à expliquer qu'il incarnait le dernier rempart face à l'impérialisme des États-Unis et la domination mondiale du capitalisme. De ce point de vue, et le même constat a pu être fait dans des pays connaissant des régimes similaires ou des évolutions autoritaires, le « leader charismatique » n'hésitait jamais à employer un ton quasi messianique pour glorifier sa propre image et, par voie de conséquence, son propre pays, puisqu'il l'incarne entièrement.

Un certain nombre de décisions permirent d'observer l'inclinaison prise par le régime. Ce dernier pouvait d'ailleurs exercer sa domination d'autant plus aisément que grâce à la procédure de révocation, il bénéficiait de la liste des personnes signataires, donc des opposants au régime[2]. Chaque organe ou institution dont les prises de position ou les décisions pouvaient sembler ne pas épouser entièrement les idées du régime était attaqué.

---

[1] R. Peñafiel, « L'image du peuple. Construction de l'*ethos* plébéien de Hugo Chávez dans l'émission *Aló Presidente* », *Mots. Les langages du politique*, n° 96, 2011, p. 29-44.

[2] Certains députés du MVR n'hésitèrent pas à faire pression, voire à intimider des électeurs en publiant sur Internet des listes de personnes qui avaient soutenu la demande d'organisation du référendum révocatoire en 2004, au mépris évident du caractère secret du vote garanti à l'article 63 de la Constitution.

Étape 8 : la neutralisation des contre-pouvoirs dans la société civile

Dans le cadre de l'évolution autoritaire du régime, *El Comandante* a progressivement et méthodiquement attaqué tous les relais susceptibles de servir l'opposition. Si les exemples sont nombreux, deux paraissent devoir être mentionnés pour avoir touché des domaines stratégiques pour le pouvoir. En outre, la façon dont le régime a procédé dans ces deux cas est intéressante dans la mesure où il est apparu, à chaque fois, dans son « bon droit ».

La grande grève au sein de l'industrie pétrolière de 2002-2003, qui a paralysé le pays et fait perdre plusieurs milliards à l'économie, a permis à Hugo Chávez, après le licenciement de près de 20 000 cadres[1], de reprendre la main sur un secteur dont la vocation était de servir de bras armé financier de son projet et de ses réformes.

La chaîne de télévision *Radio Caracas Televisión Internacional (RCTV)*, qui était la plus populaire du pays avec près de 30 % d'audience, ne vit pas sa concession renouvelée en 2007 au titre de son soutien au coup d'État de 2002. Si, en l'espèce, l'accusation était loin d'être infondée et la décision de non-renouvellement totalement légale — la concession avait été accordée en 1987 pour vingt ans — le régime faisait progressivement taire toutes les voix dissonantes. Évidemment, la prise de contrôle du pouvoir s'est avant tout matérialisée au niveau des institutions étatiques où toute possibilité d'opposition a été progressivement asphyxiée.

Étape 9 : la neutralisation des contre-pouvoirs institutionnels et la mainmise sur les institutions de contrôle

Le 14 août 2002, le Tribunal suprême de Justice rendit une décision[2] dans laquelle il refusait de poursuivre pour rébellion plusieurs officiers ayant participé au coup d'État du 11 avril contre Chávez, notamment au motif que le pouvoir aurait été vacant après l'annonce par ses organisateurs de la démission de Chávez. À la suite de cette décision décevante pour le régime, qui espérait des sanctions exemplaires, Chávez décida de réformer le Tribunal en prévoyant notamment une procédure de suspension des juges « hostiles »[3] au gouvernement et en augmentant le nombre de juges de 20 à 32. À la suite du vote de cette réforme en 2004, le Tribunal annula, par une décision du 14 mars 2005[4], celle du 14 août 2002. Évidemment, Chávez bénéficiant de la

[1] Cette vague de licenciement, touchant notamment de nombreux techniciens et spécialistes de cette industrie n'est peut-être pas étrangère au délitement progressif de ce secteur clef de l'économie vénézuélienne.

[2] Sentencia n° 38 del Tribunal Supremo de Justicia, 14 agosto 2002, n° AA10-L-2002-000029.

[3] Dès le lendemain de cette décision, l'Assemblée donna son accord à la mise en place (à partir du 22 août) d'une Commission spéciale d'enquête sur « la crise du système judiciaire » chargée d'enquêter sur les membres du tribunal suprême, notamment le vice-Président du Tribunal, qui était, hasard aidant, le juge rapporteur de la décision du 14 août.

[4] Sentencia n° 233 del Tribunal Supremo de Justicia, 14 marzo 2005, n° AA50-T-2004-003227.

majorité dans tous les lieux de prise de décision, cette réforme se fit dans le respect des procédures légales et constitutionnelles. Il avait ainsi, dans le respect de la Constitution, mis sous sa coupe la principale juridiction du pays et, par voie de conséquence, neutralisé le pouvoir judiciaire.

Les résultats ont été éloquents. Dans une décision du 23 juillet 2009, le Tribunal suprême affirmait que ce qui est appelé « division, distinction, séparation des pouvoirs » est un « instrument de la doctrine libérale [...] pour garantir que l'État reste limité à la protection des intérêts individualistes de la classe dirigeante[1] ». Et les juges assument ce soutien indéfectible au chef de l'État. Lors de la cérémonie de rentrée judiciaire en 2011, le juge Torre Alba a déclaré que « le pouvoir judiciaire a l'obligation de participer à la mise en œuvre effective de la politique publique du gouvernement visant à développer une action délibérée et planifiée pour mener un socialisme bolivarien et démocratique » et que les tribunaux « doivent [...] sévèrement [...] sanctionner les conduites ou réorienter les affaires qui sapent la construction du socialisme bolivarien et démocratique ». La même année, la présidente du Tribunal, Luisa Estella Morales, a déclaré lors d'une conférence de presse, à propos de celui qu'elle appelait « notre chef » que « son leadership, son inspiration, sa conception de la République est ce qui inspire constitutionnellement [...] nos activités » (sic). Nous sommes loin du devoir d'ingratitude cher à Robert Badinter...

Avec la subordination du Tribunal suprême de Justice, Chávez a, pour reprendre l'expression du plus grand constitutionnaliste du pays, démoli le principe de séparation des pouvoirs[2] qui avait déjà été attaqué dans la Constitution de 1999 par l'affaiblissement du Parlement[3].

Une autre modalité du dévoiement des procédures institutionnalisées réside dans la mainmise sur les instances de contrôle et de validation.

Ainsi, le Conseil national électoral (ci-après CNE) institué par la Constitution de 1999 aux articles 292 et suivants[4], qui est considéré comme l'une des cinq branches du gouvernement vénézuélien en charge de la supervision et de la garantie du bon déroulement et de la transparence de l'ensemble des élections au Venezuela, tant au niveau national, que régional ou local, semble très loin d'être neutre dans l'exercice de sa mission.

S'il apparaît très clairement favorable à Nicolás Maduro ces dernières années, son intervention ou ses non-interventions ont pu interroger durant la

---

[1] Sentencia n° 1049 del Tribunal Supremo de Justicia, 23 de julio de 2009, n° 04-2233.

[2] A. R. Brewer-Carías, « El principio de la separación de poderes como elemento esencial de la democracia y de la libertad, y su demolición en Venezuela mediante la sujeción política del Tribunal Supremo de Justicia », *Revista Iberoamericana de Derecho Administrativo, Homenaje a Luciano Parejo Alfonso*, Año 12, n° 12, Asociación e Instituto Iberoamericano de Derecho Administrativo, San José, Costa Rica, 2012, p. 31-43.

[3] A. Martínez Ubieda, « Le parlement harcelé. "La séparation des pouvoirs affaiblit l'État" », *Les Temps Modernes*, vol. 697, n° 1, 2018, p. 91-111.

[4] Art. 292 & 296 C (1999).

période où Chávez était au pouvoir. En 2003 par exemple, même si elle était mue par de légitimes soupçons, les modalités de rejet pour absence de « formalités essentielles » de nombreuses signatures présentées afin de mettre en œuvre une procédure de révocation contre le chef de l'État ont pu surprendre[1].

Les doutes les plus emblématiques concernent évidemment le référendum révocatoire de 2004 précédemment évoqué. Au-delà des informations selon lesquelles le CNE allait présenter un rapport affirmant que les résultats publiés étaient l'inverse des résultats réels (rapport qui n'a, évidemment, jamais été présenté), un certain nombre d'éléments statistiques sont de nature à semer le trouble chez les observateurs[2]. En effet, des chercheurs indépendants ont pu s'étonner de l'apparition de plus de deux millions et demi d'électeurs entre 2000 et 2004, alors même que les études démographiques ne le laissaient pas prévoir. Au surplus, l'absence de date de naissance pour près de la moitié de ses nouveaux électeurs n'était pas de nature à rassurer.

Autre élément troublant et qui n'est pas sans rappeler au lecteur français certaines pratiques corses bien connues, dans plus de cent villes du Venezuela, le nombre d'électeurs ayant pris part au vote était supérieur au nombre d'habitants en âge de voter dans la circonscription…

Ainsi, le régime, après avoir pris le contrôle des pouvoirs exécutif et législatif par les urnes, avait neutralisé le pouvoir citoyen, le pouvoir judiciaire et le pouvoir électoral de manière institutionnelle[3] et médiatique, dans le respect apparent des textes.

Étape 10 : le dévoiement progressif du cadre constitutionnel et législatif

Lorsque les textes faisaient obstacle à la volonté du chef de l'État, il les contournait. En 2007, Chávez a voulu faire entériner l'évolution du régime par un changement du texte constitutionnel, mais les électeurs s'opposèrent au projet en votant majoritairement contre, dans le cadre du référendum de révision de la Constitution. Ne pouvant proposer à nouveau son projet dans la foulée en vertu de l'article 345 de la Constitution, il contourna ce dernier en

---

[1] Le report de près d'un an du référendum révocatoire a été plutôt favorable à Chávez puisque durant cette période, le prix du baril de *Brent* est remonté de presque 10 dollars, ce qui ne pouvait qu'arranger le pouvoir en place qui avait fait de la manne pétrolière le cœur de sa politique.

[2] Voir, par exemple, A. L. Carriquiry, « Election Forensics and the 2004 Venezuelan Presidential Recall Referendum as a Case Study », *Statist. Sci.*, 26 (2011), n° 4, p. 471-478 ; M. Hidalgo, R. Jiménez, « Forensic Analysis of Venezuelan Elections during the Chávez Presidency », *PLoS ONE*, 9(6), 2014, https://journals.plos.org/plosone/article?id=10.1371/journal.pone.0100884.

[3] Il a notamment fait largement usage de son droit de nomination pour nommer aux postes les plus importants des proches plus soucieux de le satisfaire que d'exercer pleinement leurs nouvelles fonctions dans le respect des textes et en toute objectivité. A titre d'exemple, Chávez a nommé en 2000 comme Procureur général de la République (fonction éminente du pouvoir citoyen) son premier vice-Président : Isaías Rodríguez Díaz.

adoptant par voie réglementaire des mesures imposant matériellement le projet rejeté. Ce dévoiement n'a été possible qu'avec le concours du Tribunal suprême de Justice qui, depuis sa réforme, valide tous les projets du Gouvernement et neutralise tous ceux de l'Assemblée qui tentent de s'opposer à cette dérive.

Le régime a progressivement confisqué le pouvoir. À titre d'exemple, le pouvoir chaviste a eu tendance à marginaliser les entités infraterritoriales, particulièrement les communes[1]. Au surplus, après les élections de 2008, on a pu observer un retrait des prérogatives administratives spécifiquement au niveau des entités infranationales dans lesquelles l'opposition était arrivée en tête. L'un des exemples les plus connus est celui du maire du district métropolitain de Caracas, Antonio Ledezma, qui, après avoir battu un candidat du parti chaviste lors des élections de novembre 2008, a assisté à la création d'un nouveau district dans la ville de Caracas[2] (le district capitale, correspondant aux anciennes limites de la ville) à la tête duquel a été placé comme chef du gouvernement un fonctionnaire progouvernemental. Cette subdivision territoriale supplémentaire avait pour seul objectif de diminuer son autorité en la concentrant sur les périphéries de l'agglomération. Sachant qu'avant sa prestation de serment et sa prise de fonction, le Gouvernement central avait pris le contrôle des hôpitaux et de la police métropolitaine afin de diminuer l'influence de Ledezma[3].

Étape 11 : le maintien apparent de la légitimité électorale

Quelle que soit l'évolution du régime, des élections ont toujours été périodiquement organisées, tant au niveau national que régional ou local. Néanmoins, et indépendamment des doutes existant sur la sincérité de certains des résultats, la régularité technique d'une élection ne suffit pas, à elle seule, à garantir le caractère démocratique du régime.

En effet, pour qu'une élection participe à la vitalité démocratique d'un État, il faut qu'elle soit compétitive, c'est-à-dire qu'elle doit permettre un véritable pluralisme des candidatures et une égalité réelle entre les candidats. Il est d'ailleurs facile d'observer dans une majorité de systèmes autoritaires l'organisation d'élections, mais qui, en pratique, sont seulement semi-compétitives.

La volonté de mettre en avant un parti unique, l'utilisation abusive des moyens de l'État, la pression mise sur les agents publics pour faire campagne pour les candidats soutenus par le gouvernement sont autant d'éléments qui participent à la dérive du régime.

---

[1] C. Rangel Guerrero, « Municipios, consejos comunales y democracia en Venezuela », *Procesos Históricos*, n° 17, enero-julio 2010, p. 71-92.

[2] *Ley Especial sobre la Organización y Régimen del Distrito Capital* du 13 avril 2009.

[3] https://www.lemonde.fr/ameriques/article/2009/10/14/au-venezuela-lutte-d-influ ence-entre-le-maire-de-caracas-et-le-gouvernement_1253778_3222.html.

La détermination des modalités électorales constitue également un moyen très efficace de domination. De ce point de vue, le chavisme avait, dès le début, « annoncé la couleur » avec la désignation des membres de l'Assemblée constituante de 1999. Alors que pour ce type d'institution, la tradition nationale était plutôt au suffrage proportionnel[1], la majorité nouvellement élue avait décidé d'innover. Le système mis en place sous la houlette du mathématicien Nelson Merentes[2], fondé sur une multiplicité de modalités avec l'élection de 104 constituants dans 24 circonscriptions régionales dans lesquelles les électeurs disposaient d'autant de voix qu'il y avait de sièges à pourvoir dans la circonscription et l'élection de 24 constituants au niveau national pour laquelle chaque électeur disposait d'au maximum 10 voix (les trois derniers constituants étant des représentants des peuples autochtones). Le système ainsi institué, qualifié de « Kino électoral » reposait sur une division des voix entre l'est et l'ouest du pays qui a permis une dispersion des candidats d'opposition qui étaient beaucoup plus nombreux que les candidats chavistes.

Une autre technique mérite d'être mentionnée, celle dite des « *morochas* ». Elle tient à l'organisation particulière des élections législatives au Venezuela. En effet, ses dernières ressemblent au système allemand. Les électeurs disposent de deux voix, l'une concerne la liste nationale de candidats des différents partis, à la représentation proportionnelle, l'autre concerne des candidats qui se présentent à titre individuel dans leur circonscription. Le candidat gagne s'il obtient la majorité relative. Ensuite, on attribue 40 % des sièges aux candidats qui ont obtenu plus de la moitié des voix sur la liste par parti et 60 % des sièges aux candidats qui ont remporté la majorité des voix dans les élections individuelles. Sachant que les candidats qui l'ont remporté dans leur circonscription électorale sont comptabilisés dans l'autre scrutin au titre de leur parti.

L'idée imaginée par un gouverneur de l'État de Yaracuy en 2000 et reprise par le MVR en 2005 était de passer une alliance entre deux partis, l'un ne se présentant que sur la section nationale, l'autre présentant uniquement des candidats dans la section réservée aux votes par circonscription. En pratique, en évitant une dispersion des voix, ces deux partis ne se concurrencent pas et maximisent leur chance d'obtenir des sièges. Cette manipulation permet en outre d'affaiblir les petits partis, ces derniers ne pouvant que difficilement voir leurs candidats s'imposer sur la partie individuelle du scrutin, ils finissent par être sous-représentés.

[1] Le principe de la représentation proportionnelle avait été adopté pour la désignation des membres de l'Assemblée nationale constituante de 1946 avant de devenir la norme dans le système politique vénézuélien sous l'empire des Constitutions de 1947 et 1961.

[2] Qui devint par la suite ministre des Finances de Chávez puis de Maduro et Directeur de la Banque centrale Vénézuélienne.

Ainsi, à l'occasion des élections de 2005, le MVR ne présenta des candidats que sur la liste nationale et ne présenta aucun candidat à titre individuel. La majorité créa un deuxième parti, l'UVE (*Unidad de Vencedores Electorales*) qui présenta uniquement des candidats sur la section individuelle du bulletin de vote. L'opposition contesta cette pratique devant le Tribunal suprême au motif qu'elle affecterait le caractère proportionnel du suffrage tel qu'il est exprimé à l'article 63 de la Constitution. Le Tribunal rejeta la demande de l'opposition en estimant qu'il ne lui appartient pas de créer de nouvelles règles ou procédures, ce qu'elle aurait fait en interdisant les candidatures « jumelées » et en rappelant que l'article 63 de la Constitution affirme également la « personnalisation » du vote (qui justifie que 60 % des sièges soient attribués aux candidats individuels) et qu'il appartient au législateur d'apprécier l'équilibre entre ces deux exigences[1].

Ces méthodes soulignent la volonté d'instrumentaliser les élections pour légitimer le pouvoir chaviste. Ces manipulations démontrent que la légitimité — fondée sur la multiplicité des élections organisées et remportées — revendiquée par le régime est essentiellement formelle. En pratique, dès son origine, le régime chaviste était un régime illégitime[2] qui reposait sur une conception autoritaire de l'exercice du pouvoir.

*

* *

Si le caractère dictatorial du régime vénézuélien ne fait aujourd'hui plus aucun doute tant l'ensemble des éléments caractéristiques des régimes démocratiques sont niés et bafoués par le pouvoir, force est de constater que les germes autoritaristes avaient été implantés dès la Constitution de 1999 et se sont développés durant les différents mandats successifs de Chávez.

L'évolution du régime vénézuélien depuis l'arrivée au pouvoir de Hugo Chávez est indissociable de la question électorale. D'une certaine façon, le régime actuel est né dans les urnes, il s'est développé en partie grâce aux succès électoraux qu'il a pu connaître, il a montré ses dérives et ses faiblesses dans sa volonté de contrôle des votations et ce sont les élections qui ont montré son vrai visage.

---

[1] Sentencia n° 745 del Tribunal Supremo de Justicia, 27 octubre 2005, n° 2005-001786.

[2] J. L., Mendez La Fuente, « La ilegitimidad de origen del segundo gobierno de Chávez : Caso venezolano », *Cuest. Const.*, n° 17, 2007, p. 115-147.

Tableau 2. Résultats des élections et votations organisées entre 1998 et 2017

Date	Type de votation	Résultats	Taux de participation
6 déc. 1998	Élection présidentielle	Hugo Chávez (56,2 %)	63,45 %
25 avr. 1999	Référendum mise en place Assemblée constituante	Oui (87,75 % & 81,74 %)	37,65 %
15 déc. 1999	Référendum constitutionnel d'approbation de la nouvelle Constitution	Oui (71,78 %)	44,38 %
30 juil. 2000	Élections législatives	MVR : 92 sièges (/165)	56,05 %
30 juil. 2000	Élection présidentielle	Hugo Chávez (59,76 %)	56,63 %
30 juil. 2000	Élections régionales et locales	MVR : 12 gouverneurs (/23) 80 maires (/335)	56,15 %
15 août 2004	Référendum révocatoire contre le chef de l'État	No (59,1 %)	69,92 %
31 oct. 2004	Élections régionales et locales	MVR : 20 gouverneurs (/23) 270 maires (/332)	45,7 %
4 déc. 2005	Élections législatives	MVR : 116 sièges (/167)	25,26 %
3 déc. 2006	Élection présidentielle	Chávez (62,84 %)	74,7 %
déc. 2007	Référendum sur la révision constitutionnelle	Non (50,65 % & 51,01 %)	55,9 %
23 nov. 2008	Élections régionales et locales	MVR : 17 gouverneurs (/22) 272 maires (/326)	65,45 %
15 févr. 2009	Révision constitutionnelle (notamment suppression du cumul des mandats)	Oui (84,86 %)	69,92 %
26 sept. 2010	Élections législatives	PSUV-PCV : 98 sièges (/165)	66,45 %
7 oct. 2012	Élection présidentielle	Hugo Chávez (55,07 %)	80,56 %
16 déc. 2012	Élections régionales	GPPSB : 20 gouverneurs (/23)	53,94 %
14 avril 2013	Élection présidentielle	Nicolás Maduro (50,61 %)	79,69 %
6 décembre 2015	Élections législatives	MUD 56,21 % : 112 sièges (/167)	74,17 %
15 octobre 2017	Élections régionales	GPPSB : 18 gouverneurs (/23)	61,03 %

Le *Movimiento Quinta Republica* (MVR) a été le principal parti de gouvernement entre 1997 et 2007.

Le *Partido Socialisto Unido de Venezuela* (PSUV), créé en 2007, regroupe l'ensemble des partis chavistes.

Le *Partido Comunista de Venezuela* (PCV), créé en 1931, a soutenu Chávez dès 1998 avant que les relations ne se tendent un peu en 2007 à la suite du refus de rejoindre le PSUV. A rejoint le *Gran Polo Patriótico Simón Bolívar* en 2012.

Le *Gran Polo Patriótico Simón Bolívar* (GPPSB), créé fin 2011, est une coalition de partis politiques et d'organisations sociales soutenant Chávez puis Maduro.

La *Mesa de la Unidad Democrática* (MUD), créée en 2010, est une coalition hétéroclite de partis anti-chavistes.

PROPOS CONCLUSIFS

Florian SAVONITTO

L'étonnement est sans aucun doute le premier sentiment que ressentira chaque lecteur après avoir pris connaissance des neuf contributions de cette étude consacrée aux *« Dictatures » et consultations électorales en Europe et aux Amériques.*

Cet étonnement a été suscité, dans un premier temps, par le contexte de cette étude. Elle s'inscrit dans le cadre des journées décentralisées de l'*Association française de droit constitutionnel* commencées, en 2019, sur le thème : « *Représentation et Gouvernement : quels systèmes électoraux ?* ». Selon la grille d'analyse des professeurs Jean-Philippe Dérosier et Philippe Blachèr, le décor de ses journées était planté dans le cadre des régimes démocratiques, entendus selon la formule classique comme « le gouvernement du peuple, par le peuple et pour le peuple[1] ». Dès lors, s'appesantir sur la dictature, et non sur la démocratie, demeure de prime abord, sinon hors sujet, du moins très à la marge de leur « interrogation générale[2] » soumise à la communauté des constitutionnalistes. Elle l'est d'autant plus si l'on retient l'un des traits de la dictature relevés par Maurice Duverger, à savoir qu'elle est « un régime hors de la légitimité représentative[3] ». Elle « ne cadre guère avec la conception majoritaire classique de la démocratie, c'est-à-dire qu'elle ne s'appuie nullement sur la volonté générale[4] ». C'est d'ailleurs la raison pour laquelle Roger Bonnard rejette la qualité de dictateur au Führer. Selon sa conception,

> la dictature comporte une séparation radicale entre le gouvernant et le gouverné. (…) Le dictateur est extérieur au peuple, sans contact avec lui. (…) Il s'impose par lui-même, par sa propre force et il n'a de pouvoir que grâce à

---

[1] « Le choix d'un modèle de représentation (majoritaire, proportionnelle, mixte) a sans doute un impact sur le modèle de gouvernement (majoritaire, coalition, pluraliste) et sur sa pratique. C'est cet impact que l'on propose d'étudier à partir des modèles électoraux, conduisant à analyser le lien que les démocraties d'aujourd'hui établissent entre le gouvernement et la représentation du peuple », J.-Ph. Dérosier et Ph. Blachèr, *Représentation et Gouvernement. Quels systèmes électoraux ? Argumentaire des journées décentralisées de l'AFDC (2019),* http://www.droitconstitutionnel.org/Systemes%20electoraux,%20AFDC%202019.pdf.

[2] *Ibid.*

[3] M. Duverger, « La dictature : régime d'exception ou nouveau type de régime politique ? », *in* L. Hamon (dir.), *Mort des dictatures ?*, Paris, Economica, 1982, p. 12.

[4] Ez. Gordon et M. Mouskhéli, « Parlementarisme, démocratie, dictature », *RDP*, 1938, p. 289.

> l'existence effective de cette force. (…) Au contraire le Führer est en union intime avec le peuple dans lequel il prend racine[1].

Or, l'étonnement suscité résulte, pour partie, du point de vue adopté pour étudier les régimes démocratiques. Les deux catégories sont liées en ce qu'elles sont souvent présentées comme les antipodes de la classification des régimes politiques, du moins chez les juristes qui ont conceptualisé la dictature. Maurice Duverger considère ainsi que « toutes les nations du monde actuel ne sont pas démocratiques : la plupart sont au contraire des dictatures plus ou moins monolithiques, plus ou moins répressives[2] ». Quand bien même il conserve les monarchies traditionnelles dans sa typologie, l'auteur oppose finalement d'un côté, le modèle démocratique dans lequel seules les démocraties libérales figurent, et de l'autre, les dictatures — qu'elles soient capitalistes ou socialistes — entendues comme « tous les régimes autoritaires non héréditaires[3] ». Roger Bonnard fixe également ces deux bornes à sa classification de régimes pour y situer au centre le régime allemand établi en 1933 :

> Dans l'alternative entre dictature et démocratie, le national-socialisme a établi un moyen terme avec la *Führung*. Entre les deux, la *Führung* se présente comme comportant un contact étroit entre le Führer et le peuple, au point que le Führer est dans le peuple puisqu'il est celui des *Volksgenossen* qui participe le plus à l'esprit du peuple. Mais, par ailleurs, le pouvoir du Führer étant personnel et autoritaire, il y a séparation nette entre le conducteur et ceux qui sont conduits.

Quant à André et Francine Demichel, ils s'interrogent, en préambule de leur réflexion sur les dictatures européennes, sur « le problème (…) de la distinction, à l'intérieur du système capitaliste, entre les démocraties libérales classiques et les dictatures[4] ».

Certes, politistes et juristes ne partagent pas tous cette classification des régimes politiques. Certains ne retiennent pas la démocratie comme l'extrême opposé de la dictature dans la mesure où ils ne se focalisent pas sur la source du pouvoir, mais sur son organisation. Michel-Henry Fabre définit ainsi « la dictature comme un régime de concentration des pouvoirs[5] ». Elle apparaît lorsque le pouvoir politique n'est pas « modéré, contrôlé, séparé[6] », c'est-à-dire quand il n'est pas pratiqué dans l'État les trois techniques grâce auxquelles les libertés fleurissent, à savoir la séparation des pouvoirs *stricto*

---

[1] R. Bonnard, *Le droit et l'État dans la doctrine nationale-socialiste*, Paris, LGDJ, 2e éd., 1939, p. 112 et 113.
[2] M. Duverger, *Institutions politiques et droit constitutionnel*, tome 1 : « Les grands systèmes politiques », Paris, PUF, 16e éd., 1980, p. 41.
[3] *Ibid.*, p. 419.
[4] A. et Fr. Demichel, *Les dictatures européennes*, Paris, PUF, 1973, p. 8.
[5] M.-H. Fabre, *Principes républicains de droit constitutionnel*, Paris, LGDJ, 4e éd., 1984, p. 179.
[6] *Ibid.*, p. 79.

sensu et les procédés de la constitution rigide et du bicamérisme. Dans cette optique, l'état de droit[1] apparaît davantage comme le contraire de la dictature. Né à la fin du XVIIIe siècle de l'association des termes *Recht* (droit) et *Staat* (État), sous la plume Wilhelm Pertersen, dit Placidus[2], ce standard ne se confond pas nécessairement avec celui de démocratie. À ce titre, l'actuel article 2 du Traité sur l'Union européenne et le préambule de la Charte des droits fondamentaux de l'Union européenne les distinguent formellement. Ils y sont présentés, tantôt comme des valeurs fondatrices, tantôt comme des principes de l'Union européenne[3]. Mais il faut tenir compte du fait que le concept d'État de droit fait aujourd'hui « office de *marqueur démocratique*[4] » à un point tel que « les mots "libéralisme" et "démocratie" se sont fondus en un seul et ont (...) été confondus l'un avec l'autre[5] » pour donner lieu à l'apparition des termes « démocratie constitutionnelle[6] » ou « démocratie libérale ». Giovanni Sartori ira jusqu'à conclure que « la disparition de la démocratie libérale fait aussi mourir la démocratie[7] ».

D'autres auteurs se fondent, en revanche, sur la trilogie politiste des régimes héritée des premiers travaux de Juan José Linz, pour situer l'autoritarisme pris en étau entre la démocratie et le totalitarisme[8]. Dans le cadre de cette classification, l'étonnement suscité par notre étude est assurément moins élevé que si les régimes dictatoriaux et démocratiques avaient constitué les deux extrémités de cette classification. Elle a au moins le mérite de conserver l'opposition entre démocratie et dictature comme en

---

[1] Par ex., v. P.-M. Raynal, « L'état de droit comme forme de gouvernement. Essai de classification », *Civitas Europa*, 2016, n° 37, p. 27.

[2] E. Carpano, « La définition du standard européen de l'Etat de droit », *RTDE*, 2019, p. 255.

[3] *Ibid.* ; v. aussi S. Platon, « Les fonctions du standard de l'Etat de droit en droit de l'Union européenne », *RTDE*, 2019, p. 305.

[4] C. Husson-Rochcongar, « La redéfinition permanente de l'Etat de droit par la Cour européenne des droits de l'homme », *Civitas Europa*, 2016, n° 37, p. 183.

[5] G. Sartori, *Théorie de la démocratie*, Paris, A. Colin, 1973, p. 275.

[6] P. Häberle, *L'Etat constitutionnel*, Aix-en-Provence/Paris, PUAM/Economica, 2004, 268 p. ; L. Klein, « Démocratie constitutionnelle et constitutionnalisme démocratique : essai de classification des théories juridiques de la démocratie », *RFDC*, 2017, n° 109, p. 121 ; D. Rousseau, « Constitutionnalisme et démocratie », *La vie des idées*, 19 septembre 2008, http://www.laviedesidees.fr ; P. Brunet, « La démocratie, entre essence et expérience – Réponse à Dominique Rousseau, » *La vie des idées*, 9 octobre 2008, http://www.laviedesidees.fr ; J.-M. Denquin, « Que veut-on dire par démocratie ? L'essence, la démocratie, la justice constitutionnelle », *Jus Politicum*, n° 2, 2009, http://www.juspoliticum.com ; B. François, « Justice constitutionnelle et "démocratie constitutionnelle". Critique du discours constitutionnaliste contemporain », *in* J. Chevallier (dir.), *Droit et politique*, Paris, PUF, 1993.

[7] G. Sartori, *Théorie de la démocratie*, *op. cit.*, p. 298.

[8] J. J. Linz, *Régimes totalitaires et autoritaires*, Paris, A. Colin, 2006, 406 p. ; D. Bourmaud, « Autoritarismes », *in* Y. Deloye et J.-M. De Waele (dir.), *Politique comparée*, Bruxelles, Bruylant, 2018, p. 191 ; M.-S. Darviche et W. Genieys, *Penser les régimes politiques avec Juan J. Linz*, Paris, L'Harmattan, 2008, 283 p.

témoignent l'oxymore ancien de « dictature démocratique[1] » employé par Joseph Barthélemy pour qualifier les républiques d'Amérique latine du début du XXe siècle ou le terme plus récent de « démocrature[2] » imaginé par Pierre Grémion et Pierre Hassner pour désigner le processus à l'œuvre dans les États de l'Europe de l'Est et du Centre au lendemain de l'effondrement du communisme.

Au final, notre approche consiste à mieux cerner, à remodeler les contours de la notion de dictature. L'entreprise poursuivie peut ainsi, tel un mouvement d'ailes de papillon, avoir des répercussions sur la définition de la démocratie située pourtant à l'autre extrémité de la classification. Ainsi, en s'intéressant à la dictature, cette étude ne manque pas de s'interroger, par un effet de miroir, sur la démocratie.

L'origine de cet étonnement résulte, dans un deuxième temps, de l'association des deux termes qui composent le sujet, à savoir, d'un côté, « dictatures » et, de l'autre, « consultations électorales ». Les élections, les votations sont souvent regardées comme « le », ou du moins l'un des critères de la démocratie. Maurice Duverger identifie ainsi « trois éléments essentiels » du « modèle démocratique (…) : la désignation des gouvernants par des élections au suffrage universel, l'existence d'un parlement ayant de larges pouvoirs, une hiérarchie des normes juridiques assurant un contrôle des autorités publiques par des juges indépendants[3] ». Mais ces éléments ne sont pas mis sur un même pied. L'élection prime les deux autres en ce qu'elle « est la base du modèle démocratique. Elle constitue un procédé de désignation des gouvernants opposé à l'hérédité, à la cooptation ou à la conquête violente, qui sont les moyens autocratiques[4] ». Guy Hermet ne s'éloigne pas de cette conception lorsqu'il rappelle que « du point de vue logique et normatif, les élections concurrentielles-pluralistes conformes au modèle occidental apparaissent généralement comme le critère de la démocratie[5] ». Il est difficile de nier que « le droit de vote est assurément consubstantiel[6] » à la démocratie.

Il peut alors apparaître curieux d'étudier la relation, la « dialectique[7] » selon les mots de Jean du Bois de Gaudusson entre « dictatures » et

---

[1] J. Barthélémy, *Le Rôle du Pouvoir exécutif dans les Républiques modernes*, Paris, V. Giard & E. Brière, 1907, p. 197 ; v. aussi Séché, « De la dictature », *Mercure de France*, série moderne, 1924, p. 303.

[2] P. Grémion et P. Hassner (dir.), *Vents d'Est*, Paris, PUF, 1990, 144 p. ; Th. Hochmann, « Cinquante nuances de démocratures », *Pouvoirs*, 2019, n° 169, p. 19 ; N. Baverez, « Les démocratures contre la démocratie », *Pouvoirs*, 2019, n° 169, p. 5.

[3] M. Duverger, *Institutions politiques et droit constitutionnel. 1. Les grands systèmes politiques*, *op. cit.*, p. 81.

[4] *Ibid.*, p. 82.

[5] G. Hermet, « Introduction », *in* G. Hermet, A. Rouquié et J. J. Linz (dir.), *Des élections pas comme les Autres*, Paris, Presses de la FNSP, 1978, p. 9.

[6] A.-M. Le Pourhiet, « Définir la démocratie », *RFDC*, 2011, n° 83, p. 453.

[7] J. du Bois de Gaudusson, « Propos introductifs », p. 9.

« consultations électorales », là où « le recours aux élections “libres et concurrentielles” est accepté comme symbole même de la démocratie pluraliste[1] ». Surtout, parmi les propositions formulées par notre collègue bordelais, l'une d'elles rend compte que l'organisation d'élections a constitué un facteur de remise en cause des dictatures. L'instrument des élections a servi à casser la mécanique, l'engrenage autoritaire. Cette « arme fatale », mentionnait-il, utilisée par exemple en Afrique à partir des années quatre-vingt-dix a ainsi contribué au glissement de certains régimes non démocratiques vers la démocratie. Au final, l'étonnement résulte de la double circonstance que le procédé électif est habituellement associé au modèle démocratique situé à l'extrême opposé du régime dictatorial et que l'organisation d'élections est, tout autant un signe qu'une condition préalable à toute transition démocratique[2].

Mais le professeur Jean du Bois de Gaudusson a mis en lumière toute la complexité de la relation qui unit ces deux termes, nous en révélant une facette bien plus sombre. Il a rappelé que les élections ne sont pas antinomiques des dictatures, au point où elles concourent parfois à leur perduration et à leur renforcement. Cet aspect n'est pas nouveau. Dans les années trente, il avait déjà été mis en exergue à partir des exemples italiens, polonais et allemands :

> Loin de les abolir, l'autocratie moderne s'accommode parfaitement des institutions démocratiques, telles que plébiscite, référendum, élections législatives, et s'en sert pour atteindre ses buts. C'est un fait curieux de constater qu'aucun gouvernement dictatorial n'a rompu complètement avec ces institutions qui, en apparence, contredisent ses procédés autoritaires (…) Ces différents procédés aboutissent non pas à l'expression de la volonté de la majorité du corps électoral, mais à la captation de cette volonté par le dictateur en vue de renforcer et de réaffirmer son prestige personnel[3].

À l'instar d'autres qui avaient déjà fait le constat que « la dictature contemporaine “fait un complexe de légalité” », c'est-à-dire qu'« elle s'organise dans le respect des institutions en vigueur[4] », notre collègue bordelais a rappelé qu'il n'est pas exclu que les élections participent à revenir à la case « Dictatures », y compris au sein des états de l'Union européenne. Les exemples hongrois et polonais nous renseignent sur le risque d'une

[1] G. Hermet, « Les élections dans les régimes autoritaires. Esquisse d'un cadre d'analyse », *in* G. Hermet, A. Rouquié et J. J. Linz (dir.), *Des élections pas comme les Autres*, *op. cit.*, p. 21.
[2] Elle est définie « comme le moment provisoire entre le régime politique dictatorial, qui organise sa propre disparition, et le régime démocratique en gestation. Plus ou moins pacifique et maîtrisée, la transition est un mouvement spécifique de revendication constitutionnelle entre un passé autoritaire récusé et un futur démocratique désiré », S. Pierré-Caps, *Droits constitutionnels étrangers*, Paris, PUF, 2e éd, 2016, p. 109 ; R. Coman, « Étude comparée des processus de démocratisation », *in* Y. Deloye et J.-M. De Waele (dir.), *Politique comparée*, *op. cit.*, p. 259.
[3] Ez. Gordon et M. Mouskhéli, « Parlementarisme, démocratie, dictature », *art. cit.*, p. 286 et 289.
[4] M.-H. Fabre, *Principes républicains de droit constitutionnel*, *op. cit.*, p. 188.

transition antidémocratique contre lequel aucun régime n'est définitivement prémuni. La « déconsolidation[1] » est donc une hypothèse à prendre au sérieux même dans les régions du monde où les fondements démocratiques paraissent les plus ancrés. Il ne faut pas oublier que « le retour à l'autocratie » est l'« issue la plus courante dans l'histoire des trois premières vagues de démocratisation[2] ».

Cette étude s'inscrit donc dans un cheminement décrit par Jean Rivero qui voit en l'étonnement la première vertu du juriste : « De l'étonnement jaillit la question, et de la question procède la recherche[3] ». De l'étonnement de l'organisation des élections en dictatures, jaillit donc les questions du « pourquoi » et du « comment » et qui en font, pour paraphraser un ouvrage célèbre *Des élections pas comme les Autres*[4]. L'entreprise de déconstruction et de reconstruction recommande alors d'ouvrir tous les champs. Ont alors été englobés dans les consultations électorales, les référendums et les plébiscites si tant est qu'on puisse les distinguer. La réflexion n'est pas non plus partie d'une définition *a priori* de la dictature[5]. Ce raisonnement par induction demande quelques précautions méthodologiques. Pour espérer tirer une vue suffisamment homogène, les exemples africains et asiatiques ont été exclus. Il ne faut pas pour autant en déduire que cette problématique est étrangère à leur constitutionnalisme[6]. Le choix des continents européen et américain se justifie par la particularité d'avoir été les premiers où la démocratie s'est implantée et à connaître, dans le temps, des vagues de démocratisation et d'autoritarisme[7].

---

[1] Ph. C. Schmitter, « La démocratisation au Portugal en perspective », *in A la recherche de la démocratie. Mélanges offerts à Guy Hermet*, Paris, Karthala, 2009, p. 291.

[2] *Ibid.*

[3] J. Rivero, « Fictions et présomptions en droit public français », *in* Ch. Perelman et P. Foriers (dir.), *Les présomptions et les fictions en droit*, Bruxelles, Bruylant, 1974, p. 101.

[4] G. Hermet, A. Rouquié et J. J. Linz (dir.), *Des élections pas comme les Autres*, *op. cit.*, 180 p.

[5] Pour une démarche analogue, O. Jouanjan, « Présentation », *Les doctrines autoritaires et totalitaires du droit constitutionnel*, *Jus politicum,* 2021, n° 25, http://juspoliticum.com/la-revue.

[6] Fr. Cayrac-Blanchard, « Une dictature militaire en quête de sa légitimité : le cas indonésien », *in* M. Duverger (dir.), *Dictatures et légitimité*, Paris, PUF, 1982, p. 415 ; J.-Fr. Perrier, « Dictature et légitimité en Afrique noire », *in* M. Duverger (dir.), *Dictatures et légitimité*, *op. cit.* p. 467 ; Fr. Dopffer, « Le Japon 1944-1951. La fin de la dictature militaire et l'instauration de la démocratie », *in* L. Hamon (dir.), *Mort des dictatures ?*, *op. cit.*, p. 77 ; Ch. Hurtig, « Le cas de l'Inde », *in* L. Hamon (dir.), *Mort des dictatures ?*, *op. cit.*, p. 87 ; B. Karakartal, « Essai de détermination des variables : le cas turc », *in* L. Hamon (dir.), *Mort des dictatures ?*, *op. cit.*, p. 161 ; L. Sylla, « Flux et reflux des dictatures civiles et militaires en Afrique Noire », *in* L. Hamon (dir.), *Mort des dictatures ?*, *op. cit.*, p. 217 ; H. Carrère d'Encausse, « La sortie des dictatures. L'URSS », *in* L. Hamon (dir.), *Mort des dictatures ?*, *op. cit.*, p. 301.

[7] « La première vague de démocratisation a ainsi eu lieu en Italie, au Japon et en Allemagne de l'Ouest au sortir de la guerre. En Europe occidentale et en Amérique du Nord, le processus de démocratisation a été relativement continu. Par contre, d'autres régions du monde comme l'Amérique latine, l'Europe du Sud ou les pays d'Europe centrale et orientale ont connu des parcours de démocratisation plus fragmentés, et souvent brutalement interrompus par des pé-

À ce découpage géographique — Europe et Amériques — s'en superpose un autre — cette fois-ci chronologique — où trois périodes se dessinent. La première se rapporte aux régimes espagnols et portugais qui sont nés « durant l'ère des dictatures[1] » et auxquels la Seconde Guerre mondiale n'a pas mis un terme. Dans la deuxième figurent les régimes roumain, brésilien et chilien coïncidant à la période de la guerre froide dont on a pu un temps penser que la fin signifierait le point départ de l'avènement universel de la démocratie[2]. Enfin, avec le Venezuela, Cuba et le Bélarus, la dernière comprend les régimes en cours, ce qui n'est pas sans présenter des difficultés d'analyse pour les auteurs, faute d'une distance temporelle suffisante avec leur objet d'étude. Bien évidemment, les dictatures européennes et américaines ne se résument pas aux régimes ici retenus. Un choix, non dénué d'arbitraire, s'est imposé : l'exclusion des dictatures trop éloignées temporellement. Il s'agit de celles qui n'ont pas été au-delà de la Seconde Guerre mondiale. Ralph Schor décompte pourtant l'installation, en deux vagues successives, de seize dictatures entre 1919 et 1939 : « c'est le cas de l'Allemagne, l'Italie, l'Espagne, le Portugal, la Yougoslavie, la Grèce, l'Albanie avant son invasion par l'Italie en 1939, la Turquie, la Bulgarie, la Roumanie, la Hongrie, l'Autriche avant même son annexion par l'Allemagne en 1938, la Pologne, la Lituanie, la Lettonie, l'Estonie[3] ».

Bien que situées dans notre champ temporel, d'autres dictatures n'ont pas non plus retenu notre attention. La dictature dite des colonels qui s'est exercée de 1967 à 1974 aurait pu, par exemple, être l'objet de notre analyse, d'autant que la Constitution de 1968 envisageait d'établir, en vain, une « démocratie royale[4] ». La dictature militaire argentine où naquit, entre 1976 et 1983, « la théorie des deux démons » en est une autre illustration[5]. Mais les cas du Brésil

---

riodes de régimes autoritaires. (…) Ainsi, dans les années 1980, la deuxième vague de démocratisation se déroule en Europe du Sud et en Amérique latine, notamment en Grèce, au Portugal et en Espagne, ainsi qu'au Paraguay, en Uruguay, au Chili, en Argentine et au Brésil », R. Coman, « Etude comparée des processus de démocratisation », *art. cit.*, p. 261.

[1] M. Turchetti, *Tyrannie et tyrannicide de l'Antiquité à nos jours*, Classiques Garnier, 2013, p. 824.

[2] « Les droits constitutionnels issus de la « décommunisation » participent donc à la fois d'une dynamique politique révolutionnaire et d'une dynamique politique libératrice. Révolutionnaire, dans la mesure où ce sont des manifestations et revendications populaires de démocratie (…) qui ont mis à bas les régimes politiques communistes d'Europe centrale », S. Pierré-Caps, *Droits constitutionnels étrangers*, *op. cit.*, p. 218.

[3] R. Schor, *Crises et dictatures dans l'Europe de l'entre-deux-guerres*, Nathan, 1993, p. 9.

[4] A. et Fr. Demichel, *Les dictatures européennes*, *op. cit.*, p. 198 ; J. Siotis, « La Grèce », *in* L. Hamon (dir.), *Mort des dictatures ?*, *op. cit.*, p. 277.

[5] « La « théorie des deux démons » attribue la responsabilité de la violence politique en Argentine pendant cette période à l'affrontement entre deux terrorismes, l'un d'extrême gauche et l'autre d'extrême droite, innocentant ainsi la société argentine dans son ensemble ou la considérant comme étrangère à ces faits » ; P. Canelo, « La politique sous la dictature argentine. Le Processus de réorganisation nationale ou la tentative inachevée de refonte de la société (1976-1983) », *Vingtième siècle. Revue d'Histoire*, *L'Amérique latine des régimes militaires*, 2010,

et du Chili ont été jugés suffisamment représentatifs de cette période durant laquelle une « contagion autoritaire[1] » s'est répandue en Amérique latine. Quant aux régimes en cours, il s'est agi de choisir les moins exposés à la critique. Les derniers classements établis par *The Economist Intelligence Unit*[2] et l'ONG *Freedom House*[3] ont servi d'indicateurs pour aiguiller notre choix. Le premier situe le Bélarus, Cuba et le Venezuela dans la catégorie la plus basse des régimes autoritaires, avec respectivement un indice de démocratie de 2,48, de 2,84 et de 2,88 sur une note maximale de 10. Ils occupent les 150e, 143e et 140e rangs de ce classement de 167 États, ce qui les place en dernière position de nos zones géographiques. Le second les insère dans la catégorie la plus basse des « pays non démocratiques ». Cuba, le Venezuela et le Bélarus totalisent 14, 16 et 19 points sur un maximum de 100. Aucun autre état n'obtient un score moins élevé en Europe et aux Amériques. Au surplus, politiques, historiens, juristes, politistes ont accolé sur chacun de ces trois régimes l'étiquette de dictature. Se cantonner au registre politique suffit pour l'en attester : le futur Président de la République, François Hollande, a reconnu Cuba, en 2003, comme une dictature[4] ; la secrétaire d'État américaine Condoleezza Rice a qualifié le Bélarus, en 2005, de « dernière vraie dictature au centre de l'Europe[5] » ; le Président du Parlement devenu Président autoproclamé, Juan Guaido, estime, en 2019, que le second mandat de Nicolas Maduro met les Vénézuéliens « face à une dictature[6] ».

L'étonnement a procédé, dans un troisième temps, de l'emploi du terme même de « dictature ». Il pourrait paraître, pour les uns, dépassé et/ou, pour les autres, inapproprié.

Pourtant, la dictature définie comme une forme de gouvernement autoritaire en opposition à la démocratie renvoie à la période révolutionnaire[7]. Cette conception s'est détachée de celle issue de l'Antiquité romaine envisagée comme un mécanisme provisoire de sauvegarde de la République.

---

n° 105, p. 81 ; V. plus généralement sur les dictatures de ce continent, le numéro spécial *Vingtième siècle. Revue d'Histoire*, *L'Amérique latine des régimes militaires*, 2010, n° 105, 304 p. ;

[1] O. Dabène, *La région Amérique latine. Interdépendance et changement politique*, Presses de Sciences Po, 1997, p. 115.

[2] https://www.eiu.com/n.

[3] https://freedomhouse.org.

[4] « Pouvoir personnel, voire familial, refus d'élections libres, censure, répression policière, enfermement des dissidents, camps de travail, peine de mort, bref, l'arsenal complet d'une dictature », Fr. Hollande, « Cuba : en 2003, Hollande dénonçait la « dictature » de Fidel Castro », *L'Obs*, 12 mai 2015, https://www.nouvelobs.com/politique/20150512.OBS8797/ cuba-en-2003-hollande-denoncait-la-dictature-de-fidel-castro.html.

[5] « Bélarus : Etats-unis et Russie divergent », *L'Obs*, 22 avril 2005, **Erreur ! Référence de lien hypertexte non valide.**.

[6] France 24, « L'Entretien », 29 janvier 2019, https://www.france24.com/fr/20190129-lentretien-venezuela-juan-guaido-interim-nicolas-maduro-coup-etat.

[7] C. Bosser, *Les conceptions de la dictature pendant la Révolution française*, Thèse dact., Université Cergy-Pontoise, 2005, p. 7.

Une troisième — la dictature du prolétariat — est apparue plus récemment sans pour autant se confondre avec les deux autres. Le seul point commun qui les unit est qu'elles ont toutes « pour conséquence de concentrer le pouvoir[1] ». L'étude de Cristelle Bosser retrace justement l'émergence de cette deuxième conception qui supplante la première pour devenir autonome, quand bien même ce nouvel ordre est toujours pensé comme transitoire et ses contours exacts encore insaisissables.

> Le terme de dictature n'est plus automatiquement associé au contexte romain et apparaît à de multiples occasions. (…) La dictature est présente, dans le discours révolutionnaire, afin de mettre en avant une domination exercée par un homme ou un groupe. (…) La dictature est, donc, perçue de manière négative (…) les révolutionnaires relèveront de moins en moins la finalité de sauvegarde et mettront en avant l'arbitraire et la violence de la dictature ; ils dénonceront de plus en plus la concentration des pouvoirs et l'atteinte aux libertés engendrées par l'institution dictatoriale (…) La Révolution française est une période clé, à cet égard, dans l'évolution de la conception de la dictature ; désormais, cette dernière n'est plus seulement conçue comme une magistrature de sauvegarde, mais également comme une magistrature d'établissement de nouvelles institutions (…) La conception négative est surtout présente lors de l'association de la dictature avec la tyrannie. Dorénavant, ces deux types de régimes sont considérés comme identiques, malgré une origine et une signification historique différentes[2].

Mais la notion de dictature n'a pas rencontré par la suite un vif intérêt de la part des juristes. Ils se sont davantage focalisés sur le glissement des régimes non démocratiques vers la démocratie, c'est-à-dire les transitions démocratiques, plutôt que sur la période proprement dite où sévissent ces régimes non démocratiques. Pour preuve, nos Maîtres en droit public que sont Léon Duguit, Adhémar Esmein, Maurice Hauriou ou Georges Vedel ont privilégié l'étude des régimes organisant une séparation des pouvoirs, pour édifier, à partir de ce critère, leur classification. Peu de leurs développements ont porté sur les régimes non démocratiques. Leurs écrits ne peuvent ainsi, contrairement à l'accoutumée, constituer les racines et le terreau de notre réflexion. D'ailleurs, aujourd'hui, les manuels juridiques concentrent leur développement principalement, sinon exclusivement, aux démocraties. L'appel du professeur Robert Pelloux à ne pas négliger « l'étude des régimes autoritaires contemporains[3] » semble ne pas avoir été entendu. Son constat n'est pas démenti plus d'un demi-siècle plus tard : les « auteurs (…) continuent à enseigner uniquement le droit commun démocratique, considérant les régimes autoritaires comme des phénomènes pathologiques

[1] *Ibid.*, p. 12.
[2] *Ibid.*, p. 13, 16 et 461.
[3] R. Pelloux, « Contribution à l'étude des régimes autoritaires contemporains », *RDP*, 1945, p. 334.

passagers[1] ». Néanmoins, il est à souligner un récent regain d'intérêt pour les régimes hybrides[2] et/ou non démocratiques[3] dans la doctrine française, à la suite de la popularisation du concept de « démocratie illibérale » de Fareed Zakaria, sans pour autant assister à la résurrection de la notion de dictature.

Pourtant, dans un passé doctrinal qui n'est pas si ancien, la notion de dictature rencontrait un succès tel, que certains auteurs sont allés jusqu'à constater que « Parlementarisme, démocratie, dictature sont des concepts auxquels se réfèrent constamment les auteurs du droit constitutionnel depuis la fin du XVIIIe siècle et le début du XIXe siècle[4] ». La période de l'entre-deux-guerres a même été propice au fleurissement de théories de la dictature[5]. Après la Seconde Guerre mondiale, la notion n'est pas tombée complètement en disgrâce dans la doctrine française. André et Francine Demichel ont publié, en 1973, *Les dictatures européennes*[6]. Jacques Georgel est l'origine de nombreux ouvrages[7] où il est question de dictature comme le titre et l'objet du dernier publié le soulignent : *Les eurodictatures*[8]. Mais leurs travaux apprécient cette notion à travers, non un prisme juridique, mais sociologique, politique, économique, voire psychologique[9]. Seuls ceux de Maurice

[1] *Ibid.*, p. 334.

[2] F. Zakaria, « The Rise of Illiberal Democracy », *Foreign Affairs*, 1997, vol. 76, n° 6, p. 22 ; P.-E. Dauzat, « De la démocratie illibérale », *Le Débat*, 1998, n° 99, p. 17 ; Revue *Pouvoirs*, *Les démocratures*, 2019, n° 169, https://revue-pouvoirs.fr/-169-Les-democratures-361-.html ; R. Krakovsky, « Les démocraties illibérales en Europe centrale », *Etudes*, 2019, p. 9 ; L. Jaume, « L'idée de démocratie autoritaire : Quelques réflexions », *Jus politicum*, 2021, n° 25, http://juspoliticum.com/article/L-idee-de-democratie-autoritaire-Quelques-reflexions-1365.html ; L. Jaume, « "Démocratie illibérale" : une nouvelle notion », *Constitutions*, 2019, p. 177.

[3] Revue *Jus politicum*, *Les doctrines autoritaires et totalitaires du droit constitutionnel*, 2021, n° 25, http://juspoliticum.com/la-revue ; G. Grasso, « Démocratie (libérale) contre démocratie non libérale : le cas des partis politiques européens et du respect des valeurs sur lesquelles se fonde l'Union européenne », *Constitutions*, 2018, p. 479 ; B. Mathieu, « De l'utilité d'une réflexion sur la possibilité d'une démocratie non libérale », *Percorsi Costituzionali*, 2020, (à paraître) ; O. A. Macovei, « L'Etat illibéral dans l'Union européenne, essai de conceptualisation », *Civitas Europa*, 2018, n° 40, p. 127 ; K. Abderemane, G. Kurt et C. Madeleine (dir.), *La formation des régimes autoritaires : analyse comparée de récents développements européens*, 2019, https://www.canal-u.tv/producteurs/irji/la_formation_des_regimes_autoritaires.

[4] Ez. Gordon et M. Mouskhéli, « Parlementarisme, démocratie, dictature », *art. cit.*, p. 286.

[5] B. Mirkine-Guetzévitch, « Les théories de la dictature », *RPP*, 1934, n° 470, p. 136 ; E. Cayret, « La dictature : essai d'une théorie juridique de la dictature », *L'Année Politique française et étrangère*, 1934, fasc. 3, p. 273.

[6] A. et Fr. Demichel, *Les dictatures européennes*, *op. cit.*, p. 378.

[7] J. Georgel, *Le franquisme, histoire et bilan, 1936-1969*, Paris, Seuil, 1970 ; *Le salazarisme, histoire et bilan, 1926-1974*, Paris, Cujas, 1981 ; *L'Italie au XXe siècle, 1919-1995*, Paris, La Documentation française, 1996.

[8] J. Georgel, L*es eurodictatures. Étude comparative*, Paris, Ed. Apogée, 1999, 576 p.

[9] « L'étude de la notion de dictature commence par la recherche d'un critère qui est trop souvent absent des analyses de science politique » ; « Les dictatures pour s'installer, et surtout pour durer, ont besoin d'un fondement sociologique. Et ce fondement se trouve dans la structure

Duverger ne comportent pas cet inconvénient même s'il mélange « deux approches très différentes des phénomènes politiques : l'approche juridique et l'approche sociologique. Mais (...) ce renversement des facteurs n'affaiblit pas la partie juridique de l'analyse : au contraire, elle lui donne un caractère plus réel[1] ». Surtout, parmi ses nombreux travaux sur cette notion[2], il s'est attaché à « esquisser d'abord une théorie générale de la dictature[3] » avant d'en dresser une typologie sur laquelle s'est appuyée l'analyse du cas roumain par Philippe Claret. Maurice Duverger s'échine ainsi, malgré les difficultés, « de cerner un concept qui amalgame en proportions variables trois traits qu'on trouve isolément dans d'autres régimes : la concentration du pouvoir, l'irrégularité de sa dévolution, l'anormalité de son exercice[4] ». Cette tentative de définition ne convainc pas pleinement tant chacun de ses traits se trouve amendé. Il admet lui-même que « pris à part, aucun des traits précédents ne suffit à la délimiter. Elle se caractérise par leur réunion, encore que l'un ou l'autre puisse être atténué[5] ». Bien qu'au terme de son analyse son visage reste « fuyant, indistinct, difficile à identifier[6] », ce « premier portrait-robot[7] » a néanmoins le mérite de conserver la notion de dictature et de continuer de la penser comme une catégorie juridiquement opérante pour décrire et expliquer la réalité des régimes non démocratiques.

Cette étude s'inscrit donc dans la voie ouverte quelques décennies plus tôt par ce maître bordelais qui, pour d'autres, pourrait apparaître comme une impasse.

D'une part, l'ancienneté des travaux sur la notion de dictature donne l'impression de se tourner vers le passé. Or, les transitions antidémocratiques auxquelles on assiste actuellement ou bien encore les processus de démocratisation qui peinent à prospérer comme l'attestent les espoirs déçus

---

économique et sociale du pays qui subit la dictature. Celle-ci est en effet toujours le produit de la lutte des classes. Et elle est liée au niveau de développement économique », A. et Fr. Demichel, *Les dictatures européennes*, *op. cit.*, p . 5 et 16 ; « Appartenant comme Hitler à la catégorie des grands monstres, Mussolini n'est cependant pas sa copie. Pas de névrose chez lui, pas de drame familial, pas de schizophrénie. (...) C'est sous ces deux aspects, privé puis public : Benito d'abord, le Duce ensuite, que nous allons l'étudier », A. et Fr. Demichel, *Les dictatures européennes*, *op. cit.*, p. 156.

[1] M. Duverger, *Institutions politiques et droit constitutionnel. 1. Les grands systèmes politiques*, *op. cit.*, p. 41.

[2] M. Duverger, *De la dictature*, René Julliard, 1961, 211 p. ; M. Duverger, *Institutions politiques et droit constitutionnel. 1. Les grands systèmes politiques*, *op. cit.*, 603 p. ; M. Duverger (dir.), *Dictatures et légitimité*, *op. cit.*, 488 p. ; M. Duverger, « La dictature : régime d'exception ou nouveau type de régime politique ? », *art. cit*, p. 12.

[3] M. Duverger, *Institutions politiques et droit constitutionnel. 1. Les grands systèmes politiques*, *op. cit.*, p. 420-438.

[4] M. Duverger, « Dictatures et légitimité », *in* M. Duverger (dir.), *Dictatures et légitimité*, *op. cit.*, p. 5.

[5] *Ibid.*, p. 6.

[6] *Idem.*

[7] *Ibid.*, p. 6.

du « Printemps arabe » dix ans après sa survenue pourraient être regardés comme le signe non d'une *crise de la démocratie,* mais plutôt de la fin de la *crise des dictatures* que Nicolas Poulantzas[1] et Francis Fukuyama[2] avaient cru acter à la fin du XXe siècle. Ainsi, ne seraient pas démenties les conclusions de Jacques Georgel selon lesquelles « la dictature possède encore un avenir, et un présent[3] ». Les statistiques, quelle que soit leur exactitude, attestent « que les régimes de type autoritaire, majoritaire en nombre ou pas, non seulement ne sont pas quantité négligeable, mais constituent une forme à bien des égards banale de la vie politique[4] ». Au surplus, les réminiscences des dictatures resurgissent tôt ou tard démontrant qu'elles ne sont rarement que des vestiges du passé. L'exhumation, en 2019, du dictateur Franco de son mausolée monumental de la « *Valle de los Caidos* » et son transfert dans un lieu plus discret dans le cimetière où repose son épouse a été à l'origine de l'organisation de manifestations et d'un contentieux judiciaire, sans compter qu'il a servi d'argument électoral pour les législatives de 2018[5]. Au Chili, un processus constituant est actuellement initié pour remplacer « la Constitution dictatoriale » à l'origine de la « Révolution des 30 pesos » dans la mesure où elle fait aujourd'hui obstacle à « la mise en place d'une politique économique d'inspiration plus sociale qui ne soit pas basée sur le Néolibéralisme[6] ».

D'autre part, les difficultés à définir la dictature inviteraient à délaisser la notion et utiliser des termes plus à la mode comme « régimes autoritaires ». Or, si le vocable « dictature » est rarement employé en langue française actuellement, il est « particulièrement utilisé dans les travaux en langue anglaise[7] ». Ensuite, les notions voisines de tyrannie, autoritarisme, despotisme, autocratie ou usurpation[8] souffrent également des mêmes maux

[1] N. Poulantzas, *La Crise des dictatures. Portugal, Grèce, Espagne*, Paris, Maspero, 1975, 137 p.

[2] F. Fukuyama, *La Fin de l'Histoire et le dernier homme*, Paris, Flammarion, 1992, 452 p.

[3] J. Georgel, *Les eurodictatures. Étude comparative*, *op. cit.*, p. 559.

[4] « Un décompte portant sur la période 1950-1990 estime que sur un total de 239 régimes répertoriés, 133 relevaient de la dictature et 106 de la démocratie (Alvarez *et al.*, 1996). Plus d'un régime sur deux serait donc de nature « dictatoriale ». L'écart est encore plus prononcé si l'on procède à un décompte en nombre d'années. (…) les « dictatures » représentent 2 990 années et les démocraties 1 740 années », D. Bourmaud, « Autoritarismes », *art. cit.*, p. 192.

[5] *L'Express*, « L'Espagne exhume le dictateur Franco de son mausolée monumental », 24 octobre 2019, https://www.lexpress.fr/actualite/monde/europe/l-espagne-exhume-le-dictateur-franco-de-son-mausolee-monumental_2104873.html.

[6] C. Cerda-Guzman, « Una nueva Constitutucion ahora » : Une nouvelle Constitution pour le Chili ? », *Le blog de Jus Politicum*, 11 décembre 2019, https://blog.juspoliticum.com/2019/12/11/una-nueva-constitucion-ahora-une-nouvelle-constitution-pour-le-chili-par-carolina-cerda-guzman.

[7] D. Bourmaud, « Autoritarismes », *art. cit.*, p. 193.

[8] Par ex, R. Aron, *Machiavel et les tyrannies modernes*, Paris, Fallois, 1993, 418 p. ; M. Turchetti, *Tyrannie et tyrannicide de l'Antiquité à nos jours*, *op. cit.*, p. 824-853 et 884-927 ; D. Bourmaud, « Autoritarismes », *art. cit.*, p. 193-200 ; M. Duverger, « La dictature : régime d'exception ou nouveau type de régime politique ? », *art. cit.*, p. 12.

quant à la délimitation de leurs contours. Ne fait pas exception la catégorie des « régimes autoritaires » dont l'usage s'est répandu au-delà de la science politique où elle est née pour gagner les terres juridiques.

> Pris en étau entre la démocratie et le totalitarisme, il peine à s'ériger au niveau de ses deux congénères. (…) Cet entre-deux, loin d'éclairer le concept, contribue plutôt à le brouiller. À telle enseigne que l'appellation même d'autoritarisme est utilisée par une partie de la science politique avec réticence, parfois même réfutée[1].

Au surplus, Juan José Linz, le père même de la « désormais Sainte Trinité idéaltypique des régimes[2] » l'a remise en cause ultérieurement[3]. Il la substitue par une « typologie quinquénaire, régimes "sultaniques" et post-totalitaires devenant par cette opération des types à part entière[4] », ce qui a pour conséquence de réduire la catégorie des régimes autoritaires dans laquelle ils étaient auparavant inclus. Dès lors, aucun bénéfice ne peut être tiré d'importer en science politique la notion de « régimes autoritaires » qui ne fait pas l'unanimité y compris dans le champ où elle est née pour remplacer la notion de dictature devenue autonome durant la période révolutionnaire.

Enfin, le terme de « dictature » n'est pas étranger des textes constitutionnels[5]. Il se présente dans les préambules des Constitutions du Bénin (1990), de la République centrafricaine (2016), de la Hongrie (2011), de la Libye depuis un amendement de 2016, du Nicaragua (1987), du Niger (2010), du Portugal (1976), du Togo (1992). Il figure dans les corps des Constitutions de l'Angola (2010) de la Bolivie (2009) du Cap Vert (1980), de la Moldavie (1994), du Paraguay (1992) et de la Turquie (1982). Selon les cas, il s'agit de condamner le passé, de rejeter toute collaboration avec les régimes de dictature ou prévenir son instauration. À ce titre, la Commission de Venise a confirmé que « plusieurs États européens ont adopté des dispositions spéciales visant à empêcher la restauration des régimes antérieurs qui avaient conduit à l'instauration de la dictature et de la terreur envers le pays et sa population[6] ». Seules la Chine et la Corée du Nord font exception. Elles se reconnaissent comme des dictatures, plus exactement comme une « dictature démocratique du peuple » ou une « dictature de la démocratie populaire », ce

---

[1] D. Bourmaud, « Autoritarismes », *art. cit.*, p. 191.

[2] M.-S. Darviche et W. Genieys, « La dynamique des régimes politiques : l'apport de Juan J. Linz », *in* M.-S. Darviche, W. Genieys (dir.), *Penser les régimes politiques avec Juan J. Linz*, Paris, L'Harmattan, 2008, p. 9.

[3] J. J. Linz & A. Stephan, *Problems of Democratic Transition and Consolidation. Southern Europe, South America and Post-Communist Europe*, Baltimore, The Johns Hopkins University Press, 1996, p. 38-54.

[4] M.-S. Darviche et W. Genieys, « La dynamique des régimes politiques : l'apport de Juan J. Linz », *art. cit.*, p. 12.

[5] V. la base de données *Constitute*, https://www.constituteproject.org/search?lang=en.

[6] Commission européenne pour la démocratie par le droit, *Avis sur la quatrième amendement à la loi fondamentale de la Hongrie*, 14-15 juin 2013, CDL-AD(013)012, p. 7.

qui est d'ailleurs l'une des raisons pour lesquelles la notion de démocratie est absente de la jurisprudence chinoise[1]. Le terme se retrouve également dans les actes des organisations internationales, plus particulièrement des institutions du Conseil de l'Europe. Pierre Barillé, dans sa contribution sur le régime franquiste, souligne ainsi qu'une recommandation de 2006 de l'Assemblée parlementaire condamne « les crimes la dictature de Franco[2] ». La même année, elle a rappelé la « nécessité d'une condamnation internationale des crimes des régimes communismes totalitaires » qui « ont été justifiés au nom de la théorie de la lutte des classes et du principe de la dictature du prolétariat[3] ». Le vocable figure également dans la jurisprudence de la Cour européenne des droits de l'Homme. Ainsi, à l'occasion du rappel des circonstances de l'espèce dans l'affaire *ex-Roi de Grèce et autres c. Grèce*[4], elle reconnaît qu'une « dictature militaire » s'est exercée entre avril 1967 et juillet 1974 à laquelle a succédé une démocratie. Le même procédé est reproduit pour le cas portugais[5]. Les déclarations étatiques opérées dans le cadre des instances de l'Organisation pour la sécurité et la coopération en Europe se réfèrent aussi à ce terme[6]. Il n'est pas non plus absent des décisions de la Cour internationale de Justice même si elle n'en tire aucune conséquence pour « ne pas priver de son sens le principe fondamental de la souveraineté des États sur lequel repose tout le droit international, et la liberté qu'un État a de choisir son système politique, social, économique et culturel[7] ». À ce titre, les rédacteurs de la Charte des Nations unies n'ont ni protégé les démocraties ni interdit les dictatures. « Un État démocratique ne constitue une condition

[1] X. Sun, « Les raisons de l'absence de recours de la notion de démocratie par les juridictions de la République populaire de Chine », *in* M. Rota (dir.), *Le recours à la notion de démocratie par les juridictions*, Institut Universitaire Varenne, 2018, p. 99.

[2] Conseil de l'Europe, Assemblée parlementaire, *Nécessité de condamner le franquisme au niveau international*, Recommandation 1736 (2006), http://assembly.coe.int/nw/xml /XRef/Xref-XML2HTML-fr.asp?fileid=17417&lang=fr.

[3] Conseil de l'Europe, Assemblée parlementaire, *Nécessité d'une condamnation internationale des crimes des régimes communistes totalitaires*, Recommandation 1481 (2006), https://assembly.coe.int/nw/xml/XRef/Xref-XML2HTML-FR.asp?fileid=17403&lang=FR.

[4] CourEDH, *Aff. Ex-Roi de Grèce et autres c. Grèce*, 23 nov. 2000, n° 25701/94.

[5] CourEDH, *Aff. Soares Campos c. Portugal*, 14 janv. 2020, n° 30878/16

[6] Par ex. : « L'Albanie s'associe au consensus sur l'admission de la République fédérale de Yougoslavie (RFY) à l'Organisation pour la sécurité et la coopération en Europe, convaincue que la RFY a plus que jamais besoin de l'assistance de la communauté internationale en général et de l'OSCE en particulier pour édifier des institutions démocratiques, éliminer l'héritage de la dictature et respecter les droits de l'homme et les droits universels du peuple à l'autonomie et à l'autodétermination », *Déclaration de la délégation de la République d'Albanie concernant la décision d'admettre la République fédérale de Yougoslavie à l'OSCE*, OSCE, Conseil permanent, 10 novembre 2000, PC.JOUR/308 ; « La Constitution de 1978 a mis fin à la dictature franquiste et nous a permis de nous intégrer dans l'Union européenne », *Déclaration de la délégation de l'Espagne*, Conseil permanent, 17 octobre 2019, PC.JOUR/1244.

[7] CIJ, *Aff. Des activités militaires et paramilitaires au Nicaragua et contre celui (Nicaragua c. Etats-Unis d'Amérique)*, 27 juin 1986, *Rec.*, p. 123, https://www.icj-cij.org/public/files/ case-related/70/070-19860627-JUD-01-00-BI.pdf.

d'adhésion dans l'organisation, tout comme devenir un État non démocratique n'est pas une cause d'exclusion[1] », ce qui n'est sans avoir créé « une période de schizophrénie[2] » dans les relations entre l'organisation et les régimes politiques de ses membres.

La dernière source d'étonnement pourrait résulter de la structure de la synthèse. Une grille de questions a été soumise au préalable aux huit auteurs dans le but de faciliter ultérieurement l'exercice de comparaison entre les différentes dictatures qui sont successivement présentées dans cet ouvrage. Nullement un parcours imposé, cette série d'interrogations était centrée sur les trois phases cycliques inhérentes à tout régime politique : Ces dictatures sont-elles nées de l'organisation de consultations électorales ? Des consultations électorales ont-elles été organisées durant l'exercice de ces régimes dictatoriaux ? La cause de leur chute réside-t-elle ou résidera-t-elle dans l'organisation de consultations électorales ? Or, la synthèse n'a pas pour objet de reprendre l'ordre des questions. Elle privilégie deux axes. Le premier consiste à rejeter le procédé électif comme critère distinctif entre les régimes démocratiques et dictatoriaux ; le second porte sur les fonctions de ses élections pas comme les autres, ou plutôt comme l'affirme Guy Hermet, pas comme les « nôtres »[3], pour mieux souligner le point de vue de citoyens de démocraties libérales et pluralistes à partir duquel on les observe.

Le rejet du procédé électif comme un critère de distinction entre les régimes dictatoriaux et démocratiques

Reconnaître que l'équation « élection égale démocratie » n'est pas systématiquement vérifiée n'est pas en soi une conclusion novatrice[4]. C'est pourtant un point sur lequel convergent les huit contributions. Dans chacune des dictatures étudiées, des consultations électorales de tous types ont été organisées, et parfois, à des fréquences plus élevées que dans les démocraties, ce qui a pu conduire Maurice Duverger a considéré que les dictatures avancent « masquées[5] ». La césure entre régimes dictatoriaux et démocratiques ne peut donc reposer sur le seul critère du procédé électif.

---

[1] M. Castillo, « Le recours à la notion de démocratie par la Cour internationale de justice », *in* M. Rota (dir.), *Le recours à la notion de démocratie par les juridictions*, *op. cit.*, p. 112-113.

[2] L.-A. Sicilianos, *L'ONU et la démocratisation de l'État*, Paris, Pedone, 2000, p. 12.

[3] G. Hermet, « Introduction », *art. cit.*, p. 17.

[4] « Résumée très simplement, l'expression « démocratie continue » veut signifier que la participation de tous à la formation de la volonté générale ne se réduit pas au droit de vote mais se poursuit, entre les moments électoraux, par le droit d'intervention législative des citoyens et par leurs droits de regard », D. Rousseau, « La démocratie continue. Espace public et juge constitutionnel », *Le Débat*, 1997, n° 96, p. 73.

[5] M. Duverger, « Dictatures et légitimité », *art. cit.*, p. 5.

La variété des consultations électorales

Qu'il soit européen ou américain, quelle qu'ait été l'époque où ils ont pu sévir, des consultations électorales ont eu lieu dans les huit régimes étudiés, ce qui confirme que ce procédé n'est pas l'apanage des démocraties.

Des distinctions sont toutefois à relever. Certains régimes n'ont connu uniquement que l'organisation d'élections. Ce sont les cas de la Roumanie entre 1948 et 1989 et du Brésil entre 1964 et 1985 comme l'ont relevé respectivement Philippe Claret et Arnaud Martin. D'autres n'ont vu que l'organisation de référendums. Carolina Cerda-Guzman est revenue ainsi sur les quatre référendums qui se sont tenus au Chili entre 1973 et 1990. Enfin, dans les autres régimes, à savoir le Portugal, l'Espagne, le Bélarus, le Venezuela, et Cuba, ont eu lieu les deux types de consultations, c'est-à-dire à la fois des opérations électorales et référendaires.

Dans certains de ces régimes, les élections visaient à désigner aussi bien le chef de l'État que les parlementaires. À ce titre, des victoires en demi-teinte ont conduit le pouvoir en place, en 1959 au Portugal, tel que nous l'a exposé Dimitri Löhrer et, en 1965 au Brésil, à prévoir dorénavant l'organisation de l'élection présidentielle au suffrage indirect. En revanche, la réforme annoncée de passer du scrutin majoritaire à la proportionnelle pour désigner les parlementaires bélarusses à l'occasion des dernières législatives a finalement été rejetée devant les conséquences à court et long termes qu'elle entraînait sur le régime. La variété se présente aussi dans le cadre du référendum. Son objet porte le plus fréquemment sur la création d'une nouvelle Constitution ou l'introduction de nouveaux amendements constitutionnels comme nous l'a expliqué le professeur Éric Dubesset en 2019 pour Cuba. Le chef de l'État a également été l'enjeu de consultations référendaires. Il a été ainsi question : de sa révocation directe comme le professeur Alexis Le Quinio l'a évoquée en 2004 pour Le Venezuela de Chávez ; de son maintien provisoire en 1980 ou définitif en 1988 en ce qui concerne le Chili de Pinochet ; de la prolongation de son mandat en 1996 dans le cadre du Bélarus de Loukachenko comme l'a relevée Olga Belova ; de la régence de Franco en 1947 et de la procédure de désignation de son successeur en 1966 pour le régime franquiste.

Le recours au procédé électoral n'est pas illogique dans la dictature brésilienne. L'acte institutionnel n° 1 de 1964 présentait les militaires comme l'émanation de la souveraineté populaire et il y était écrit que « l'exercice du pouvoir constituant (…) se manifeste par l'élection populaire ou la révolution ». En revanche, le recours au peuple est plus surprenant au Chili où la dictature s'est reposée sur une négation frontale et claire du principe électif : la junte militaire concentre tous les pouvoirs, et les instances élues ont été immédiatement dissoutes pour réapparaître bien plus tard. Le recours au procédé électoral est tout aussi étonnant dans la dictature portugaise des professeurs. En 1926, suite au coup d'État et à l'élection présidentielle de

1928, est consacrée non pas une démocratie, mais une dictature militaire (1926-1928) qui deviendra nationale (1928-1933). Salazar ira jusqu'à dire dans le but de constituer l'Estado Novo que « nous sommes antiparlementaires, antidémocrates, antilibéraux et nous voulons constituer un État corporatif[1] ».

Devant la variété des consultations électorales organisées, une conclusion est à tirer : le recours au peuple, la légitimité populaire exerce une attirance, voire devient une nécessité même dans les régimes où elle n'en est pas le fondement.

La fréquence des consultations électorales

Les régimes dictatoriaux étudiés sont rythmés par l'organisation, à échéances régulières, des consultations électorales nationales et locales. Une seule exception demeure : le Chili. En 1973, la junte, immédiatement après avoir renversé la République, dissout le Congrès pour couper avec la légitimité démocratique du régime précédent. Mais contrairement aux dictatures portugaise et roumaine qui mettent aussi un terme au mandat des députés déjà élus, aucune élection ne fut organisée par la suite. Ce rejet du procédé électif ne concernait pas seulement l'assemblée parlementaire. Il portait sur l'ensemble des institutions nationales, locales et même syndicales. Il a fallu attendre la fin de l'année 1989 pour que des élections présidentielles et parlementaires se déroulent, ce qui correspond aux derniers instants de la dictature chilienne agonisante.

Au regard de la longévité de ces régimes dont certains s'étendent sur près d'un demi-siècle, on aurait pu s'attendre à ce que le pouvoir soit conduit à annuler ou à repousser l'organisation d'élections présidentielles ou législatives. Les cas sont finalement assez rares où la régularité des élections est remise en cause. Trois régimes seulement y ont fait obstacle. En 1964 au Brésil, le régime militaire décida d'annuler l'élection présidentielle de 1965 et de proroger le mandat de Castelo Branco jusqu'en mars 1967. Au Bélarus, Loukachenko élu en 1994 n'aura pas à être réélu cinq ans plus tard comme le texte constitutionnel l'envisageait initialement. Le référendum victorieux du 24 novembre 1996 a prolongé son mandat jusqu'en 2001. Olga Belova nous a aussi exposé que, sur la base de cette nouvelle Constitution modifiée, le Parlement est devenu bicaméral et qu'aucun député de la chambre basse n'a été élu. Ils ont été choisis par Alexandre Loukachenko lui-même parmi les anciens membres du Parlement, bien évidemment acquis à sa cause. Il convient également de préciser que les élections parlementaires ont été avancées d'une année en 2019, afin qu'elles n'aient pas lieu la même année que l'élection présidentielle de 2020. Au Portugal, « sauf à l'occasion de la mort prématurée d'un président en exercice (1951) et d'un mandat de

[1] A. O. Salazar, « Préface », *in* A. O. Salazar, *Une révolution dans la paix*, Paris, Flammarion, 1937.

l'Assemblée nationale écourtée pour des raisons tactiques (1945), les électeurs (...) furent appelés aux urnes aux dates prévues[1] ».

Au-delà de ces cas remarqués, les consultations électorales sont régulières et même fréquentes. Selon le décompte de Philippe Claret, huit élections législatives ont lieu jusqu'à la chute de la dictature roumaine. Au Bélarus, il y a eu sept élections parlementaires et six élections présidentielles depuis 1994. Le Venezuela présente aussi de nombreuses consultations électorales régulières et fréquentes. Entre 1998 et 2017, on dénombre cinq élections présidentielles, quatre élections législatives et cinq élections régionales et locales. Dimitri Löhrer a insisté particulièrement sur le nombre élevé de votations et sur leur régularité. Le Portugal a connu huit élections présidentielles et onze élections législatives. Cette constance et cette fréquence sont remarquables par rapport notamment aux démocraties voisines sur cette même période. Elle contribue, selon lui, à confondre cette dictature avec une démocratie libérale. L'analyse est également partagée par Olga Belova qui reconnaît que le régime bélarusse donne à voir une « façade des institutions démocratiques ».

Aux élections régulières s'ajoutent des votations exceptionnelles : les consultations référendaires. Philippe Claret et Arnaud Martin n'évoquent la tenue d'aucun référendum en Roumanie et au Brésil. Un seul est organisé au Portugal durant près de cinquante ans : le peuple portugais s'est prononcé, en 1933, sur le projet de Constitution de l'*Estado Novo*. C'est un contraste avec « la constante égale à celle d'un métronome » des élections présidentielles et parlementaires. Le régime franquiste a connu deux référendums. En 1947, il s'agissait de consacrer une évolution vers une « dictature à terme monarchique[2] », et, en 1966, d'opérer un semblant de démocratisation des *Cortes*. Trois consultations référendaires ont eu lieu en 1995, 1996 et 2004 au Bélarus. Les deux premières comportaient plusieurs questions soumises simultanément. Les trois ont révisé la Constitution au bénéfice du chef de l'État. Mais à cette dizaine d'années d'effervescence référendaire a succédé une période de disette. Après 2004, « l'outil d'expression de la volonté du peuple » ne revêt plus d'intérêt pour Alexandre Loukachenko maintenant que sa prééminence institutionnelle est consolidée. La dictature chilienne a organisé quatre référendums sur une période de dix-sept ans. Les deux premiers de 1977 et 1980 visaient, respectivement, à recueillir le soutien populaire de la politique déterminée par la junte et à ratifier la nouvelle Constitution. Les deux derniers ont évincé du pouvoir Augusto Pinochet et soldé la fin de la dictature. Les Chiliens ont, en 1988, refusé que le président de la République en fonction prolonge son mandat de huit années supplémentaires et, en 1989, accepté la réforme constitutionnelle qui engage

---

[1] Ph. C. Schmitter, « Portée et signification des élections dans le Portugal autoritaire (1933-1974), *RFSP*, 1977, p. 92.

[2] G. Burdeau, *Traité de science politique*, tome V : « Les régimes politiques », *op. cit.*, p. 495.

la démocratisation du régime. Cinq consultations référendaires ont été organisées au Venezuela entre 1998 et 2017. Deux en 1999 concernaient le processus constituant. Deux autres, en 2007 et 2009, envisageaient de réviser la Constitution. Un dernier, en 2004, portait sur la révocation du chef de l'État. Outre le recours fréquent à l'outil référendaire, les régimes chaviste et pinochiste présentent deux originalités : d'une part, les peuples chilien et vénézuélien ont désavoué les gouvernants lors des référendums de 1988 et de 2007 à près de cinquante-six et cinquante et un pour cent ; d'autre part, les référendums de 1988 et 2004 n'ont pas été décidés par le pouvoir en place : le premier était imposé par la Constitution de 1980 tandis que le second a été initié par l'opposition.

Mais aucun des intervenants ne s'est arrêté à ces aspects formels pour conclure que le régime qu'ils analysaient était finalement des démocraties. Tout simplement, car lesdites élections poursuivaient d'autres buts que celui de choisir ses gouvernants.

Les fonctions des élections organisées dans un régime dictatorial

Pour Samuel Philipps Huntington et Clement Henry Moore, « la démocratie existe là où les principaux dirigeants du système politique sont choisis grâce à des élections concurrentielles auxquelles le gros de la population peut participer[1] ». L'organisation d'élections en dictature poursuit assurément de « multiples fonctions[2] », en ce sens qu'elles ne sont jamais, selon Guy Hermet, « un acte gratuit du pouvoir[3] ». Mais il ne s'agit pas d'organiser des élections libres et concurrentielles. Ces « élections non conformes au modèle classique[4] » reviennent à procéder, au final, à « des élections sans choix[5] ».

Une fonction systématiquement écartée : le choix des gouvernants

L'enjeu d'un scrutin consiste à la confirmation ou au remplacement des dirigeants en place. C'est « le principe de l'alternance possible et paisible, règle fondamentale de la démocratie élective-représentative[6] ». Or les conditions dans lesquelles les élections sont organisées y font le plus souvent obstacle dans les dictatures. « Élection est synonyme de choix, et le choix de

---

[1] S. P. Huntington et C. H. Moore, *Authoritarian politics in modern society. The dynamics of establishet one-party system*, New-York, Basic books, 1970, p. 509.

[2] G. Hermet, « Les élections dans les régimes autoritaires. Esquisse d'un cadre d'analyse », *art. cit.*, p. 22.

[3] *Ibid.*, p. 48.

[4] *Ibid.*, p. 22.

[5] A. Rouquié, « Conclusion », *in* G. Hermet, A. Rouquié et J. J. Linz (dir.), *Des élections pas comme les Autres*, *op. cit.*, p. 169.

[6] G. Hermet, « Les élections dans les régimes autoritaires. Esquisse d'un cadre d'analyse », *art. cit.*, p. 29.

l'électeur se réduit en définitive à un élément accessoire, voire inexistant[1] ». Font défaut les notions de liberté de l'électorat et de concurrence électorale. Plus précisément,

> La notion de liberté — ou de contrôle — des élections peut se référer à la faculté que l'électeur a ou n'a pas, premièrement, de se voir reconnaître la capacité électorale (...) ; deuxièmement, d'exercer effectivement son droit de vote (...) troisièmement, de déterminer sans pression externe manifeste l'orientation de son vote (...) et, enfin, quatrièmement, d'escompter que ce bulletin sera comptabilisé de lanière non frauduleuse (...). La notion de concurrence électorale (...) concerne cette fois, les candidatures ou option offertes au choix des électeurs (...). Dans cette optique, il est communément admis que les élections dans lesquelles un seul candidat — ou une seule liste de candidats — est soumis au suffrage ne constituent pas des scrutins concurrentiels[2].

Au regard des conditions dans lesquelles sont organisées les élections dans le régime salazariste, Jacques Georgel en conclut qu'« être électeur c'est difficile, être éligible c'est rarissime, être élu, c'est impensable[3] ».

Chacun des régimes étudiés a trouvé des trésors d'ingéniosité pour que ces simulacres d'élections aboutissent aux résultats attendus.

Dans un premier temps, il convient de s'appesantir sur la liberté des élections. La capacité électorale est souvent restreinte. Par exemple, les syndicats locaux et les hommes ou femmes chefs de famille, c'est-à-dire ceux qui sont mariés ou veufs, peuvent seulement participer aux élections municipales sous le franquisme. Au Portugal, voter dans plusieurs bureaux était courant quand il ne s'agit pas de faire voter — comme l'a relaté Alexis Le Quinio pour le Venezuela — des personnes décédées restées sur les listes électorales quand celles-ci sont établies, ce qui n'a pas été le cas du Chili en 1978 et 1980.

Des pressions externes sur l'orientation des votes sont bien également mises en œuvre. En Espagne, les électeurs sont identifiés par leur carte de rationnement qui était tamponnée lorsqu'ils votaient, vote qui se déroulait à leur domicile et non dans un isoloir. La police pouvait vérifier le contenu des enveloppes électorales et l'Église promettait d'excommunier les abstentionnistes. Lors du plébiscite de 1980 au Chili, le vote obligatoire a été supprimé la veille de la tenue du scrutin dans le plus grand secret.

Enfin, il n'est pas non plus assuré que l'expression des électeurs soit prise en compte. Lors du plébiscite chilien de 1980, tous les bulletins blancs ont été comptabilisés comme des votes en faveur du « oui ». Au Portugal en 1933, les résultats du référendum ne sont pas rendus publics, seule la victoire est connue. Quant aux présidentielles de 1958, la défaite aux élections du Général

---

[1] G. Hermet, « Introduction », *art. cit.*, p. 14.

[2] G. Hermet, « Les élections dans les régimes autoritaires. Esquisse d'un cadre d'analyse », *art. cit.*, p. 26 et 27.

[3] J. Georgel, *Le Salazarisme. Histoire et bilan. 1926-1974*, Paris, Ed. Cujas, 1981, p. 103.

Delgado qui s'était opposé à l'Amiral Tomaz a été acquise grâce à une malversation électorale d'ampleur. Au Bélarus, le recours à la procédure de vote anticipé favorise la falsification des élections au bénéfice de l'Exécutif. Au surplus, la Commission électorale assure la prévisibilité des résultats électoraux et l'exclusion de rivaux potentiellement dangereux, d'où l'intérêt pour Alexandre Loukachenko de nommer une de ses proches à sa présidence.

Dans un second temps, il s'agit de s'attarder sur la concurrence électorale. Les candidatures ou options offertes au choix des électeurs sont aussi restreintes. Au Chili, dès 1973, un décret-loi prohibe huit partis politiques dont le Parti communiste, le Parti socialiste et le Parti de la Gauche chrétienne. Jusqu'en 1991, toute action de propagande de la doctrine marxiste sera d'ailleurs interdite. Quant aux autres partis, ils seront très vite en pause puis seront dissous allant jusqu'à supprimer toute activité politique ou militante. Au Brésil, en 1965, les 13 partis politiques sont abolis et il est établi un bipartisme au sein des rangs des militaires, avec un grand parti officiel de gouvernement et un petit parti faisant office d'opposition. Le pluralisme peut aussi être toléré durant une période très courte. C'est le cas au Portugal du mois de « Liberté » qui précède les élections nationales, seul instant où l'opposition peut exister, à l'exclusion du parti communiste. Au Bélarus, la tenue de la campagne électorale est entravée pour les candidats admis concourir au suffrage. La date de la tenue de l'élection présidentielle est annoncée très tardivement, de telle sorte que l'opposition à des difficultés pour s'organiser, sans compter les difficultés à accéder aux médias officiels et des lieux de meeting ou de réunion. Le régime chaviste s'est montré plus original pour museler l'opposition au moyen de l'élaboration du système du « Kino électoral » ou de l'optimisation de la technique du « morochas ». Concernant cette dernière, la majorité alla, avec l'assentiment du Tribunal suprême de Justice, jusqu'à créer un parti fictif dans le but de présenter des candidats, à la fois sur la liste nationale et sur la section individuelle du bulletin de vote, ce qui a affaibli les petits partis.

L'opposition n'a aucune réalité, en revanche, en Espagne, à Cuba ou en Roumanie. Certes, des candidats se présentent, mais ils ont des profils identiques dans la mesure où il s'agit de régimes de parti unique ou de front national. La compétition existe pourtant, mais elle n'est pas tranchée par les électeurs. Elle se déroule antérieurement aux votations devant les instances du parti, comme l'a souligné Philippe Claret à propos de la Roumanie. Le peuple ne peut donc s'immiscer dans les affaires du régime. Il n'en a d'ailleurs pas toujours les moyens. Dimitri Löhrer insiste, à ce titre, sur deux aspects : l'un est sociologique et l'autre est institutionnel. D'une part, il rappelle l'importance de l'analphabétisme au Portugal. D'autre part, lorsque le général Humberto Delgado faillit accéder à la présidence pour destituer Salazar, ce dernier s'est attaché à instaurer un suffrage indirect et a « verrouillé le circuit » pour s'assurer d'un Président acquis à sa cause. Viatchaslav Kiebitch n'a pas pris modèle sur son homologue portugais. Il s'est fait ravir les élections présidentielles de 1994 par l'outsider Alexandre Loukachenko au point de faire démentir le constat selon lequel il s'agit d'« élections sans surprises[1] ». Le nouveau chef de l'État ne reproduira pas la même erreur après « cette première élection concurrentielle » comme l'a souligné Olga Belova.

Dès lors, faute d'enjeu, l'abstention peut s'accroître. Ce phénomène est pointé au Venezuela par Alexis Le Quinio, mais il ne se constate pas à Cuba où la participation avoisine les 90 %. Le geste électoral serait devenu un automatisme sans forcément de signification réelle, c'est ce qu'en déduit le Professeur Éric Dubesset. Au Bélarus, les résultats officiels témoignent d'un taux de participation élevé dans le but d'entretenir l'apparence que le peuple plébiscite, à chaque fois, le chef de l'État à chaque consultation électorale.

A tous ces subterfuges, s'ajoute bien évidemment la répression des opposants politiques comme l'illustre l'assassinat du Général Humberto Delgado en 1965.

Le constat selon lequel « les centres du pouvoir (…) ne sont jamais mis en jeu électoralement[2] » ne signifie pas par pour autant que d'autres buts sont poursuivis par ces élections sans choix.

Les fonctions hétérogènes des consultations électorales

« L'analyse "fonctionnelle" des élections correspond, en somme, à la recherche de ce bénéfice escompté. Recherche qui pourrait se résumer dans la formule : pourquoi ces élections[3] ? » L'organisation de consultations électorales remplit des fonctions hétérogènes.

Parmi les dictatures étudiées, elles ont assuré un rôle de légitimation du régime. Cette fonction revêt une double portée.

Elles ont, tout d'abord, une portée internationale. Les élections constituent « une sorte de brevet de moralité vis-à-vis de l'étranger[4] ». C'est particulièrement le cas au Chili où, suite aux sanctions économiques de l'Organisation des Nations unies, Augusto Pinochet propose, contre la volonté des autres membres de la Junte, l'organisation du référendum qui aura lieu en 1978 afin de montrer le soutien du peuple chilien au régime. C'est aussi le cas en Espagne qui s'est vu refuser son adhésion à la Communauté économique européenne en 1962, faute de présenter des « institutions démocratiques[5] ». L'instrument plébiscitaire et la fréquence des élections avaient pour but d'entretenir un « affichage démocratique », qui était, selon Pierre Barillé, une obsession constante du régime. L'organisation de telles élections expose aussi

---

[1] A. Rouquié, « Conclusion », *art. cit.*, p. 169.
[2] *Ibid.*, p. 175.
[3] G. Hermet, « Les élections dans les régimes autoritaires. Esquisse d'un cadre d'analyse », *art. cit.*, p. 48.
[4] *Ibid.*, p. 48.
[5] V. F. Soriano, « La CEE face à l'Espagne franquiste », *Vingtième siècle. Revue d'Histoire*, 2010, n° 108, p. 85.

à des sanctions des organisations internationales lorsque des irrégularités sont constatées. L'Union européenne a sanctionné ainsi plus d'une quarantaine de Bélarusses pour la falsification des résultats de l'élection présidentielle du 9 août 2020, le refus d'enregistrement des candidats d'opposition et les entraves au travail des observateurs indépendants. Ces mesures ne font que confirmer une tradition ouverte depuis le début du régime et les premiers rapports des missions d'observation des élections déléguées par le BIDDH de l'OSCE.

Ensuite, le rôle légitimateur des consultations électorales peut comporter une dimension interne. C'est le cas du Brésil où la mise en place d'un bipartisme a permis aux militaires de donner l'illusion du maintien de la démocratie. Les partisans du régime n'ont d'ailleurs pas hésité à parler de « révolution démocratique » et de « démocratie relative ». À ce titre, le général Ernesto Geisel, président de la République de 1974 à 1978, prétendait que la démocratie brésilienne « ne peut être la même que la démocratie des autres pays[1] ». L'approbation référendaire d'une nouvelle Constitution ou de révisions constitutionnelles participe aussi à légitimer le régime qu'elles fondent. Ce procédé a été utilisé en Espagne, au Portugal, au Bélarus, au Venezuela, à Cuba, au Chili.

La légitimation du régime n'est pas le seul but recherché par l'organisation de consultations électorales. Occasionnellement, elles se rapportent « au débat interne des coteries qui dominent l'État ou gravitent autour de lui[2] ». L'instrument référendaire a constitué un moyen pour renforcer le pouvoir personnel. Les référendums chiliens de 1978 et 1980 ont servi un intérêt personnel. Ils ont conforté la position d'Augusto Pinochet au sein de la junte militaire. Au Bélarus, ceux de 1995, de 1996 et de 2004 ont assuré la prééminence de la présidence d'Alexandre Loukachenko sur le Parlement qui a voulu auparavant le destituer. Une fois sa main mise institutionnelle consolidée, l'outil référendaire a perdu son intérêt. À ce titre, l'exemple vénézuélien constitue un paradoxe. L'opposition est, selon Alexis Le Quinio, à l'origine du renforcement de la légitimité par les urnes de Hugo Chávez. Elle est, en 2004, à l'initiative d'un référendum révocatoire qui a échoué et elle a boycotté les élections suivantes. Cette séquence « a marqué un tournant de la dynamique électorale ».

Cette fonction de légitimation du régime n'est pas prépondérante au Portugal. Les consultations électorales ont poursuivi d'autres buts. Avec le mois de « liberté » électorale, l'organisation de consultations électorales sert à solidariser les partisans du régime et à diviser les opposants, incapables de se structurer dans le peu de temps qui leur est laissé pour le faire. C'est un moyen pour unir son camp et disperser ses opposants. Elles exercent ainsi un

[1] EG pr 1978.00.00/CPDOC.

[2] G. Hermet, « Les élections dans les régimes autoritaires. Esquisse d'un cadre d'analyse », *art. cit.*, p. 53.

rôle « anesthésiant[1] » et « socialisateur[2] » selon Guy Hermet. « Elles tendent à rendre l'opposition illégitime et, par cette légitimation indirecte du pouvoir, à exercer un mouvement d'entraînement vers le parti unique, dans la mesure où son institutionnalisation paraît encore prématurée[3] ».

Dans les régimes de parti unique, tels Cuba ou la Roumanie, elles ont encore une autre fonction. Il leur incombe un rôle de communion, c'est-à-dire de manifester l'unanimisme de la société, comme l'a relevé Phlippe Claret. Maurice Duverger les qualifie d'« élections plébiscitaires[4] », c'est-à-dire qu'« au lieu de pouvoir choisir entre plusieurs candidats, l'électeur ne peut que plébisciter ou non un candidat[5] », ce qui apparaît paradoxal dans la mesure où « la magistrature suprême (…) n'a pas besoin, même pour la forme, d'une légitimation électorale démocratique[6] ». Dans tous les cas, ces consultations électorales révèlent que « la véritable compétition politique ne se déroule pas au moment du vote, mais au moment du choix des candidats[7] » devant les instances du parti.

Du point de vue du régime dictatorial, ce panorama rend compréhensible l'attrait pour les consultations électorales. Si les consultations d'électorales ne constituent jamais « un acte gratuit du pouvoir[8] », il pourrait tout de même en être déduit que les régimes dictatoriaux ont plus d'avantages que d'inconvénients à les organiser. S'il s'agit d'« élections sans choix[9] » et « sans surprises[10] », elles ne devraient jouer aucun rôle dans un éventuel glissement du régime vers la démocratie. L'exemple roumain le confirme : le régime est né et mort de coups d'État ; il a donné lieu à chaque fois au remplacement d'une dictature par une autre. Pourtant, les échéances électorales demeurent, comme l'a rappelé Olga Belova, des « moments de grande fragilité », quelle que soit d'ailleurs la nature du régime. Les dernières élections aux États-Unis d'Amérique l'ont récemment démontré dans l'une des plus vieilles démocraties du monde. Cette attirance électorale peut s'avérer aussi « fatale » pour les dictatures comme l'a reconnu Carolina Cerda-Guzman. Les dictatures sont parfois prises à leur « propre jeu » ou comme Arnaud Martin l'a également affirmé « dans leur propre piège ». Au Brésil, les militaires étaient

---

[1] *Ibid.*, p. 50.
[2] *Ibid.*, p. 51.
[3] *Ibid.*, p. 51.
[4] M. Duverger, *Institutions politiques et droit constitutionnel*, tome 1 : « Les grands systèmes politiques », *op. cit.*, p. 524.
[5] *Ibid.*, p. 524.
[6] J. J. Linz, « Fonctions et dysfonctions des élections non concurrentielles : les systèmes autoritaires et totalitaires », *in* G. Hermet, A. Rouquié et J. J. Linz (dir.), *Des élections pas comme les Autres*, *op. cit.*, p. 149-150.
[7] *Ibid.*, p. 524.
[8] G. Hermet, « Les élections dans les régimes autoritaires. Esquisse d'un cadre d'analyse », *art. cit.*, p. 48.
[9] A. Rouquié, « Conclusion », *art. cit.*, p. 169.
[10] *Ibid.*, p. 169.

reconnus comme l'émanation de la souveraineté populaire. Ils ne pouvaient durablement se maintenir alors que le peuple s'y opposait. Conserver des élections périodiques et refuser l'instauration d'un parti unique ont conduit progressivement à l'avènement du processus de transition démocratique. Au Chili, des améliorations ont été arrachées à la junte militaire dans la tenue du troisième référendum. À la surprise générale, elles ont porté leur fruit : les Chiliens se sont opposés à la présidence d'Augusto Pinochet. Et la junte a respecté le résultat des urnes. Elle est même allée jusqu'à négocier avec l'opposition pour réviser la Constitution en vue d'épurer les principales « enclaves autoritaires » selon la formule consacrée, ce que le peuple a avalisé en 1989. Néanmoins, quand bien même les élections ne sont pas toujours sans « surprises », le chef de l'État dispose de moyen pour contourner la désapprobation des électeurs. C'est un enseignement à tirer du régime chaviste, tant d'un point de vue local que national comme l'illustre l'échec du référendum constituant de 2007.

Ces considérations renvoient, au final, à l'allégorie de la caverne de Platon. Dans ce mythe, les prisonniers au fond de cette caverne sont enchaînés par la tête et les pieds, tandis que leurs mains étaient curieusement laissées libres. Selon Jacques Brunschwing, le fait qu'elles n'étaient pas attachées devait leur permettre de voter[1], sachant qu'en grec « voter » se dit « kheirotonein », c'est-à-dire « lever la main ». La question est alors de savoir quel est alors l'intérêt de leur accorder ce droit de vote ? Ces électeurs n'ont accès qu'à des fictions — les ombres sur le mur de cette caverne — et ils n'ont pas prise sur la réalité qui échappe à leur connaissance, faute d'être philosophes. Les cas des dictatures brésilienne et chilienne laissent à penser que le geste électoral conserve une part de sens et qu'il peut toujours influer sur le cours d'un régime, sur la réalité. Le Bélarus pourrait devenir un exemple supplémentaire. À tout le moins, les élections de 2020 ont démontré qu'elles « peuvent devenir ce moment de rupture quand les électeurs ne veulent plus être dupés et se mettent à réclamer haut et fort l'application effective des règles inscrites dans la Constitution, et en particulier celle qui définit le peuple comme unique source de souveraineté et lui donne le droit de choisir ceux qui le gouvernent ».

[1] J. Brunschwig, « Un détail négligé dans la Caverne de Platon », *in* L. Bove (dir.), *La Recta ratio. Criticiste et spinoziste ? Hommage en l'honneur de Bernard Rousset*, Paris, Presses de l'Université de Paris-Sorbonne, 1999, p. 65-76.

TABLE DES MATIÈRES

Structures éditoriales du groupe L'Harmattan

L'Harmattan Italie
Via degli Artisti, 15
10124 Torino
harmattan.italia@gmail.com

L'Harmattan Hongrie
Kossuth l. u. 14-16.
1053 Budapest
harmattan@harmattan.hu

L'Harmattan Sénégal
10 VDN en face Mermoz
BP 45034 Dakar-Fann
senharmattan@gmail.com

L'Harmattan Cameroun
TSINGA/FECAFOOT
BP 11486 Yaoundé
inkoukam@gmail.com

L'Harmattan Burkina Faso
Achille Somé – tengnule@hotmail.fr

L'Harmattan Guinée
Almamya, rue KA 028 OKB Agency
BP 3470 Conakry
harmattanguinee@yahoo.fr

L'Harmattan RDC
185, avenue Nyangwe
Commune de Lingwala – Kinshasa
matangilamusadila@yahoo.fr

L'Harmattan Congo
67, boulevard Denis-Sassou-N'Guesso
BP 2874 Brazzaville
harmattan.congo@yahoo.fr

L'Harmattan Mali
ACI 2000 - Immeuble Mgr Jean Marie Cisse
Bureau 10
BP 145 Bamako-Mali
mali@harmattan.fr

L'Harmattan Togo
Djidjole – Lomé
Maison Amela
face EPP BATOME
ddamela@aol.com

L'Harmattan Côte d'Ivoire
Résidence Karl – Cité des Arts
Abidjan-Cocody
03 BP 1588 Abidjan
espace_harmattan.ci@hotmail.fr

Nos librairies en France

Librairie internationale
16, rue des Écoles
75005 Paris
librairie.internationale@harmattan.fr
01 40 46 79 11
www.librairieharmattan.com

Librairie des savoirs
21, rue des Écoles
75005 Paris
librairie.sh@harmattan.fr
01 46 34 13 71
www.librairieharmattansh.com

Librairie Le Lucernaire
53, rue Notre-Dame-des-Champs
75006 Paris
librairie@lucernaire.fr
01 42 22 67 13